传媒与文化书系

海外华文传媒与中国软实力建设

叶 虎/著

中国传媒大学出版社
·北京·

本专著系教育部人文社会科学研究青年基金项目“海外华文传媒与中国软实力建设研究”（项目编号：10YJC860053）和“中央高校基本科研业务费专项资金”（项目编号：2010221090）资助的研究成果

目　录

导　言

一、研究缘起

随着中国经济的快速发展及其国际地位与影响力的日益提高，世界对中国的关注也越来越多，但中国软实力（soft power）建设及其达到的高度与中国自身的国际地位还有一定的差距。在中国日益走向世界、融入世界的进程中，如何进一步加强中国的软实力建设已成为迫切需要我们追问和思考的重大课题。

一些学者对软实力建设的行为主体往往囿于"内视"视角，习惯于从中国的视角出发思考问题，于是乎，从中国政府、媒体、外交等层面展开论证的就比较多，相对而言，对海外与中国有密切关联的华文传媒的关注就比较少。近些年来，这种情况虽有所改观，但总体上并不尽如人意。部分学者和业界人士对海外华文传媒是否能担当中国软实力建设的大任，也抱观望的态度。究其原因，大致有以下三个方面：一是认为海外华文传媒大多处于所在国的非主流位置，与所在国主流媒体无论在资金、人才还是技术等方面都有很大差距；二是认为海外华文传媒的受众主要以华人、华裔为主，其影响力毕竟有限；三是认为海外华文传媒的性质早已发生变化，其由早先的华侨媒体向华人媒体乃至当地媒体转变已成为客观事实。随着中国综合国力的快速增强和国际影响力的日益提升，尽管海外华文传媒十分关注中国的一举一动，但政治认同的变迁、族裔群体的融入以及文化认同的淡化等因素，使得中国软实力的建设仍有很长的路要走。

上述判断和质疑的声音确实值得重视，但我们如果总是持固化的观点，往往难以全面认清事物的本来面目。确实，海外华文传媒大多处于非主流位置，但我们也不能忽视近些年来一些海外华文传媒正积极整合重组资源，选择抱团取暖、强强联合的方式，共同经营管理华文传媒的现象。海外华文传媒的受众虽以华人、华裔为主，但我们不能否认，世界范围的"汉语热""中国热"造就了一批通晓汉语的非华人群体，他们已成为各国华文媒体的非母语受众，还有一大批将海外华文传媒作为学习汉语和了解中华文化的非华裔受众。这些都为海外华文传媒提升中国软实力打下了坚实的基础。不仅如此，不少海外华文传媒努力突破华人圈，融入当地主流社会，其影响力已超越了华人社会。而海外华文传媒深耕本土的在地化特征正是中国本土媒体缺乏的优势，海外华文传媒是所在国多元文化的重要组成部分，在沟通中外、增信释疑以及推进所在国与中国合作共赢等方面发挥着不可替代的作用。至于政治认同的变迁、族裔群体的融入则有利于华人群体地位的提高，有利于华人积极参政议政进而维护自身的合法权益。文化认同的淡化现象在海外华人的第二代、第三代中表现得较为突出，但我们不要忘记的是，改革开放以来，华人新移民的涌入很大程度上改变了海外的华人人口结构，这些新移民创办的华文传媒也如雨后春笋般成长起来。海外华文传媒之所以不可替代，就在于它们借助汉语和中华文化的力量不断唤醒、巩固和建构了新生代华裔的集体记忆，使他们身在海外，不忘根本，帮助他们维系了与祖籍国的感情，强化了他们的文化和心理归属感。

因此，现在的问题已经不是海外华文传媒是否可以充当中国软实力建设的推进力量，而是它如何推动了中国软实力的建设。这其实是个合作共赢的过程：中国软实力的建设需要借助海外华文传媒的力量，海外华文传媒要获得长足的可持续发展，也必须依靠中国软实力的提升。

笔者从2006年起就开始关注软实力、海外华文传媒以及文化传播等方面的问题，研究过程也是一个不断思考与深化的历程。笔者认为，在全球化进程中，必须以开放的视野、对话的思维迎接以美国为代表的西方“软权力”的扩张给中国大众文化的发展造成的压力和挑战，在坚持“拿来主义”的前提下，实施“送去主义”的大众文化发展战略。本书对海外华文传媒的研究，主要从以下三个方面展开：一是以东南亚华文报纸为例，从“文化认同”视角切入展开研究。研究发现，文化的同化、抵抗与融合构成了东南亚华文报纸变迁的历史与现实语境。东南亚华人政治认同的转向，促使中华传统文化发生了或多或少的变异，致使华文报纸在各国的发展受到不同程度的挑战。改革开放以来，中国经济的快速发展和国际地位的提升，为东南亚华文报纸的生存与发展提供了不可多得的契机，而文化交往和对话也成为全球化进程中东南亚华文报纸进一步拓展发展空间的必然选择。二是探讨海外华文传媒与中国国家形象塑造问题。研究发现，从深层文化心理结构来看，作为一种文化模式的“东方主义”仍然是评判中国国家形象的内在准则和不利因素。从现实层面来看，以美国为首的西方国家的主流强势传播媒介通过信息过滤的方式营造对己有利的国际舆论氛围，美化自身的国家形象；而海外华文传媒在塑造中国和平发展的国家形象，改革开放、民主法制的国家形象以及负责任的大国形象等方面起着重要的积极作用。三是对华文传媒与华人文化认同及文化传播关系进行研究，侧重探讨如何加强与海外华文传媒联手合作，共同推动汉语和中华文化在海外的传播；如何发挥海外华文传媒的作用，增进海外华人的文化认同，构建和谐的海外华人社会；如何借助海外华文传媒的力量，在国际上塑造中国良好的国家形象，促进世界各国人民与中国的友好关系，提升中国软实力等。在研究过程中，笔者搜集了大量国内外有关海外华文传媒与中国软实力建设的资料，参加了国内外相关会议，与有关专家学者和业内人士进行了交流；赴泰国、印度尼西亚、柬埔寨等国家进行了调研，并获取了相关资料；与美国、澳大利亚、泰国、博茨瓦纳等国家的华文传媒负责人进行了线上或线下的沟通与交流；对英国、美国、波兰、南非、泰国、印度尼西亚、柬埔寨等国家的孔子学院负责人和教师进行了访谈，并获取了相关材料。在此基础上，笔者认为，很有必要将自己几年来的思考进行系统的梳理和论证，以期对中国软实力的建设有所助益。

二、研究思路

（一）软实力理论：中国的本土化重构与实践

作为一个舶来品，软实力（也被译为“软权力”“软力量”“软国力”）概念在中国的理论发展与实践走向颇耐人寻味。众所周知，“软实力”最早是由美国前国家情报委员会主席、前助理国防部部长、现哈佛大学教授约瑟夫·奈（Joseph Nye）提出的。不可否认，奈的软实力理论的提出，一方面，从国际关系的角度出发，其目的是为美国的持续繁荣和霸主地位的巩固出谋划策；另一方面，软实力理论的提出也是奈驳斥“美国衰落论”的论据和产物。奈对“软实力”既有理论的分析和阐发，又侧重于跨越学界与政界之间的藩篱，彰显出鲜明的经世致用的实用逻辑。

在我国，对奈的作品的介绍、评价和研究发轫于20世纪90年代。最早被引进国内的一部著作为奈于1990年出版的专著《美国定能领导世界吗》（*Bound to Lead: the Changing Nature of American Power*），由军事译文出版社于1992年1月出版。[①]翻译时，一些句子的英文肯定句译成了中文的疑问句，体现了对美国注定领导世界的怀疑以及对美国软实力独霸天下的否定。而冷战刚刚结束后，美国“一超独霸”的格局致使该书成为美国企图“建立全面世界霸权”的野心的表征，依旧弥漫着“没有硝烟的战争”的氛围也使得该书成为推行和平演变的号角。由此看来，从早期奈的中译本进入我国开始，就没有将其看作简单的学术作品，而是与政治意识形态和价值观渗透连接起来，与建立霸权、维护美国的全球统治联系起来。“软实力”本身的负面意涵得以凸显，而其正面价值和意义反而被遮蔽了。

以“软实力”“软权力”“软力量”和“软国力”为关键词在中国知网搜索20世纪90年代发表的论文，共有11篇。[②]从数量上来看，篇数确实偏少，与2000年后软实力研究热

---

① 20年后，该书重译再版。奈．美国注定领导世界？——美国权力性质的变迁［M］．刘华，译．北京：中国人民大学出版社，2012.

② 这11篇论文分别为：黄苏．怎样估价美国的经济与实力——逆差、债务、软实力剖析［J］．世界经济，1991（11）；纳勇．图书馆馆长的软权力［J］．图书馆界，1993（1）；王沪宁．作为国家实力的文化：软权力［J］．复旦学报（社会科学版），1993（3）；王沪宁．文化扩张与文化主权：对主权观念的挑战［J］．复旦学报（社会科学版），1994（3）；谢应君．行政软权力——行政价值［J］．研究生法学，1995（1）；庞中英．国际关系中的软力量及其他——评美国学者约瑟夫·奈的《注定领导》［J］．战略与管理，1997（2）；倪世雄，潘忠岐．冷战后西方国际关系理论的新发展［J］．国际政治研究，1998（4）；倪世雄．西方国际关系理论的新发展——学派、论战、理论［J］．复旦学报（社会科学版），1999（1）；张骥，桑红．文化：国际政治中的“软权力”［J］．社会主义研究，1999（3）；章杉．霸权主义的软力量和硬力量［J］．社会科学论坛，1999（5-6）；沈骥如．不能忽视增强我国的“软实力”［J］．瞭望新闻周刊，1999（41）．

潮有较大区别。从研究内容上来看，这一时期的论文基本上以对奈的软实力理论的介绍和评论为主，有的是单篇介绍，如《国际关系中的软力量及其他——评美国学者约瑟夫·奈的〈注定领导〉》；有的是将研究置于西方国际关系理论的最新发展框架中，如《冷战后西方国际关系理论的新发展》《西方国际关系理论的新发展——学派、论战、理论》。在此值得注意的是，后期对软实力理论的评价和反思已经超越了《美国定能领导世界吗》中译本所持守的霸权批判与和平演变的视野，学者们也在思考"软实力"概念是否能为我所用，以及在中国进行软实力建设的问题。譬如，在被广为征引的《作为国家实力的文化：软权力》一文中，[①]作者指出：一个国家的文化传播地越广，其潜在的"软权力"可能就越大。他同时也强调，尽管中华文化在几千年的发展流变中已经传播到周围地区，华人也呈一种世界性的分布，但是文化的世界性传播不是一种猎奇式的爱好，而是对一种文化的内在精神和基本价值的体认。因此，中国文化要起到强健的"软权力"的作用，要经历推陈出新，继往开来的变革。在此，作者已明确了"软权力"这一概念完全可以为中国这样的发展中国家所使用，并对潜在"软权力"和"软实力"做了区分，为中国软权力建设提供了可资借鉴的参照。《不能忽视增强我国的"软实力"》一文更是开宗明义地强调：在加强"硬实力"建设的同时，绝不能忽视和放松对"软实力"的建设。并从继续深化经济体制改革和政治体制改革、加强精神文明建设以及全面加强我国的外交三个方面初步提出了增强我国软实力的建议。

2000年后，特别是2007年党的"十七大"提出了"文化软实力"的概念，以及2012年党的"十八大"把提升国家文化软实力放在更加突出的位置，令软实力的研究形成了一波未平，一波又起的浪潮。这股方兴未艾的浪潮的掀起既有国家政策和战略的支撑与激励，也有身体力行的实践者和孜孜不倦的研究者结合中国实践，将软实力概念和理论进行本土化的尝试与努力。

从实践来看，被誉为"中国出口的最好最妙的文化产品"的孔子学院在中国软实力建设上确实取得了众所瞩目的成就，但我们发现，在"软实力"理念的认知方面却有一个发展和变化的过程。在这方面，曾担任国家汉办主任、孔子学院总部总干事十多年的许琳女士的观点颇具代表性。2007年，在接受新华社记者的采访时，许琳坦言："海外通过汉语学习中国文化、了解当代中国的需求十分迫切。'孔子学院'已成为体现中国'软实力'的最亮品牌。"[②]在2010年1月接受《环球时报》采访时，许琳明确提出反对观点，"我反对'软实力'这一说法，孔子学院与软实力无关。并且，与其说是我们在输出文化，还不如说是我们走出去主动自省、自新我们的文化"[③]。同年3月，许琳在接受凤凰网采访时说："我们己所不欲，勿施于人的理念，在外国翻成英文就不是这个味了，所以得靠我们的人、

① 根据中国知网CNKI的数据，截至2017年12月19日17时，该文共被下载7,556次，被引高达648次。

② 吴晶，吕诺. 孔子学院成为中国"软实力"的最亮品牌［EB/OL］.（2007-01-02）［2017-08-03］. http://news.cnwest.com/content/2007-01/02/content_391638.htm.

③ 增加中外文化交流孔子学院与软实力无关［EB/OL］.（2010-01-08）［2017-08-03］. http://finance.sina.com.cn/roll/20100108/14367215332.shtml.

靠孔子学院、靠我们的语言一点一点地教，让他们理解，什么是己所不欲，勿施于人，什么是中国再强大，也不会去侵略别人。”①2011年，在由北京师范大学人文宗教高等研究院主办、凤凰新媒体承办的“中华文化怎样‘走出去’”论坛上，许琳认为：“这个软实力跟外国人理解的软实力不一样，我们把这个词借过来就成了我们的话了，人家觉得你有软实力，我就拿软实力征服你。”②2016年6月，许琳在讲专题党课时指出：“孔子学院已在138个国家建立了1,500多个院点，成为展示中国软实力的靓丽名片。”③

许琳女士对孔子学院与软实力关系的观点从历时性的角度来看，有一个正反合的螺旋式演进和认知过程。这其中交织着如何认识软实力这一概念以及在中西语境中软实力概念所折射出的不同内涵和价值。许琳在2010年左右之所以明确地将“孔子学院”与软实力剥离开，是因为在她看来，此时的软实力主要是指西方语境中富有侵略性和霸权性的软实力，这一软实力概念与意识形态渗入和价值观输出密切关联，这也是一些西方社会和主流媒体质疑并指责孔子学院的口实及所谓的证据。故而，许琳反复解释并申明的是中国语境下的软实力内涵与西方软实力概念的不同之处：己所不欲，勿施于人；非侵略性；非征服性。2012年9月，在由国家汉办、孔子学院总部主办的孔子学院中方院长岗前培训班结业典礼上，许琳谈到软实力一词时指出，西方可以用，为什么中国就不可以用呢？④这也反映出许琳对上述问题的思考以及软实力概念在中国的本土化改造问题。由此看来，许琳后来之所以认定孔子学院“成为展示中国软实力的靓丽名片”，正是在于她已经将西方和中国语境下对软实力的不同理解进行了必要的区分。

与上述问题相关联的是，在中国不少研究者看来，软实力概念也亟需进行必要的转换和本土化改造。这不仅因为奈本人在自己的著作和多种场合中已明确表明软实力概念和中国传统文化之间的内在联系，也是因为软实力理论与文化霸权、文化帝国主义的紧密关联致使其与新形势下推进中国“文化自信”的建设相抵牾。尽管我们呼吁经济全球化趋势不可逆转，但在中国综合国力日益提升和国际影响力日益广泛的时代语境下，文化自觉和文化自信建设更加突出了中华文化的主体位置和文化软实力较量的份额。软实力理论的提出为包括中国在内的发展中国家提供了可资借鉴的视角，相对应的是，作为全球第二大经济体的中国也在经济社会发展的实践中为世界贡献着自己的经验和智慧，在“逆全球化”挑战日益严峻的世界格局中，“中国方案”脱颖而出——无论是主张建设“美美与共”的和谐世界、主张建设合作共赢的新型大国关系和人类命运共同体，还是提出在共商共建共享中实现互利共赢的“一带一路”倡议，“中国方案”在尝试破解传统现代化困境、跨越“中

① 许琳笑解“己所不欲 勿施于人”中国再强大也不欺负人［EB/OL］.（2010-03-27）［2017-08-03］. http://phtv.ifeng.com/hotspot/huarenshengdian2009/movingnews/201003/0327_9864_1588538.shtml.

② 中华文化的“忍让”还是很厉害［EB/OL］.（2011-11-05）［2017-08-03］. http://culture.ifeng.com/huodong/special/zhonghuawenhua/content-3/detail_201111/05/10439208_0.shtml.

③ 国家汉办主任许琳到所在党支部为党员讲专题党课［EB/OL］.（2016-07-14）［2017-08-03］. http://www.moe.edu.cn/jyb_xwfb/xw_zt/moe_357/jyzt_2016nztzl/2016_zt04/16zt04jcdt/16zt04_jcdt_gjhb/201607/t20160714_271840.html.

④ 资料来源：许琳在2012年孔子学院中方院长岗前培训班结业典礼上的讲话，2012年9月3日，大连外国语大学。

等收入陷阱”、完善全球治理以及探索人类更好社会制度等方面，为推动人类文明发展进步提供了弥足珍贵的东方智慧。而“中国方案”的提出不仅有其经济价值和社会价值，还为广大发展中国家找到了一条可资借鉴的发展道路。与美国学者弗朗西斯·福山所指认的历史终结于西方自由民主制度截然不同的是，中国特色社会主义在同资本主义的竞争比较中，正在不断展露出独特的制度优势和强大的生命力。中国特色社会主义的道路自信、理论自信、制度自信、文化自信“四个自信”不仅是中国对内对外的自信宣誓，也是中国软实力的重要来源和显著标志。

综上所述，奈主要将软实力理论运用于国际关系和国际政治领域，中国则主要从文化战略和建设的角度来考量软实力。但同样需要重视的是，近些年来，对制度、外交政策和国家形象等软实力构成要素的研究也越发高涨，这说明对软实力的研究并不仅仅局限于文化这一层面，多元化和多角度的研究更符合我国的实际情况与现实需要。

（二）海外华文传媒：中国软实力建设的重要力量

在软实力建设主体的认定上，奈对软实力行为主体的界定早已不再局限于国家、政府等层面，而是拓展到非政府组织、公司乃至个体等层面。奈对中国软实力建设的行为主体主要局限于政府以及官方媒体层面是有不同意见的，他在不同场合中都指出了这一点。2012年，奈在接受政见CNPolitics采访时，他认为：“政府宣传会帮助软实力发展，但在现代社会中，最重要的问题是可信度，宣传有时会使政府被认为不可信。”[①]2013年4月29日，美国“外交政策”网站刊发了奈的一篇文章。他强调将政府看成是产生软实力的最主要工具是错误的，实际上产生、输出软实力需要靠民间社会，而非政府投入大量的宣传攻势。[②]

奈的上述观点和见解确实有一定的现实针对性和启发性，但也存在值得商榷之处。长期以来，我们偏重于以政府和官方媒体作为构建软实力的主要抓手，走上层路线，对目的国的公民社会及其蕴藏的深厚力量不太重视，造成软实力在一些国家和地区的下降甚至挫败。但需要注意的是，非政府组织、跨国公司、新闻媒体和民众对于促进一国软实力的增长同样发挥着重要作用。例如，设立于1934年的英国文化协会是负责英国公共外交事务的主要机构之一，是受英国外交部监督的机构，其预算的三分之一来自于政府拨款。为了政策的决定和活动的开展免遭政府干涉，能够在政治上保持中立，英国文化协会一直坚持与政府保持一定距离的原则，在组织上算是非部门性公共团体。德国外交部向社团和基金会等专门组织提供资金支持，不干涉其政策的决定和活动的开展。上述专门组织包括歌德学院、对外关系协会（IFA）、德国学术交流协会（DAAD）、洪堡基金会（AVH）和世界文化之家（HKW）等。其中最具代表性的是社团法人歌德学院（设立于1951年），它与外

① 娜迪娅，吴瑶．约瑟夫·奈：中国可能对自己的实力产生了一些误解［EB/OL］．（2012-05-07）［2018-04-09］．http://www.360doc.com/content/15/0712/16/14552979_484448688.shtml.

② JOSEPH.What China and Russia don’t get about Soft Power［EB/OL］．（2013-04-29）［2016-08-09］．http://www.foreignpolicy.com/articles/2013/04/29/what_china_and_russia_don_t_get_about_soft_power?page=full.

交部签订了框架协议，并在此基础上开展文化活动，其预算的大约三分之二由政府拨款资助。①至于美国政府与媒体的关系，也绝不是绝缘的，美国政府与媒体在一种相互制衡的关系中寻求平衡。“信任”是软实力能够发挥作用的关键，在奈看来，能否成功运用软实力取决于吸引、创建信誉和信任的能力。②不过，信任的获得与承认同媒体的所属关系并不存在着必然联系。美国民调机构盖洛普2016年的一项调查显示，每5个美国成年人中只有1个表示对媒体“非常信任”或“相当信任”，即20%的比例。这是盖洛普自1973年开展此项调查以来的最低点。高达36%的受访者表示完全不相信媒体，相比1973年时的18%，整整翻了一倍。根据盖洛普的调查，美国报纸与电视媒体的可信度近年来一直呈下降趋势。1995年，认为报纸与电视媒体“非常可信”和“相当可信”的比例都超过30%，2015年已降到20%左右。而由美国国家民意研究中心实施的“综合社会调查”数据显示，认为报纸与电视相当可信的不足10%。美国哥伦比亚广播公司记者谢里尔·阿特金森指出，代表特殊利益、政治利益与公司利益的“金主”组织对媒体具有前所未有的影响力。美联社的一篇报道则认为，媒体公信力正被失真与偏见所侵蚀。根据美国皮尤中心公布的调查数据，美国民众认为，新闻报道存在“非常严重”政治偏见的比例从2000年至2012年一直维持在30%以上。③在国际新闻报道领域，美国对其他国家、地区以及不同种族、宗教、性别等的报道也不是完全客观的。中国的媒体如新华社、《人民日报》、国际广播电台、《中国日报》等在不少西方主流媒体的报道中往往都被打上了特殊的印记，这反而揭示了上述西方媒体基于社会制度和意识形态的傲慢与偏见。

现在，摆在我们面前的问题是，既然软实力建设的行为主体是多元的，那么海外华文传媒在其中的地位和功能又是怎样的呢？海外华文传媒在中国软实力建设中的地位主要体现在与祖籍国中国和所在国之间的联结上，可以从文化认同、信息服务和族群融入以及沟通中外等方面入手。一方面，海外华文传媒在中国软实力建设中的功能与软实力的资源因素密切相关。在软实力来源中，文化无疑是首要因素。海外华文传媒的存在本身就是汉语和中华文化走向世界的一个重要载体，其对于破除西方强势语言与文化的排他性独白状态，实现和而不同的多元文化交往与对话，进而使汉语与中华优秀文化成为世界多元文化格局中的有力一元，增强中国的文化软实力有重要作用。另一方面，在制度创新上，中国模式为其他国家提供了一条可资借鉴的反对经典现代化理论和“华盛顿共识”的现代化新路。中国在国际制度尤其是在发展道路上的制度创新无疑是其软实力不断增强的表现，海外华文传媒担当着向国外受众客观、真实、全面地进行报道，使中国模式对非西方国家产生更大的吸引力，进而提升中国软实力的角色。同样重要的是，海外华文传媒在推动和平发展道路及中国梦的构建方面发挥着不可替代的作用。

海外华文传媒迄今已经走过了200余年的历史。在此行程中，“中国因素”是影响海

① 渡边靖．美国文化中心：美国的国际文化战略［M］．金琮轩，译．北京：商务印书馆，2013：145-146.
② 奈．权力大未来［M］．王吉美，译．北京：中信出版社，2012：129.
③ 章念生，高石．美国媒体公信力不断下滑［N］．人民日报，2016-08-18（21）.

外华文传媒兴衰和发展的重要因素。所谓“中国因素”是指：一是中国的命运关乎华文传媒的兴衰。中国自身的发展、变革乃至在变革的道路上遇到的挫折与取得的成功，对全球华文传媒的影响是巨大的。二是每当中国进入重大历史变革时期，内地媒体与海外华文传媒总是会产生强烈的共振和互动。一些办报人甚至在国内与海外华文传媒之间穿梭流动，从事新闻活动。三是中国新闻自始至终都是海外华文传媒报道的重点。200余年间，只有个别地区的华文传媒在短暂的历史时期内减少了对中国新闻的报道，但从总体上来看，中国新闻始终在华文传媒的报道中占据重要位置。[①]“中国因素”确实对海外华文传媒的发展和繁荣起着重要的作用，但我们在分析海外华文传媒在提升中国国家软实力方面的有利与不利因素时，不能唯“中国因素”是从。也就是说，既要考虑“中国因素”，也要综合考虑以美国为代表的西方发达国家以及所在国的各项政策等因素，当然还有海外华文传媒的自身因素。

以上的分析和论证为海外华文传媒如何提升中国国家软实力奠定了坚实的基础。首先，探讨海外华文传媒提升中国国家软实力的战略，要先从海外华文传媒的角色变迁入手，分析华文传媒面临的角色冲突，明确其角色定位，这是海外华文传媒提升中国国家软实力的前提条件和基本保障。其次，作为所在国媒体大家庭中的一员，海外华文传媒须突破华人圈，加强与当地主流媒体的交往与合作。问题的关键在于如何从顶层设计和战略层面确立与主流媒体交流、合作的原则，如何采取多种方式并灵活运用多种方式进行合作，进而使主流社会更加重视华人的意见，更好地为中国国家软实力建设服务。这也是海外华文传媒由封闭走向开放，立足于本地社会，以全球的视野积极主动地融入到国际社会和主流人群中去，提升中国国家软实力的重要议题。再次，当前，不少海外华文传媒各自为政，造成了资源无法共享和统筹规划困难，分散了人力、物力与资金的投入，有时甚至造成恶性竞争和相互掣肘，影响了自身的成长和壮大。因此，我们既要看到海外华文传媒的数量增长之快，更要认真地思考各国的华文传媒在资源整合度方面的成效如何。这就要求我们在探讨海外华文传媒整合资源路径的同时，必须对其具体方式和存在的问题予以分析和反思。最后，随着新媒体的快速发展，传统的华文传媒不得不面对受众群萎缩的危险。而以华文报刊为主体的海外华文传媒近些年来日益感受到新媒体咄咄逼人的冲击，其生存的危机感愈发显现出来。在媒体融合时代，海外华文传媒迎接新媒体的挑战，主动应变，借助新媒体优势发展壮大，是自身“浴火重生”的必由之路，也是提升中国国家软实力的不二法门。我们需要思考的是，如何在媒体融合时代，更好地将传统媒体与新媒体统筹起来、协同起来进行一体发展。

综上所述，本书从时代高度和问题意识出发，首先，对西方的软实力理论进行了抽丝剥茧的追溯、发掘、批评；其次，论述了海外华文传媒在中国国家软实力建设中的地位、功能以及有利与不利因素；最后，提出了海外华文传媒提升中国国家软实力的具体战略。

---

① 郭招金．世界华文传媒二百年［EB/OL］．（2015-08-05）［2017-08-11］．http://www.chinanews.com/cul/2015/08-05/7448541.shtml.

三、研究内容与研究方法

（一）研究内容

本书在结构设置上共包括四章，从以下三个基本方面展开论述：

第一章为第一部分，是全书的开端，主要阐明了软实力的理论内涵、特征及来源，介绍和探讨了软实力理论在中国的研究概况及其变迁。首先，分析了软实力的理论内涵、提出其发起缘由及意义。从奈提出软实力的概念并不断丰富发展的过程中，对软实力的内涵予以描述。笔者认为，软实力理论的提出主要基于两方面的考量：一是从国际关系的角度出发，其目的是为美国的持续繁荣和霸主地位的巩固出谋划策；二是奈驳斥“美国衰落论”的论据和产物。软实力理论提出的意义主要包括三个层面：软实力理论的提出纠正了只重视经济、军事等硬实力的简单化、片面化的思维方式；揭示了权力向知识转换的趋向；客观上为包括中国在内的发展中国家加强软实力建设提供了理论根据。围绕软实力理论，国内外学界、政界都展开了争论和批评。主要争论议题包括软实力概念模糊、软实力测量以及软实力效果等问题，对此要结合奈的兴趣指向的转移、文本内容和具体阐述等进行辩证分析，才能给予客观公允的评价。

其次，探讨了软实力的特征及来源。相对于硬实力来说，软实力的特征在于其非垄断性和扩散性。前者是指软实力资源并非单个国家的专利，不同的国家无论强弱都或多或少拥有自己的软实力资源。后者是指软实力只有在广泛传播和扩散时，才会产生越来越大的力量。在奈看来，一国的软实力主要有三个来源：文化、政治价值观和外交政策。本书主要以此作为软实力的资源构成，兼顾其他能够产生软实力行为的因素，如发展模式、国家形象等。

最后，简要介绍和探讨了软实力理论在中国的研究概况及变迁。从学理上来看，奈的软实力理论与文化霸权、文化帝国主义紧密关联。随着当代世界经济全球化趋势的日益凸显，由此带来的信息全球化、媒介全球化与文化全球化不仅仅具有经济方面的意义，更具有政治和文化意识形态方面的意义。同时我们也要注意到，早期我国在引进软实力论著的时候，往往过于强调软实力理论的意识形态色彩与和平演变功能，尽管也有学者呼吁重视发展和提升中国的软实力，但从总体上来看，20世纪90年代，无论是学界还是政界，对软实力理论的探讨和重视程度都远远不够。新世纪以来，中国经济实力的迅速提升和国际影响力的日益拓展无疑为聚焦软实力理论、推进软实力建设提供了丰沃的土壤，政府、企业、学界等协同联动，促进了软实力研究热潮的兴起和扩散。软实力理论进入中国语境之后，也经历了本土化的改造与变迁，主要表现在以下两个方面：一是奈将软实力理论主要运用于国际关系和国际政治领域，更多地服务于霸权政治的需要，中国则主要从文化战略和建设的角度来考量软实力；二是中国在国家软实力之外，又提出了政治软实力、文化软实力、区域软实力、城市软实力、企业软实力等一系列的衍生概念。总之，对奈的软实力理论必须要有清醒、审慎和全面的认识，否则易于陷入文化保守主义的泥淖，在理论和实践上造成认识的混乱与不利的影响。

第二部分包括第二章和第三章，为全书的展开部分。第二章探讨了海外华文传媒在中国软实力建设中的地位与功能。在具体探讨之前，本书对几组概念如“海外”与“海内”，“媒介”“媒体”与“传媒”，“华文”“华语”与“中文”以及“海外华文传媒”和“海外华人传媒”等进行了辨析，在此基础上对海外华文传媒的内涵进行了界定。海外华文传媒在中国软实力建设中的地位主要体现在以下三个方面：一是海外华文传媒应华人、华侨文化认同的需要而产生，在维系族群凝聚力和对祖籍国的文化归属方面具有不可替代的地位；二是海外华文传媒在向华人、华侨提供所在国各方面的信息，以帮助他们更快地融入当地社会方面具有十分突出的地位；三是在世界传媒格局依然是“西强我弱”的情势下，海外华文传媒具有地理和心理上的接近性优势，在向国外民众更好地讲好中国故事，传播好中国声音，从而塑造中国的良好形象，提升国家软实力方面具有十分重要的地位。海外华文传媒在中国软实力建设中的功能主要包括以下三个方面：传播汉语和中华文化；真实、客观、全面地说明“中国模式”；推动和平发展道路及中国梦的构建。

第三章分析了海外华文传媒在提升中国国家软实力方面的有利与不利因素。有利因素从以下三点展开介绍：一是体现在中国国际地位显著提升，各种热潮促进了海外华文传媒的发展。中国经过30多年的改革开放，经济获得快速发展，国际地位得到显著提升。全球范围内掀起的“中国热”“汉语热”以及“孔子学院”在世界各地的创建，为海外华文传媒自身的发展与传播中华文化提供了良好的条件。中国媒体的迅猛发展对海外华文传媒也产生了积极的影响，主要体现在网络媒体联系起全球华人、中国媒体进军海外等领域。二是体现在新受众群逐渐形成，传媒生态发生变化。大陆新移民人数的快速增加成为海外华文传媒生存与发展的一个重要支柱。从20世纪80年代末期起，就有大陆新移民创办的报纸出现；90年代以后，这类报纸的数量不断跃升。而且，大陆新移民创办的媒体或开始从传统媒体向新媒体转型，或在媒体融合中迸发出新的生机和活力。世界范围的“汉语热”造就了一批通晓汉语的非华人群体，他们已成为各国华文媒体的非母语受众。当然，还有一大批将海外华文传媒作为学习汉语和了解中华文化的非华裔受众。这些都为海外华文传媒进一步提升中国软实力打下了坚实的基础。三是体现在海外华文传媒地位提升，受到主流社会重视。随着华人族群经济实力的增长、人数的增多和对自身权益的重视以及参政人数的增加，海外华文传媒的影响力越来越大。所在国不少政府在制定政策时，都要关注海外华文传媒和华人、华侨社区的声音。而随着海外华文传媒与华人、华侨社区力量的日渐壮大，希望争夺华裔选票的各大政治势力都加大了对其的重视程度。值得注意的是，争夺华裔选票尽管是所在国各大政党不得不重点考虑的事项，确实具有一定的功利性，但从另一个角度来看，这也是海外华文传媒借此机会积极反映华人社会的诉求，争取让所在国政府听到华人的声音，维护华人合法权益的重要途径。

不利因素从以下三点展开介绍：一是海外华文传媒的传播与受众间的关系很大程度上决定了华文媒体的非主流地位。一方面，海外华文传媒主要以汉语为传播语言，受众以当地华人、华侨为主，影响范围也仅限于当地华人社会，成为“非主流化”的重要因素。另一方面，受众对海外华文传媒所提供的产品和服务的疏离与拒斥也是造成其非主流地位的原因所在。二是海外华文传媒的整体实力有待进一步加强。海外华文传媒不等程度存在着规模不大、类型单一、布局不合理、资金和人才短缺、质量不高、产业化程度不强、影响力有限等问题，还没有出现影响国际社会舆论、具有强大话语权的领军华文传媒机构及其代表人物。三是汉语与中华文化在世界的整体格局中依然处于弱势地位。就汉语来看，随着信息高速公路的不断延伸和个人电脑、移动终端的广泛普及，英语尤其是美国英语霸权主义的趋向越来越明显。国际互联网络上使用的通用语言是英语，不懂英语几乎很难进行网上交流。反观汉语，尽管近些年来特别是孔子学院在推广汉语方面取得了有目共睹的成绩，学习汉语的人数增长得很快，但是学习汉语的人数基数小，与学习法语和西班牙语的人数相比还有很大差距。不仅如此，汉语热并不必然意味着汉语教学质量和效果的提升，“三教”（教师、教材、教法）问题依然困扰着海外华文教育界。就中华文化来看，中华文化自近代以来日益滑向边缘位置，处于弱势地位，其中的原因错综复杂。需要反思和追问以下问题：第一，必须厘清文化交流和文化殖民、文化霸权之间的关系；第二，在深入挖掘我国各类文化资源，推动传统文化资源向文化资本转化方面还有待加强；第三，以孔子学院为代表的中华文化推广机构在中华文化传播方面还存在着一些问题，第四，我们仍然面临着以美国为代表的西方强势媒体的挑战。长期以来，西方国家主导着国际传播领域，以美国为代表的西方发达国家无论在传播内容的生产，还是在传播技术的使用方面都处于领先地位，由此形成了无人能比肩的强势舆论和话语霸权。国际上以华语为传播符号的信息量过少，影响力和话语权还明显偏弱，与目前中国大国的国际地位和全球华人的政治经济地位都严重不相称。本书以盛行于非洲的“新殖民主义”为例，分析了西方主流媒体在非洲主流社会中的强势地位以及当地华文传媒影响力比较有限的客观现实。

第四章为第三部分，系全书的收束，也是全书的重点部分，提出了海外华文传媒提升中国国家软实力的四大战略——明确角色定位，发挥提升中国软实力的作用；突破华人圈，加强与当地主流媒体的交流与合作；整合资源，增强海外华文传媒实力；推动海外华文传媒媒体融合建设，提升中国软实力。

之所以要明确海外华文传媒的角色定位，是由于我们长期以来对其的定位出现了模糊和偏差。从角色理论切入，我们既要凝聚侨心、汇聚侨智、发挥侨力，加强和提升国际传播能力建设，改善和塑造国家形象，提升中国软实力，有其历史的合理性和现实需要的迫切性。同时，我们也要清醒地认识到，海外华文传媒的角色定位并不是完全由外部推动、促进和确定的，还必须考虑到海外华文传媒在历史发展进程中自身的变化，媒体体制、关注重点以及报道视角和内容等方面的差异。海外华文传媒毕竟生存于所在国的政治、经济、社会、文化等多重语境之下，其角色的自我期待与中国的他者期待之间并不总是处于统一协调的关系之中。因此，尊重海外华文传媒的自主性和独立性自是在情理之中。同时，自我预期与他者预期之间也存在交集和重叠，重合度越大，中国与海外华文传媒之间的互动及交流就越协调和顺畅，就越能实现双方之间的互利共赢，所谓“最大公约数”“最大同心圆”即是此意。为深入理解海外华文传媒的角色定位，本书分别选取了泰国华文媒体《星暹日报》和英国主流媒体《卫报》（*The Guardian*）网站上关于泰国维和委员会2014年7月29日批准的连接中国南方的两个高速铁路项目的新闻报道为例，运用批评性话语分析方法对其予以剖析。

突破华人圈，并不是要离开华人圈，而是说不能局限于华人圈，这就要求海外华文传媒须以全球的视野、开放的眼光、对话的思维主动融入主流社会。在媒体交往、对话与合作方面，就是要积极主动地加强与当地主流媒体的联系，建立和扩大与所在国主流媒体间的沟通、交流，加入主流媒体议题讨论，使主流社会更加重视华人意见，唯有如此，才能更好地为华人圈服务，中国国家软实力建设才会形成有力的支撑并落实到实处。首先，从顶层设计和战略层面来看，应正确理解海外华文传媒与所在国主流媒体之间的关系，以交往与对话思维作为海外华文传媒发展的基本理念。其次，海外华文传媒与所在国主流媒体合作的路径主要包括以下三个方面：一是从交往主体来看，可以灵活采取多元主体的方式与主流媒体展开交流和对话。二是海外华文传媒应该在心理上和行动上认识到自己就是主流社会的一分子，加强新闻策划，寻找并确定与主流媒体的“最大同心圆”。积极参与到主流社会中，主动关心、贴近主流社会的民众，在主流社会发出自信的声音。三是采用主流社会语言与主流媒体沟通，为海外华文传媒融入主流社会奠定坚实的基础。

海外华文传媒之所以难以做大做强，其中一个重要原因是在资源整合方面面临着诸多问题，这给提升中国软实力也造成了不利的影响。海外华文传媒仅靠自身力量单打独斗的结果是造成内部竞争惨烈，各大海外华文传媒争夺有限的广告市场，恶性竞争出现并盛行，导致很难形成具有地区影响力的传媒集团。为此，海外华文传媒整合资源已成为自身发展壮大，提升中国国家软实力的必然途径。其路径选择可以从以下三个方面着手：一是海外华文传媒之间整合资源，联手合作，成立新的海外华文传媒或海外华文传媒集团。二是海外华文传媒通过建立传媒集团或通过跨国、跨地区经营媒体集团的形式增强核心竞争力。三是中国在海外华文传媒资源整合中发挥着不可替代的作用。从中国政府层面来看，可以采取多种形式对其加以扶持，主要包括资金支持、政策支持、人才支持等。从媒体层面来看，中国媒体在进一步加强、深化与海外华文传媒的交流与合作，以改变后者实力较弱的现状方面应有所作为。以中国媒体与海外华文传媒的主要合作模式“借船出海”为例来看，这种合作模式是中国媒体与海外华文传媒互通有无、合作共赢的重要方式，但在实际的运作过程及效果上还存在一系列的问题，比如，中国媒体所提供的内容的针对性问题；中国媒体所提供的信息产品的意识形态属性问题；中国媒体的合作对象主要集中于传统媒体问题；该模式所涉及的跨国管理、经营与跨文化传播等问题。

在论述推动海外华文传媒媒体融合建设，提升中国软实力时，本书首先探讨了媒体融合时代的到来与海外华文传媒的处境。近些年来，以华文报刊作为主体的海外华文传媒日益受到新媒体咄咄逼人的冲击，其生存的危机感愈发凸显出来。当然，不同国家和地区华文传媒的市场环境、受众情况、传播者主体意志与情感等因素的差异造成了媒体融合的总体形态以及新媒体发展状况的不同。首先，一方面，我们承认不同国家和地区确实具有不同的媒体生态及受众差异，华文纸质媒体还有生存和发展的空间；另一方面，我们也不得不承认，随着信息技术和互联网技术的快速发展，以及受众群体的日益年轻化，新媒体对传统媒体的冲击只会越来越大，传统媒体必须主动面对新媒体的挑战，制定适合自身发展的对策。其次，本书分析了海外华文传媒在媒体融合中存在的两个问题：一是一些海外华文传媒缺少推动媒体融合的主客观条件，驱动力明显不足；二是海外华文传媒存在比较盲目跟进的现象，对媒体融合的理解往往还停留在“+互联网”的阶段。最后，本书论述了媒体融合背景下，海外华文传媒与中国软实力提升的策略：制作适合不同媒体形态传播的优质产品，提升中国软实力；运用大数据技术，提升中华文化的传播效果；海外华文传媒可以与中国对外传播部门及中国媒体合作，制作质量优良的文字、图片、音频、视频等材料，并将这些材料或在当地主流媒体刊登、播放，或推送到所在国流行的社交媒体如Facebook、Line、Twitter上，以塑造良好的中国形象，提升中国国家软实力。

（二）研究方法

本书以理论思考与实证分析相结合为原则，力图综合运用多种研究方法以达成对论题的深入理解。理论研究部分注重从学理层面体现思辨以及宏观把握，概括软实力理论的内涵、特点及资源；实证研究部分注重从问题入手进行调查研究和访谈，掌握第一手资料，深刻剖析问题，并提出切实可行的对策。主要研究方法如下：

（1）文献研究法。笔者阅读了大量关于海外华文传媒、软实力研究、文化传播、对外传播以及跨文化传播研究等领域的中外文献，对于夯实本书理论深度，拓展学术视野奠定了较好的基础。

（2）实地调查法。笔者赴泰国、印度尼西亚、柬埔寨等国家的华文传媒和新华社进行了调研，并获取了相关资料，为本书的写作奠定了一定的基础。

（3）访谈法。笔者与美国、澳大利亚、泰国、博茨瓦纳等国家的华文传媒负责人进行了线上或线下的访谈，对英国、美国、波兰、南非、泰国、印度尼西亚、柬埔寨等国家的孔子学院负责人和教师进行了访谈。这些都丰富了本书的写作内容，廓清了写作中的迷思。

第一章 软实力的理论内涵、特征及来源

第一节 软实力的理论内涵、提出缘由及其意义

一、软实力的理论内涵

软实力，也被译为“软权力”“软力量”“软国力”等，这一概念最早是由美国前国家情报委员会主席、前助理国防部部长，现哈佛大学教授约瑟夫·奈提出的。从1990年开始，奈在一系列论著中不断地概括阐述并完善他的软实力理论。1990年，他分别在美国《政治学季刊》夏季号和《外交政策》秋季号杂志上发表了《变化中的世界实力的本质》和《软实力》等一系列论文。在专著《美国定能领导世界吗》（*Bound to Lead*：*the Changing Nature of American Power*）中，明确提出了软实力的概念。“命令式的实力运用主要靠诱惑（‘胡萝卜’）或者威胁（‘大棒’）。然而，除此之外，还有一种间接运用力量的方法……同化式实力的获得靠的是一个国家思想的吸引力或者是确立某种程度上能体现别国意愿的政治导向的能力……这种左右他人意愿的能力和文化、意识形态以及社会制度等无形力量资源关系紧密。这一方面可以认为是软力量，它与军事和经济实力这类有形力量资源相关的硬性命令式力量形成鲜明对照。”“同化性力量是一种能力，根据这一能力，一个国家可创造出一种环境，使其他国家能模仿该国的方式来考虑自己的发展，确定自己的利益。”[①]“如果一个国家能够使其权力在别国看来是合法的，那么它在实现自己意志的时候就会较少受到抵抗。如果它的文化和意识形态具有吸引力，那么别的国家就会更愿意效仿。如果它能建立起与其社会相一致的国际规范，那么它需要改变自己的可能性就会很小。如果它能够帮助支持那些鼓励其他国家按照主导国家所喜欢的方式采取或者限制自己行为之制度，那么它在讨价还价的情势中就可能没有必要过多地行使代价高昂的

① 奈. 美国定能领导世界吗［M］. 何小东，盖玉云，等，译. 北京：军事译文出版社，1992：25.

强制权力或者硬权力。简言之，一个国家文化的共通性和它具有的建立一套管理国际行为的有利规则和制度之能力，是至关重要的权力源泉。在当今国际政治中，那些软权力源泉正变得越来越重要。”①2002年，在《美国霸权的困惑——为什么美国不能独断专行》一书中，奈指出，软实力强调的是与人们合作而不是强迫人们服从你的意志，而硬实力依赖引诱（“胡萝卜”）或威胁（“大棒”）。软实力不仅是影响和说服，而且是引诱和吸引的能力。而吸引经常导致默许或模仿。“软实力很多产生于我们的价值观。这些价值观通过我们的文化、我们在国内所实行的政策以及我们处理国际问题的方式表现出来。”②在2004年出版的《软力量：世界政坛成功之道》一书中，奈认为软实力是以迂回方式达己所愿的“力量的第二层面”，靠的是拉拢人而非胁迫人。一个国家有可能在国际政治中获得其所期望的结果，是因为其他国家仰慕其价值观，模仿其榜样，渴望达到其繁荣和开放的水平，从而愿意跟随其后。就此而言，除了靠军事力量或者经济制裁胁迫他人改变外，在国际政治中设立议程并吸引他国也十分重要。③2006年，在《软实力再思考》一文中，奈将软实力定义为：“通过吸引而非强制或者利诱的方式改变他方的行为，从而使己方得偿所愿的能力。”④ 2008年，奈出版了《巧实力：权力，个人、企业和国家》一书，在书中，他进一步阐明了软实力的内涵，认为软实力“是通过制定共同目标吸引他人，也能获得想要的结果”“通过吸引他人，而不是通过物质刺激来获得结果。软实力是感召他人，而不是威胁他人”⑤。在2011年出版的《权力大未来》一书中，针对一些批评家对软实力定义不清的抱怨，奈指出，他们混淆了一国寻求想要的结果的行为与用以产生这些行为的资源。很多类型的资源都有助于软实力的形成，但这并不意味着任何行为都是软实力。⑥“武力和报偿的使用，以及以它们为基础的某些议程设置，都是硬实力。行为目标认可的议程设置、积极吸引和说服属于软实力行为范畴。”他还形象地打比方，认为“硬实力是推力，软实力是拉力”，由此强调“全面定义的软实力是通过议程构建、说服和积极吸引等同化手段影响他人，从而得到偏好结果的能力”⑦。其实，早在2004年出版的《软力量——世界政坛成功之道》一书中，奈就用表格形式展现了军事力量、经济力量和软力量三种类型的力量（表1-1）。

① JOSEPH.Bound to lead. The changing nature of American power［M］. New York：Basic Books，1990：32-33.

② 奈. 美国霸权的困惑——为什么美国不能独断专行［M］. 郑志国，等，译. 北京：世界知识出版社，2002：10.

③ 奈. 软力量——世界政坛成功之道［M］. 吴晓辉，等，译. 北京：东方出版社，2005：5.

④ JOSEPH.Think Again：Soft Power［EB/OL］.（2006-03-01）［2016-07-20］. http://yaleglobal.yale.edu/content/think-again-soft-power.

⑤ 奈. 巧实力：权力，个人、企业和国家［M］. 李达飞，译. 北京：中信出版社，2013：37.

⑥ 奈. 权力大未来［M］. 王吉美，译. 北京：中信出版社，2012：28.

⑦ 奈. 权力大未来［M］. 王吉美，译. 北京：中信出版社，2012：29.

表 1-1　三种类型的力量①

	行为	主要手段	政府政策
军事力量	胁迫 阻碍 保护	恐吓 武力	强制性外交 战争 同盟
经济力量	引诱 胁迫	交易 制裁	援助 贿赂 制裁
软力量	吸引 设定议程	价值观 文化 政策 机构体制	公共外交 双边和多边外交

由表 1-1 可见，军事力量和经济力量属于奈认定的硬实力，它与软力量（软实力）在行为、主要手段和政府政策等方面都存在着显著的差异。正是因为上述差异的存在，奈坚信，忽视软实力必定会付出相应的代价。“对软力量持怀疑态度的人说用不着为此而担忧。受欢迎的程度是稍纵即逝的，怎么也不应该成为对外政策的指南。美国做事用不着世界来鼓掌。我们很强大，可以为所欲为。”②这种观点在奈看来，无疑是荒谬和有害的。而“将软力量贬低为对外形象、公共关系和稍纵即逝的声望等层次的问题是不明智的……这是一种力量——一种取得所期望结果的手段。当我们贬低自己的吸引力的重要性时，就会为此付出代价。”③他列举了下面这个例子，足以说明问题：

当美国政策在他人眼中失去了合法性和可信度，不信任的态度就会束缚我们的行动并进一步减少我们的筹码。比如，“9·11”事件后德国对美国同情有加，德国也参加了打击基地组织的军事行动，但在美国奔赴不得人心的伊拉克战争时，德国对美国所宣称的伊拉克与基地组织有染及伊拉克大规模杀伤性武器的威胁迫在眉睫等参战的原因表达了广泛的不信任。美国媒体充满偏见的战时报道、战后找不到伊拉克的大规模杀伤性武器且无法证明其与基地组织的联系等事实进一步加深了德国的忧虑。在这些因素的撮合下，阴谋论应运而生。根据路透社的一项民意调查显示，到 2003 年 7 月，三分之一 30 岁以下的德国人甚至说他们认为美国政府可能自编自导了“9·11”恐怖袭击。④

德国对美国的不信任在美国前国务卿鲍威尔的后悔不迭中得到了可靠的验证。2003 年 2 月 5 日，鲍威尔对世界安全委员会讲的有关伊拉克的著名言论，包括展示大规模杀伤性武器的证据，皆成为他请求对伊战争的口实。然而，2005 年鲍威尔在接受 ABC（美国广播

① 奈. 软力量——世界政坛成功之道［M］. 吴晓辉，等，译. 北京：东方出版社，2005：29.
② 奈. 软力量——世界政坛成功之道［M］. 吴晓辉，等，译. 北京：东方出版社，2005：141.
③ 奈. 软力量——世界政坛成功之道［M］. 吴晓辉，等，译. 北京：东方出版社，2005：142.
④ 奈. 软力量——世界政坛成功之道［M］. 吴晓辉，等，译. 北京：东方出版社，2005：142-143.

公司）采访时也不得不承认，在美国政府发动伊拉克战争前，他代表美国在联合国发表了关于伊拉克拥有大规模杀伤性武器等不实言论，他为此感到后悔，并认为这是他人生当中的污点。[①]

值得注意的是，在软实力概念提出的过程中，巧实力概念也逐渐成形。一般认为，巧实力概念是由美国安全与和平研究所高级研究员苏珊尼·诺瑟（Suzanne Nossel）提出的。她在2004年3/4月号的《外交》杂志上发表了题为《巧实力》的论文。文章指出，"9·11"事件之后，保守主义者打着自由国际主义的旗号实行侵略性的单边主义战略，宣称要扩展人权和民主，但是布什政府采取的军事危险政策同他们声称的理念根本不相符。因此，强调要运用巧实力，即"必须实行这样一种外交政策，不仅能更有效地反击恐怖主义，而且能走得更远，通过灵活地运用各种力量，在一个稳定的盟友、机构和框架中促进美国利益。必须设定一种进程，组合所有力量资源，然后坚定、务实地应对挑战，捕捉机遇。这种政策将平息美国公众的不安，统合缺乏协调的政府部门，在全球实现美国的目标"[②]。而"巧实力"战略是威尔逊、罗斯福、杜鲁门和肯尼迪奉行的自由国际主义理论的延伸。2006年1月，奈在《外交》杂志上发表了题为《重新思考软实力》的文章，文章称："单独依靠硬实力或软实力都是错误的。将它们有效地结合起来可以称作'巧实力'。"他随后举例说："在冷战期间，西方使用硬实力阻止苏联的进攻，然而，同时也使用软实力去侵蚀铁幕背后的共产主义信仰，这就是巧实力。"[③]2007年，美国前副国务卿阿米蒂奇和奈发表了题为《巧实力战略》的研究报告，明确提出运用巧实力进行对外战略转型，帮助美国摆脱当前困境，重振全球领导地位。巧实力的提出显然要反对那种认为只要有软实力就能产生有效的外交政策的错误看法，在奈看来，"极少国家能够只以'软实力'实现其在国际上的目标"，"最有效的领导是能够将'硬实力'和'软实力'在不同的情况下按不同的比例相结合。如果能够将'软实力'和'硬实力'有效结合，就能得到'巧实力'"[④]。他认为，实力是一个人影响他人的行为以获得自己所需的能力。"有三个基本的实现手段：强制、酬劳和吸引力。硬实力是使用强制和酬劳的手段。软实力是通过吸引力获得期望结果的能力。如果一个国家能够替他国制定议程，那么这个国家就能省去许多的'胡萝卜'和'大棒'。可是，很少能做到完全包办。因此，需要把硬实力手段和软实力手段结合起来的高明策略。"[⑤]2009年1月13日，希拉里·克林顿在参议院外交关系委员会就其国务卿提名举行的听证会上阐释了巧实力的外交理念，这标志着巧实力理念正式被奥巴马政府采

① 艾尔林格. 生活中的道德怪圈：什么让我们活得更好，什么让我们过得更糟［M］. 刘菲菲，译. 北京：中信出版集团，2015：30.

② NOSSEL S.Smart Power［EB/OL］.（2006-03-01）［2016-07-20］. http://www.democracyarsenal.org/SmartPowerFA.pdf.

③ NOSSEL S.Think Again：SoftPower［EB/OL］.（2006-03-01）［2016-07-20］. http://yaleglobal.yale.edu/content/think-again-soft-power.

④ 于盈，奈：从"软实力"到"巧实力"［J］. 南风窗，2009（13）：29.

⑤ 奈. 美国成为高明大国的途径：巧实力［EB/OL］.（2009-07-06）［2016-07-20］. http://blog.sina.com.cn/s/blog_4b7f0e180100e9u6.html.

纳。希拉里指出："我们必须使用被称为巧实力的政策，即面对每种情况，在外交、经济、军事、政治、法律和文化等所有政策工具中，选择正确的工具或组合"；"巧实力要求同朋友和敌人都进行接触"，"在敌意和复杂性中间寻找承诺和可能性"。①

针对软实力与硬实力之间的关系问题，奈指出，两者相辅相成，都是以影响他人行为达到自身目的的能力。软实力对硬实力的增强具有促进作用，在一定的条件下，硬实力也可以转化为软实力，发挥软实力的功能。在一篇访谈中，奈谈道："软权力和硬权力之间往往存在很多共通之处。例如，经济力量就可以转化为软硬两种权力：当你采取经济制裁这种强硬手段时，它就表现为硬权力；而当你利用手中的财富吸引他人时，它又变成了软权力。同样，军事力量在某些情况下也可以表现为软权力，比如，维和部队在执行一些任务时体现出来的人道主义和敬业精神，或者在抗击自然灾害时的军民合作中所表现出来的团结互助精神。"②奈一再强调，软硬两种实力均十分重要，"软硬实力之间只是行为性质和资源有形程度上的差别，其实质都是影响他人行为、实现自身目标的能力。改变他人行为的命令依靠的是胁迫或利诱，塑造他人需求的感召力则要依靠自身价值观的吸引力，或者制定共同政治目标的能力。在实际情况下，软硬实力常常是共同发挥作用的，有时是在胁迫或利诱的深层实质关系基础上加上一层软吸引力"③。但是在全球信息化时代，软实力已变得比以往更加重要了。"大到一个国家，小到一家企业，无不如此。对每个国家、企业和个人而言，软实力未来会越来越重要，因为我们当前所处的信息革命使软实力的重要性不可再被忽视。"④同时，他又坚决反对把两者的关系简单地视为决定和被决定的线性关系，强调软实力有其相对独立性。奈在接受《南风窗》记者的采访时说，有时候一个没有什么明显优势的小国家可能会拥有较大的软实力。例如挪威，没有其他国家的人使用它的语言，它不是欧盟的成员，只有500万人口。但它奉行的政策是做一个和平缔造者，给予了大量的国际援助，这使挪威变得很有吸引力。另一个例子是新加坡，这也是一个只有400万人口的小国，却成了东南亚地区的枢纽，给这个地区的其他国家带来了帮助，这对增加新加坡的软实力非常有益。⑤

关于软实力的使用目的和结果问题，奈认为："软实力既可用于善意的目的，也可用于恶意的目的，目的的好坏通常取决于观察者的角度。"⑥"发展软实力并不是一个有赢就有输的零和游戏，每一个国家都可以从中找到对自己有利的部分。中国的利益跟美国的利益有一部分是相同的，有一部分是相冲的，有些地方可以合作，有些地方将会竞争。例如对抗污染，对抗传染病，这是中国和美国可积极合作的地方，而合作就需要软实力，就要

① CLINTON H R.Statement of Senator Hillary Rodham Clinton，Nominee for Secretary of State，Senate Foreign Relations Committee［EB/OL］（2009-01-13）［2016-07-20］. http://www.state.gov/secret ary/rm/2009a/01/115196.htm.

② 奈，张哲馨. 自由主义化的现实主义者——对约瑟夫·奈的访谈［J］. 世界经济与政治，2007（8）：72.

③ 奈，巧实力：权力，个人、企业和国家［M］. 李达飞，译. 北京：中信出版社，2013：38.

④ 曹磊. 约瑟夫·奈：信息时代，比谁讲的故事更动听［EB/OL］.（2013-12-19）［2016-07-20］.http://www.guancha.cn/yue-se-fu-nai/2013_12_19_193825.shtml..

⑤ 于盈，奈奈：从"软实力"到"巧实力"［J］. 南风窗，2009（13）：30.

⑥ 奈. 巧实力：权力，个人、企业和国家［M］. 李达飞，译. 北京：中信出版社，2013：54.

有信任和相互尊重。如果中国的软实力能够得到美国人民的认可，美国的软实力在中国也更能为中国人民所接受，那么双方都会觉得对方越来越有吸引力，这就是说中美两国各自发展软实力对彼此都有好处，是双赢的局面。”① “如果中国和美国对彼此的吸引力都得到加强，破坏性冲突的可能性就会减弱。如果中国软实力的增强能够使冲突的可能性减少，那么它就能够成为正和关系的一部分。”②

二、软实力理论提出的缘由

一方面，奈的软实力理论主要从国际关系的角度出发，其目的是为美国的持续繁荣和霸主地位的巩固出谋划策，其强烈的对外谋求“软性”霸权的实用主义倾向十分明显。奈所忧思的是，随着冷战的结束，美国最显著的失败是对发展软实力缺乏重视，投入的资源不足，软实力看起来似乎可有可无。“美国政府大力节省开支，对软实力的投资则兴趣衰减。1989年到1999年期间，美国新闻署（USIA）的预算减少了10%，其在世界最大的伊斯兰国家——印度尼西亚的资金投入也削减了一半。到20世纪90年代末，美国国务院接管新闻署时，该局的雇员仅剩6,715人（20世纪60年代中期，鼎盛时期有12,000名雇员）。冷战期间，华盛顿资助的广播电台每周可覆盖苏联一半的人口和东欧70%到80%的人口；而‘9·11’事件发生前夕，只有2%的阿拉伯人能收听到‘美国之音’。同时，每年学术和文化交流人员的数量也从1995年时45,000人减少到2001年的29,000人”，“国务院公共外交计划和美国国际广播的总支出仅为10多亿美元，大约占外交事务预算的4%。而美国的外交预算总额仅为情报预算的3%，国防预算的0.25%。如果华盛顿能将其国防预算的1%用于公共外交，用前联邦通讯委员会负责人牛顿·米诺（Newton Minow）的话来说：‘我们仅用一美元来传播我们的理念，就能达到花100美元发射炮弹的效果。’——这意味着需将当前用于公共外交的预算增加4倍”③。

奈在他的一系列著述中一再吁求美国不能只关注军事和经济霸权，也必须重视软实力建设；不能以硬实力的无限扩张和推行单边主义而损害软实力的培育及提升。“9·11”事件发生后，他对美国软实力建设方面存在的问题进行了深刻的反思：“我原计划出这本书给美国人敲一个警钟，并对如何使用我们史无前例的力量提些建议。现在，残酷的现实已经敲响了警钟，它比任何议论都更有说服力。但我们仍需就如何利用我们在最近几十年的优势、维护我们长远的国家和全球利益做出决定。我们需要就大的原则和规范达成一致，以便我们与其他国家一道，保持世界政治稳定、经济发展、民主观念深入人心。这是我们的历史任务。美国不会永远保持霸权地位。如果我们高傲自大，对外部世界麻木不仁，浪费我们的软实力，我们就会增加受到攻击的危险，卖空我们的价值观，加速我们优势的丧

① 曹磊·奈：信息时代，比谁讲的故事更动听［EB/OL］.（2013-12-19）［2016-07-20］. http://www.guancha.cn/yue-se-fu-nai/2013_12_19_193825.shtml.

② 奈. 权力大未来［M］. 王吉美，译. 北京：中信出版社，2012：128.

③ 奈. 美国软实力的衰落——华盛顿应该为此感到忧虑［J］. 肖欢，王茜，译. 国外社会科学文摘，2004（10）：34,35.

失。”[①]不少学者对奈之所以提出软实力概念的缘由进行了深刻分析，诸如，“他的‘软权力’论有着工具性，或者说实用主义的倾向”[②]，“约瑟夫·奈的软实力概念集中地体现了美国软实力的内涵和本质。美国软实力的宗旨是谋求世界霸权。而文化、政治价值观、外交政策等都只是达到这一宗旨的工具”[③]。

另一方面，软实力理论的提出也是奈驳斥“美国衰落论”的论据和产物。众所周知，从20世纪50年代开始到现在，“美国衰落论”的说法从未中断。朝鲜战争后，苏联人造卫星升空后、越南战争后、20世纪70年代经济滞胀后、苏联扩张和日本复兴后、“9·11”事件后、2008年金融危机后，都出现了所谓的“美国衰落论”。而奈提出软实力理论的直接原因源于20世纪80年代美国学界关于美国是否走向衰落的争论。随着美国经济实力的下降，美国霸权的式微在政治、经济、军事等各方面都凸显了出来：政治上，第三世界力量的壮大从政治上制约着美国意图的实现，1973年中东阿拉伯国家对石油武器的运用就是一个明确的标志；经济上，布雷顿森林体系的破产标志着美国经济上绝对优势地位的丧失，大国之间的经济竞争步入了新阶段；军事上，美国卷入越南战争并遭到惨败，美苏战略核武器达到实质性平衡。[④]在此背景下，“美国衰落论”弥漫于学界，不少著名的学者如吉尔平、克拉斯纳、金德尔伯格和基欧汉等都对美国力量及其对世界事务的影响持悲观的看法。1987年，美国著名历史学家保罗·肯尼迪教授出版了一部轰动西方的著作《大国的兴衰》，使“美国衰落论”在世界范围风行一时，该书至今仍保持着持续而广泛的影响。该书主要从经济及军事的角度论述了西方诸大国的兴起与衰落的必然性，同时也探讨和预言了美国的衰落。肯尼迪不无忧虑地写道：“对于一个像美国这样在全球都有触角的大国来说，在军备方面投入较低可能会使其在世界各地都容易受到危害；但在军备方面投入太多，尽管能够在短期内改善美国的安全状况，但也可能会削弱美国经济的商业竞争性，从长期来看会破坏美国的安全环境。”[⑤]肯尼迪相信，即使在美苏两极对抗最严峻的时期，多极时代的出现也是不可避免的。他断言，美国已无力阻止这种两极到多极的转换，必须找到应对这种转换的办法。

与肯尼迪的观点不同的是，奈认为，美国的力量并没有衰落，只是美国力量的本质和构成正在发生变化。奈引述一位历史学家的话说：“不管军事力量和政治许诺为美国在冷战期间赢得在欧洲的成功奠定了多么重要的基础，是美国经济和文化的吸引力真正赢得了大部分年轻人的心智，使其拥护西方民主……当真正的消费兴起时，真正的社会主义很可能就要被淘汰出局了。”[⑥]他认为，“在绝对意义上的衰退来说，美国的确面临许多真实的问题，但美国经济依然具备高度生产力。美国在总研发支出、大学排名、诺贝尔奖得奖者

① 奈. 美国霸权的困惑：为什么美国不能独断专行［M］. 郑志国，等，译. 北京：世界知识出版社，2002：前言.
② 郭洁敏. 当前我国软力量研究中若干难点问题及其思考［J］. 社会科学，2009（2）：14.
③ 叶青春. 从现代性困境看当代中国文化软实力的超越性［J］. 延边大学学报，2010（1）：28.
④ 奈. 硬权力与软权力［M］. 门洪华，译. 北京：北京大学出版社，2005：231-232.
⑤ 肯尼迪. 大国的兴衰［M］. 王保存，等，译. 北京：求实出版社，1988：247.
⑥ 奈. 软力量——世界政坛成功之道［M］. 吴晓辉，等，译. 北京：东方出版社，2005：52.

人数和企业精神指数上依然排名世界第一。根据世界经济论坛（World Economic Forum）上月发布的年度经济竞争力报告，美国的经济竞争力在全球排名第五（位居瑞士、瑞典、芬兰和新加坡这些小经济体之后），而中国只排名第26"①。他指出："把21世纪中大国权力更迭简单地描述为传统霸权国的衰落是不准确的，而且这种论述还会导致双方危险的政策暗示：中国可能采取更加冒险性的激进政策，而美国反过来可能出于恐惧而反应过激。美国没有进入绝对衰退的阶段，相对来讲，在未来的几十年里，美国仍然会比世界上任何一个单独的国家主体实力要强。"②尽管奈也承认，"美国必将面临许多其他包括国家和非国家行为体实力资源上的崛起。由于全球化将技术力量广为传播，而信息技术让更多的人能够进行交流，美国在文化和经济上的统治力将不如本世纪初"。但他也强调，"美国不可能像古罗马一样就此衰败下去，更不可能被世界上任何一个其他国家超越，包括中国在内。美国实力发展在21世纪遇到的困难，不是一种衰退，而是一种基于应该'怎么做'的清醒认识——（在新形势下）即使是世界上最大的国家，没有他国的帮助，也将无法达成目标。与日俱增的挑战要求美国在领先他国的同时，也要和其他国家一起行使权力。这样做的话，国家会对权力的内容及如何变化，以及如何应用更高明的手段，在信息时代将硬实力和软实力进行有效结合有更深的领悟。如何保持同盟间合作以及营造更好的关系网络将是美国软硬实力的重要特征"③。2015年3月，在给《金融时报》撰写的文章中，奈仍然强调，随着美国优势略有下降以及世界变得更加复杂，美国世纪至少还会持续数十年时间。④美国最终是否衰落，美国世纪是否终结，历史实际上将如何发展，这都有待时间的检验。我们感兴趣的是，奈之所以祭出"软实力"的大旗，是与他一向驳斥和反击"美国衰落论"有着内在的紧密关联的。事实上，这一理论已被包括美国在内的一些西方大国纳入自己的"战略武器库"，成为干预和控制别国的重要手段。

毋庸置疑的是，奈的软实力理论所概括的并非新的现象，而从其理论源头上来看，中西方文化中都可以寻绎到其踪迹。他自己在多个场合和论著中都承认："'软实力'这个概念可能是新的，但概念表示的行为却并不是新东西。虽然我在关于美国权力的书中再次明确了'软实力'这个概念，但并没有什么美国特色的东西。中国古代文化对软实力就有很好的理解，虽然没有使用这一专有名词。"⑤"过去中国的哲学家——老子、孔子早就在他们的著作里讲到软实力的概念，只是没有说出软实力这个名词。"⑥"我提出这个想法，不止在西方文化当中找得到，在东方的传统文化中也有。我们去看老子或者是孔子的

① 奈. 驳美国衰亡论［EB/OL］.（2011-10-10）［2016-07-25］. http://www.zaobao.com/yl/tx111010_001_1.shtml.

② 奈. 美国实力的未来：以主导权和衰落视角观之［EB/OL］.（2010-12-12）［2016-07-25］. 杨林，译. http://www.chinareform.net/2010/1212/23506.html.

③ 同②.

④ 奈. 中国崛起终结美国世纪［EB/OL］.（2015-03-31）［2016-07-25］. 邹策，译. http://www.ftchin ese.com/story/001061313?full=y.

⑤ 张国祚与约瑟夫·奈关于"软实力"的对话［EB/OL］.（2012-07-06）［2016-07-25］. http://theory.people.com.cn/n/2012/0706/c49157-18461775.html.

⑥ 黄滢. 软实力之父约瑟夫·奈接受本刊专访：中国领导人是讲故事高手［J］. 环球人物，2013（34）：45.

学术理论，他们都了解身为一个领导人不能高高在上发号施令，特别是老子讲过这样的话，最好的领导人甚至连他们叫什么名字我们都不知道，他们只是没有说出软实力这个名词而已。”[①]在《巧实力：权力，个人、企业和国家》一书的扉页上，奈直接引用了老子的话：“太上，下知有之；其次，亲而誉之；其次，畏之；其次，侮之。”张国祚先生指出：“软实力概念是约瑟夫·奈先提出的，但是他也讲，虽然他提出了软实力的概念，但是软实力并不具有美国特色，实际上中国古人对软实力有很多很深刻的理解和很好的运用。这句话不能算他谦虚，他讲的是事实，比如，我们古代讲‘不战而屈人之兵’‘上攻伐谋’‘攻心为上’‘天时不如地利，地利不如人和’，等等，讲的都是软实力。”[②]丁学良先生在分析软实力概念在中国如此之“热”的首要原因时也指出：“中华文明的传统里有这方面深厚的渊源。中国自从汉朝初期以来，就把儒学定为朝廷尊崇的教义。两千多年里，无论是对周边的国家，还是对国内民众的统治，中国历代朝廷最强调的是‘以德服人’，推崇‘教化’，也就是以道德、文化的方式来使别人服从它的统治和权威。即便中国历史上的统治集团绝大多数并不至于天真烂漫到放弃武力手段维持国内秩序和周边区域的稳定，‘仁政’‘德治’和‘王道’都不过是中原王朝高举‘替天行道’大旗上的主题广告商标。因此，中国两千年来尊崇孔孟之道的政治文化传统，使中国的统治精英阶层非常合拍、非常顺畅地认同和采纳了‘软实力’这个概念。”[③]奈曾在一次与中国学者的对话中将软实力的提出归结为受到英国学者卡尔的启发。“1939年，著名的英国现实主义学者卡尔（E. H. Carr）把国际权力划分为三种类型：军事权、经济权和话语权（舆论控制权）。这对笔者很有启发，军事权体现胁迫力，经济权体现收买力，这两者都是硬实力，而话语权则体现一种吸引力。所以我就把通过吸引和说服获得更优结果的能力概括为‘软实力’。”[④]也有学者认为，软实力理论的形成具有丰富的思想渊源，包括彼得·巴克拉克和莫顿·巴拉兹的“力量的第二面”理论、摩根索的权力政治理论、肯尼迪的大国兴衰论和尼克松的不战而胜论等。[⑤]还有论者指出：“软实力概念起源于西方，修昔底德最早提出了观念力量的重要性，而葛兰西在此基础上提出了‘文化领导权’的思想。受这两种理念的影响，美国哈佛大学国际关系领域教授约瑟夫·奈提出了‘软实力’概念，并将之理论化、系统化。”[⑥]上述学者、论者从各自的理论视角和阐释框架分析了软实力理论的源流，无论是奈

① 张禱心．“软实力之父”约瑟夫·奈：中国如何赢得软实力竞赛［EB/OL］．（2013-12-19）［2016-07-25］．http://www.xinminweekly.com.cn/News/Content/3116.

② 张国祚．做强软实力实现中国梦——在第四届中国文化软实力研究高层论坛上的讲话［EB/OL］．（2013-07-01）［2016-07-25］．http://theory.people.com.cn/n/2013/0701/c40531-22027382.html.

③ 丁学良．中国“软实力”也要硬起来［EB/OL］．（2013-12-19）［2016-07-25］．http://research.kdnet.net/library/content.php?id=4150.

④ 张国祚与约瑟夫·奈关于“软实力”的对话［EB/OL］．（2012-07-06）［2016-07-25］．http://theory.people.com.cn/n/2012/0706/c49157-18461775.html.

⑤ 金筱萍．论约瑟夫·奈软实力理论的思想渊源［EB/OL］．（2013-11-21）［2016-07-25］．http://www.cssn.cn/gj/gj_gwshkx/gj_zz/201311/t20131121_857408.shtml.

⑥ 刘佳．中国视角下软实力理论的重构——基于对软实力理论西方话语权的反思［J］．河南大学学报（社会科学版），2014（1）：33.

的自陈，还是他者的分析和阐发，都揭示了软实力的思想其实早已存在于中西方的理论与实践之中，只是没有将其以软实力的说法予以概念化并对其进行具体的分析和阐释。但不得不承认的是，奈首次提出了软实力概念，并在全球化日益深入和信息技术飞速发展的时代，在全球政治经济格局发生显著变化和权力转移的时代，运用软实力理论对美国和其他国家的软实力进行了研究与分析，从而在软实力理论和实践领域发挥了重要的带头与引领作用，使得不少发达国家和发展中国家纷纷关注自身软实力建设的资源、优势及不足，从这一点来看，奈的软实力理论具有重要的理论价值和实际应用价值。

三、关于软实力理论的争论与批评

奈的软实力理论也并非十全十美。实际上，仍有一些西方学者和政治家对软实力概念不以为然或不感兴趣，认为它是毫无新意的生造，既生硬又有哗众取宠之嫌。在《软力量：世界政坛成功之道》一书中，奈指出了这一点：

> 福阿法·阿贾米（Fouad Ajami）最近说："美国不用太在意国外的想法和情绪。"专栏作家卡尔·托马斯（Cal Thomas）提及说："美国的言行能减少我们敌人的威胁性，这纯属虚构。"此外，美国过去也曾经不得人心，但都设法得以恢复了。故我们不需要永久的盟友和制度。我们在需要时总能找到意愿联盟。唐纳德·拉姆斯菲尔德总习惯性地说应让问题本身来决定联盟，而非相反。①

在《权力大未来》一书中，奈也列举了持怀疑态度的人的观点，诸如，认为软实力是"在大量对外政策检验中失败了的美好的学术思想之一"，提出"即使是最强烈的文化亲和力也无法阻止军队的进攻"②。以至于当有人2003年询问时任美国国防部部长唐纳德·拉姆斯菲尔德对软实力的看法时，他只以"我不知其意"了事。③中国也有学者指出软实力理论确有其先天不足之处，认为奈的初衷是为美国的外交战略出谋划策，因为囿于一种"政策学"的角度和立场，所以在逻辑层次和理论建构上明显欠缺，许多关键地方处于"模糊状态"。④

确实，对软实力理论提出批评的论者中，不少人认为软实力概念模糊，软实力理论在理论深度和高度上仍有提升的空间，其可操作性和可测量性令人难以把握并付诸实践。纵览奈的一系列专著、论文、谈话等材料，对软实力概念的界定均属于"描述性定义"，而非形式逻辑上经典的"种差＋属"概念的定义方法，显得主观性强；软实力理论不讲求宏大的体系建构，不使用深奥的专业术语以及严密的逻辑构架和论证等，在某些人看来确实是其局限。正如有论者所指出的："约瑟夫·奈的软实力概念的模糊性，是许多学者有自

① 奈. 软力量——世界政坛成功之道［M］. 吴晓辉，等，译. 北京：东方出版社，2005：141.
② 奈. 权力大未来［M］. 王吉美，译. 北京：中信出版社，2012年：116.
③ JOSEPH.Think Again:Soft Power［EB/OL］.（2006-03-01）［2016-07-20］.http://yaleglobal.yale.edu/content/think-again-soft-power.
④ 郭洁敏. 当前我国软力量研究中若干难点问题及其思考［J］. 社会科学，2009（2）：12.

己阐释空间的原因之一。《软力量：世界政坛成功之道》虽然是约瑟夫·奈对软实力的原理性阐述，但它并不能算一部严谨的学理性著作，概念界定的模糊性使人对它多有误解，甚至奈在本书《序言》中都提及：‘有人误解了，将它与可口可乐、好莱坞、牛仔服和金钱的影响相提并论。’”①但从另一方面来看，这又是这一概念的特点。正是由于该书“文不甚深，行文晓畅”的特点才促进了软实力理论能在国际政界、学界、业界和传媒界流行。当然，这也与奈本身的学术背景、学术兴趣转向有着密不可分的关系。众所周知，奈不仅仅是一位世界一流学府哈佛大学研究国际问题的专家，而且曾经担任肯尼迪政府学院的院长，1970年至今，他还先后在美国对外关系委员会、国际战略研究所、经济发展研究顾问团、国防政策理事会及国家情报委员会等机构担任兼职。1977—1979年，他在卡特政府担任负责安全援助与科技问题的副助理国务卿。1993—1995年，他出任主管国际安全事务的助理国防部部长。这样的身份和背景以及他对实际政策应用的实用主义态度，也促使他不可能以佶屈聱牙的术语、深奥晦涩的思辨去行文论证，他更看重的是理论自身在实际政策制定中的功效和影响。在一篇访谈中，他特地谈到这个问题：

尽管我最初对理论十分关注，但在20世纪70年代末，我对把理论应用到实际政策中产生了更大兴趣，因此就职于卡特政府。我总觉得，学术界更重视的是自我反思，积累“知识资本”（intellectual capital），但所有的思想最终还是要变成行动才更有意义。虽然学术界可以通过“涓流效应”（trickle-down effect）影响政府政策的制定，即决策者通过某些途径慢慢接触到学者的思想，然后在决策过程中加以应用，然而，学界影响政界最为有效的方法就是直接将思想与权力联系起来。应该说，我是很幸运的，因为我不但有机会将学术界获得的思想应用到政府工作之中，还能够经常带着新问题到学术界寻找更好的答案，尽管这个角色扮演起来并不容易。②

至于软实力测量问题，奈针对一些论者的批评，指出：“软实力确实不容易量化，但却可以衡量。目前主要有两种衡量方法：一种是公众舆论的看法，这在美国比较流行；另一种就是比较研究的方法，即在对不同国家进行相关案例研究的基础上，通过比较的方法看哪些国家更具吸引力，这种比较的方法既简单易行，又能够清楚地看出差别。我们倾向后一种方法。”③就实际情况来看，奈在他的一系列著述中经常运用这两种方法对不同国家、地区的软实力进行衡量。当然，从精确性来看，也许难以达到批评者所期待的结果，而且针对公众舆论的民调“受重大时事的影响而只能作为参考，并不能真正反映国家软实力的强弱，正如全球性的反美主义泛起并不一定表明美国软实力在下降，民调排名最好的国家不一定就是软实力排名最好的国家”④。不过奈毕竟开启了软实力研究的一种新视界，

① 毛夫国．软实力概念的泛化及其原因［J］．国际关系学院学报，2012（3）：56．
② 奈，张哲馨．自由主义化的现实主义者——对约瑟夫·奈的访谈［J］．世界经济与政治，2007（8）：71．
③ 甘藏春，方正辉，胡必亮．约瑟夫·奈谈“巧实力”［J］．对外传播，2009（3）：33．
④ 蒋英州．奈“软实力”思想及其国内研究评析［J］．重庆理工大学学报（社会科学版），2014（11）：105．

众多后继者也在此基础上不断改进和完善了软实力测量或衡量的方法，并取得了一些积极的成果。

对于软实力的效果问题，奈认为："不夸大软实力（或其他任何形式的权力）的影响是很重要的。在某些情况下，软实力的影响力很小。例如，我们很难看到朝鲜核武器争端通过软实力手段得到解决。"[①] "软实力本身并非完美，也不见得任何时候都强于硬实力。没人愿意被操纵，即便是被软实力操纵也不行。"[②]就"软实力的运用能否成功更多地是由权力运用对象所控制的"而言，奈的致思方向更多考虑到的是受力国的情况，而不是如之前那样过多地纠结于发力国。也就是说，"受力者本身认知结构的不同会直接决定他吸收美国价值观的程度。这就解释了为什么美国民主观念在伊朗对地位低下的女性或年轻人很有吸引力，但对宗教领导者来说就被嗤之以鼻。因为地位低下的女性头脑中渴望的是自由，这与好莱坞影片中所体现的女性解放观不谋而合。但是宗教领导者头脑中希望的是女人要戴面纱，且不能和丈夫离婚，这种保守思想从根本上阻碍着美国价值观的传播"[③]。

由此看来，奈并没有将软实力的效果夸大乃至神化，他清楚地认识到软实力并非万能的，它要发挥作用，就必须在一定的条件下才能实现，而且实力资源的效用还取决于环境，"坦克开进沼泽或丛林里，就不再是强大的军事力量。在一个没有工业基础的国家，煤炭和钢铁算不上重要的实力资源。吃麦当劳的塞族人支持米洛舍维奇，一部在中国和拉美备受追捧的美国电影，到了沙特和巴基斯坦可能适得其反，只会削弱美国在当地的软实力"[④]。在奈看来，将软实力行为等同于制造软实力的文化资源是错误的，它会混淆文化资源和实施吸引力的行为。明白这个道理，我们才会懂得"可口可乐和巨无霸无法在伊斯兰世界吸引人们热爱美国；上等的葡萄酒和奶酪不能确保法国的吸引力；日本的口袋妖怪小游戏人气十足，但这并不等于其政策也能处处如鱼得水"[⑤]。在沙特阿拉伯，年轻男子会在手机中保留互联网上下载的漂亮女人的照片，将《泰坦尼克号》的主题曲设为手机彩铃，但是，如果哪个女人出现在饭馆中而没有丈夫的陪伴，尽管她从头到脚都裹得严严实实，他们也会反应强烈，愤怒异常。他们可能在电视上看奥普拉的脱口秀或者电视剧《哲学教授》，或是在家中的男人起居室啜饮豆蔻咖啡和抽烟，但是仍会支持其政府的主张。[⑥]

由此，我们认为，奈对软实力效果的认识是审慎而公允的。他对于软实力强调的一个直接诱因是针对众多国内外学者对"美国衰落"无可奈何的一声叹息的反驳，而软实力理

① 奈．权力大未来［M］．王吉美，译.北京：中信出版社，2012：119.

② 奈．巧实力：权力，个人、企业和国家［M］．李达飞，译．北京：中信出版社，2013：54.

③ 刘佳，常绍舜．"软实力"理论的创新及其对中国发展的思考——基于对"软实力"之父约瑟夫·奈访谈的研究［J］．辽宁大学学报（哲学社会科学版），2015（1）：149.

④ 奈．软实力：权力，从硬实力到软实力［M］．马娟娟，译．北京：中信出版社，2013：17.

⑤ 同④16-17.

⑥ 嘉戴尔斯，麦德沃．全球媒体时代的软实力之争：伊拉克战争之后的美国形象［M］．何明智，译．北京：中信出版社，2010：20.

论在2000年之后声名大振的重要原因之一无怪乎是小布什政府在伊拉克、阿富汗的单边政策和霸权主义所导致的恶果。在此语境下去审视软实力的效果与作用，我们会更深刻地认识到奈强调软实力的一个重要原因是他对小布什主政时期（第一阶段）对外政策“恨铁不成钢”的心理。不过，奈并未陷入激进主义的泥淖，他在软硬之间游走，对两种实力并未给予绝对化的评价，这也是符合历史和现实的。

四、软实力理论提出的理论和现实意义

综上所述，在当下经济全球化、世界多极化的时代，软实力理论的提出无疑具有重要的理论和现实意义。

第一，软实力理论的提出纠正了只重视经济、军事等硬实力的简单化、片面化的思维方式。经济、军事实力固然对一个国家增强和提升软实力有重要的作用，但它们都不等于国家软实力。软实力理论无疑有助于人们克服那种过于依赖物质权力来界定国家权力的物质主义和简单化的倾向，进而从更为全面的角度来判断和分析一个国家在国际舞台上的权力地位。奈列举了美国反恐的例子，颇具说服力。“在讨论如何应对基地组织对美国的恐怖袭击时，美国前副总统切尼指出，强大的军事行动可以防止进一步的攻击。当然，军事和警察力量等硬实力对反击基地组织是必需的，但无节制、不加选择地滥用硬实力，比如，入侵伊拉克、阿布格莱布监狱丑闻以及不加审讯地把人关进关塔那摩，这些反而会促进恐怖组织招兵买马（源自英美情报机构的官方估计）。缺少了必要且有效的软实力要素，反恐战略将会受到影响。”[①]欧洲著名的学者型外交官罗伯特·库珀（Robert Cooper）在《和平箴言》中写道：“违心的顺从也许可以实现，但是它与合作根本不是一回事儿。不论是财政强制手段还是武力强制手段，一旦取消，你甚至连顺从都得不到。胁迫通常会诱发仇恨，而非鼓励真正的合作。强制并没有使苏联在中欧获得真正的盟国。武力可能增加恐怖分子从被占领土对以色列进行袭击的难度，但是无法说服那里的人民放弃武装斗争的主张。军事力量和金钱在改变政策上可以发挥一定的作用，但是如果这些变化要持久，那么还需要其他的东西。”[②]还有学者在评价《大国的兴衰》一书时指出，在某种意义上，肯尼迪可以在中国找到最热心的读者，因为过去整整一个多世纪以来，中国人都相信，只要完成了物质上的成功，我们就将重新赢得世界的尊重。但是，肯尼迪在重点强调经济的时候，对于同样对一个国家至关重要的民族士气、道德力量、文化创造力、政治能力、军事组织、动员能力、教育程度只字不提。这些复杂因素中的任何一个，都可以在历史关头扮演支配性的因素。[③]

第二，揭示了权力向知识转换的趋向。美国著名学者托夫勒认为，权力是由暴力、财富和知识（这里所谓的“知识”，并不仅仅是理论与实际经验的概括，还包括信息、数据、

① 奈．巧实力：权力，个人、企业和国家［M］．李达飞，译．北京：中信出版社，2013：52.
② 默顿．和平箴言：21世纪的秩序与混乱［M］．吴云，庞中英，等，译．北京：北京大学出版社，2007：117-118.
③ 肯尼迪．大国的兴衰［M］．陈景彪，译．北京：国际文化出版公司，2006：推荐序——兴衰的秘密.

图像、态度、价值观及其他一些象征符号）三者共同构成的。在权力的演进过程中，存在着暴力（低质权力）向财富（创造质量中等的权力）再到知识（高质权力）的转换。知识可以充当前二者的增殖器，“它可以用来扩充暴力或增加财富，也可以减少达到某项目的所需要的暴力数量和财富数量”[①]，使人们在提高效率的同时，在“最后决战”中尽可能少地消耗权力“本钱”。托夫勒在这里强调的权力的知识化趋向的一个重要方面正是从文化、意识形态等软实力资源方面在价值观念上征服对方，达到真正的“不战而屈人之兵”。奈的“软实力”理论在这一点上正符合了当下权力向知识转换的趋向。

第三，客观上为包括中国在内的发展中国家加强“软实力”建设提供了理论根据。从客观上来看，软实力理论的提出为发展中国家提供了一个重新思考国际关系和跨文化传播的视角与空间，尤其是中国这样一个发展中的社会主义大国更是如此。这从近些年来人们对软实力理论异乎寻常的关注中可见一斑。

第二节 软实力的特征及来源

一、软实力的特征

相对于硬实力来说，软实力的特征在于非垄断性和扩散性。

就非垄断性而言，“‘软权力’的基本构成成分不能由一定的国家或国家集团来垄断，不同于‘硬权力’的基本构成成分，如对核技术的垄断、对空间技术的独霸、对远程导弹的控制、对自然资源的拥有、对领土的主权，等等，‘硬权力’的基本力量在于这种垄断性。与此相反，‘软权力’的基本力量在于它的非垄断性，文化和知识是不能垄断的。文化和知识越是传播，‘软权力’越大，越垄断，力量越小”[②]。也就是说，软实力资源并非单个国家的专利，虽然不同的国家拥有不同的软实力结构和内容，但是每一个国家无论强弱都或多或少拥有自己的软实力资源，如优秀的文化遗产、优越的社会政治制度和政治领导人的人格魅力等。[③]

信息革命和经济全球化正在改造世界，使之变得越来越小。随着时间的推移，技术会传播到其他国家并为更多的人所掌握，更重要的是，信息革命创造了跨越国境的虚拟社会和网络。“各种跨国公司和非政府活动分子得以发挥更大的作用。许多这类组织具有自

① 托夫勒．权力的转移［M］．刘江，等，译．北京：中共中央党校出版社，1991：23.

② 王沪宁．作为国家实力的文化：软权力［J］．复旦学报（社会科学版），1993（3）：96.

③ 李智．文化外交——一种传播学的解读［M］．北京：北京大学出版社，2005：56.

身的软实力，有能力吸引各国公民加入其联盟。”[①]网络信息在网络空间传播，通过吸引他国公民而形成软实力。传统的政治权力世界通常是军事或经济的较量，信息时代的政治权力“最终可能是国际报道的较量”。话语成为软实力的货币。各国政府相互竞争，同时与其他组织进行较量，以提升自身信誉并削弱对手的信誉。[②]例如，塞尔维亚和北约之间围绕1999年科索沃事件的种种解释，以及一年之后塞尔维亚发生的一系列事件，就是这方面的一个例证。2000年10月，塞尔维亚发生大规模游行示威，这场运动导致斯洛博丹·米洛舍维奇政权最终被推翻。而在此之前，已经有43%的塞族成年人开始收听自由欧洲广播电台和“美国之音”，只有31%的人收听国家掌控的贝尔格莱德广播电台。此外，塞尔维亚的另一个国内广播电台B92可以提供西方新闻节目。当政府试图关闭它时，这个广播电台转而在互联网上提供类似的新闻节目。[③]

就扩散性而言，软实力的力量正来源于此，只有当一种文化广泛传播和扩散时，它才会产生越来越大的力量。比如，法国自17、18世纪就开始在欧洲广泛推广法国文化。其结果是，法语不仅成为通用的外交语言，而且在普鲁士、俄罗斯等国家成为法庭用语。在普法战争中失败后，法国曾尝试通过1883年建立的法语联盟来推广其语言和文化，并由此修补支离破碎的外部形象。[④]正是由于法国对法语及法国文化的推广，使法语在国外的教育机构中继续拥有了自己受尊重的地位。例如，意大利公共教育部部长在19世纪80年代明确决定：强制整个国家接受法语。另外，法语还在国际会议中作为科学语言而被加以采用。最后，作为外交语言，法语在王室和大使馆中处于支配地位，被用来撰写条约。维也纳与彼得堡内阁把法语作为向外国政府和自己代理处发送快件的传播手段。[⑤]正如有论者指出的：“‘软权力’与‘硬权力’有所不同，‘硬权力’基本上可以在一定的政治共同体内得到和扩展，而‘软权力’更加依赖于国际间对一定文化价值的体认，依赖于一定的体制在国际上得到支持，所以国家的‘软权力’更加依赖国际文化的势能，即国际整个文化和价值的总趋向。”[⑥]

二、软实力的来源

就软实力的来源来看，在研究初期，奈认为，软实力与“文化、意识形态以及社会制度等这些无形力量资源关系紧密”；同化性力量“来源于文化和意识形态方面的吸引力，以及国际机构准则与制度”[⑦]。在其软实力思想趋于成熟后，他指出，国家的软实力主要来自三个层面：文化（在其能发挥魅力的地方）、政治价值观（在国内外都能付诸实践）、外

---

① 奈．软实力：权力，从硬实力到软实力［M］．马娟娟，译．北京：中信出版社，2013：41．
② 奈．权力大未来［M］．王吉美，译．北京：中信出版社，2012：147．
③ 奈．软实力：权力，从硬实力到软实力［M］．马娟娟，译．北京：中信出版社，2013：143．
④ 奈．软实力：权力，从硬实力到软实力［M］．马娟娟，译．北京：中信出版社，2013：134．
⑤ 马特拉．全球传播的起源［M］．朱振明，译．北京：清华大学出版社，2015：215．
⑥ 王沪宁．作为国家实力的文化：软权力［J］．复旦学报（社会科学版），1993（3）：94．
⑦ 奈．美国定能领导世界吗？［M］．何小东，盖玉云等，译．北京：军事译文出版社，1992：25,158．,

交政策（当其被视为合法，并具有道德权威时）。[①]这之后，奈基本上延续了软实力来源的“三层面”说，他在《权力大未来》一书中指出：“一国的软实力主要依赖于三种基本资源：它的文化（在对他人有吸引力的地方发挥作用）、它的政治价值观（当它在国内外遵循这些价值观时发挥作用）以及它的外交政策（在他人认为这些政策合法且具有道德权威时发挥作用）。”[②]2013年，奈在《外交政策》中的一篇文章中认为，一国的软实力主要有三个来源：文化（在能吸引他人的地方）、政治价值观（符合国内外的要求）、外交政策（当其被视为合法且具有道德权威时）。[③]上述括号中的限定条件之所以很重要，是因为其牵涉到潜在权力资源能否转化为有吸引力的行为，影响他人以实现有利的结果。“就软实力而言，权力运用对象的想法尤其重要，权力运用对象与权力实施者同样重要。吸引与说服是在社会中构建起来的。软实力是需要舞伴才能跳起的舞蹈。”[④]

在软实力来源中，文化无疑是首要因素。所谓文化，就是“为社会创造意义的一整套价值观和实践的总和”。文化有多种表现形式，通常被分为迎合精英品位的高雅文化，如文学、艺术、教育，以及侧重大众娱乐的流行文化。[⑤]在1990年首次提出软实力概念时，奈所说的文化基本上就是指流行文化。奈驳斥了许多知识界人士和批评家认为流行文化提供的是大众娱乐而非信息，因此，几乎不会产生任何政治影响的观点。他强调：“流行文化中往往包含着潜在的图像和信息，这些信息关乎个人主义、消费选择，甚至包含能对政治产生重要影响的价值观。”[⑥]他指出，流行文化的吸引力帮助美国实现了众多重大的外交政策目标；流行文化由于不受政府直接掌控，因此，不能保证其肯定能制造出政府期望的政策结果；流行文化对同一个国家的不同群体，可能产生截然不同的影响；流行文化这种手段并非一成不变，美国流行文化的影响今后会增强还是减弱，目前还是未知数；此外，随着外国受众不断汲取吸收，时间长了，美国流行文化在他们眼里就显得不那么新奇了，其魅力也会随之褪去。[⑦]由此看来，奈一方面肯定了流行文化是软实力的一个重要来源，另一方面也指出流行文化本身是复杂多样的，它若要成为软实力的资源，也需要具备奈所说的情境、受众以及在竞争中胜出等多方面的因素，仅仅靠“流行”往往是不够的。与流行文化相比，高雅文化可以作为软实力的资源是毫无疑问的。奈经常列举的例子是美国的大学使成千上万来留学的外国人对美国怀有善意，高雅文化领域的接触与交流以及学术和科学交流也为增强美国的软实力发挥了重要作用。

政治价值观是软实力的重要来源。从严格意义上来说，价值观可以视作文化的核心，政治价值观是政治文化的核心，它指导着人们在政治生活中的各种选择，如选择什么样

---

① 奈．软实力：权力，从硬实力到软实力［M］．马娟娟，译．北京：中信出版社，2013：15-16.

② 奈．权力大未来［M］．王吉美，译．北京：中信出版社，2012：120.

③ NYE J S.What China and Russia Don’t get about Soft Power.［EB/OL］.（2013-04-29）［2016-08-09］. http://www.foreignpolicy.com/articles/2013/04/29/what_china_and_russia_don_t_get_about_soft_power?page=full.

④ 奈．权力大未来［M］．王吉美，译．北京：中信出版社，2012：120：120.

⑤ 奈．软实力：权力，从硬实力到软实力［M］．马娟娟，译．北京：中信出版社，2013：15-16：16.

⑥ 奈．软实力：权力，从硬实力到软实力［M］．马娟娟，译．北京：中信出版社，2013：15-16：64.

⑦ 奈．软实力：权力，从硬实力到软实力［M］．马娟娟，译．北京：中信出版社，2013：15-16：64-74.

的政体及规则来促进权力的运用，赋予政治组织什么样的目的，以何种态度对待政治组织（信任抑或怀疑，参与还是疏离，支持还是挑战等）。[①]奈在一系列论著中并没有对“价值观”“政治价值观”做明晰的界定，他更多是用“国内价值观与政治”替换了“政治价值观”的说法。奈对作为软实力来源的美国政治价值观的论述主要包括以下几点：（1）美国通过言行来表达其价值观。民主、人权等价值观作为资源具有强大的吸引力，但要推广这些价值观仅靠宣传是不够的；（2）即便切实贯彻，美国价值观也会在吸引一部分人的同时，招致另一部分人的排斥；（3）赞美美国的价值观并不意味着要处处模仿美国的做法；（4）在实践政治价值观方面，美国在国内的表现可谓毁誉参半。[②]

政治价值观的贯彻和落实主要归结为两个方面：一是制度，二是外交政策。就前者来看，政治价值观在相当大的程度上决定着制度，而制度也反过来制约着政治价值观。这意味着，首先有了广泛存在于人民心中的价值观，然后才有了依据价值观设计的美国国家制度，这是价值观对制度的约束。反过来看，制度则构成新政治价值观的现实基础，在诸多新的政治思想中，常常只有那些关照到现实制度的思想才能获得胜利，最终引导制度的变迁。[③]就后者来看，“美国的对外吸引力在很大程度上取决于外交政策的实质与风格中传递的价值观”[④]。奈认为，软实力依赖的是吸引力，不是威胁和利诱，这在一定程度上取决于我们如何构建目标，动员他国参与合作。相比一些狭隘短视的政策，一些国家的政策是在广泛而长远的国家利益的基础上发展起来的，后者往往比前者更容易取悦于人。奈明确指出，新单边主义政策及其定调对美国海外吸引力的下降负有不可推卸的责任，而多边磋商比单边主张更易于形成软实力，原因在于“软实力是一种以共享价值观为基础的吸引力，同时他人对符合共享价值观的政策所持有的公正心和责任心也是形成吸引力的基本条件”[⑤]。而“政府的政策既能巩固软实力，也能轻易地将之挥霍殆尽。虚伪、傲慢、冷漠、基于狭隘的国家利益之上的内政外交只会损害软实力”[⑥]。

奈在论述外交政策时还重点阐述了公共外交。他指出，公共外交中直接的政府信息与长期文化关系的结合随着公共外交的三个同心圆或三个领域而变化，这三个领域都很重要。第一个也是离圆心最近的一个同心圆是日常传播，它包括对内政及外交决策情境的解释，这个同心圆是以小时、天和星期来度量的。第二个同心圆或领域是战略传播，其周期可能是几周、几个月甚至几年。2010年上海世博会或南非世界杯这样的特殊事件都适用战略传播。公共外交中第三个也是最广阔的一个同心圆或领域是在多年甚至几十年的时间里，通过奖学金、交流、培训、研讨会、会议和媒体渠道等发展持久关系。奈强调：“在信息时代新的条件下，超越以往任何时候，软推销比硬推销更有效。没有国家信誉做基

① 李路路，钟智锋．“分化的后权威主义”——转型期中国社会的政治价值观及其变迁分析［J］．开放时代，2015（1）：174.
② 奈．软实力：权力，从硬实力到软实力［M］．马娟娟，译．北京：中信出版社，2013：74-82.
③ 韩勃，江庆勇．软实力：中国视角［M］．北京：人民出版社，2009：62.
④ 奈．软实力：权力，从硬实力到软实力［M］．马娟娟，译．北京：中信出版社，2013：82.
⑤ 奈．软实力：权力，从硬实力到软实力［M］．马娟娟，译．北京：中信出版社，2013：87.
⑥ 奈．软实力：权力，从硬实力到软实力［M］．马娟娟，译．北京：中信出版社，2013：19.

础，公共外交手段无法将文化资源转化为吸引的软实力。公共外交的有效性是以思想转变（通过访问或民意调查显示）而不是资金投入或华而不实的包装节目来判断的。”[①]

与仅仅强调上述三种“软实力”来源不同的是，奈还指出了与硬实力相关的资源，包括武力和金钱等有形资源，与软实力相关的资源常常包括制度、思想、价值、文化和政策合法性认知等无形因素，这两者之间的关系并不绝对。爱国主义、士气和合法性强有力地影响着军队的战斗力。威胁使用武力虽然是硬实力，但却是无形的。[②]“经济资源同样也可以产生软实力及硬实力行为。经济资源既可以用于吸引，也可以用于胁迫。有时在现实世界中，我们很难区分经济关系中哪个部分是由硬实力构成的，哪个部分是由软实力构成的。”[③]其实，迄今国内外对软实力的资源构成问题还没有达成共识，这既说明软实力来源问题比较复杂多元，又彰显出中外学者看待问题的视角差异。例如，王沪宁认为，政治系统和政治领导、民族士气和民族精神、社会的国际形象、国家的对外战略、确定国际体制的能力以及科学技术等因素均表现为一种软实力。[④]阎学通、徐进认为，“国家软实力由国际吸引力、国际动员力和国内动员力三项要素构成”[⑤]。上述观点揭示了研究者们对软实力资源构成的理解存在着差异，这从理论争鸣的角度来说无疑是常态，显示出软实力理论阐释的生机和活力。在我们看来，问题的实质是对“软”和“硬”的理解不能陷入非此即彼、二元对立的模式，“软”和“硬”只是相对而言，所谓的经济实力、军事实力等硬实力资源也可以产生吸引、感召和同化的软实力效应。正如奈举例指出的，“瑞士长期以来一直将义务兵役制与多山的地理环境作为威慑资源，并且通过银行业、商业和文化网络对其他国家形成吸引力”[⑥],“挪威为了军事防御而加入北约，但它也就海外发展援助与和平斡旋制定了前瞻性政策，以增强自身软实力”[⑦]。

当然，严谨的学术研究需要对概念、术语的内涵和外延进行明确的界定。我们认为，迄今为止，奈对软实力资源构成的论述已经比较明确，并且文化、政治价值观和外交政策这三种要素已被不少学界、政界的人士所采用。所不同的是，一些资源构成要素如国家发展模式的吸引力、民族精神等，只不过是前述三种要素的细化与拓展。因此，本书主要以文化、政治价值观和外交政策作为软实力的资源构成，兼顾其他能够产生软实力行为的因素，如发展模式、国家形象等，从而比较全面地对本课题展开论证，提出具体的建议。

① 奈. 权力大未来［M］. 王吉美，译. 北京：中信出版社，2012：151.
② 奈. 权力大未来［M］. 王吉美，译. 北京：中信出版社，2012：29.
③ 奈. 权力大未来［M］. 王吉美，译. 北京：中信出版社，2012：121-122.
④ 王沪宁. 作为国家实力的文化：软权力［J］. 复旦学报（社会科学版），1993（3）：92-93.
⑤ 阎学通，徐进. 中美软实力比较［J］. 现代国际关系，2008（1）：26.
⑥ 奈. 权力大未来［M］. 王吉美，译. 北京：中信出版社，2012：287.
⑦ 奈. 权力大未来［M］. 王吉美，译. 北京：中信出版社，2012：288.

第三节　软实力理论在中国的研究概况及变迁

一、软实力理论在中国的研究概况

软实力概念传入中国之后，不少学者、政界人士和业界人士对软实力进行了探讨，概括起来，主要有以下四类：第一类属于软实力的一般性研究，侧重于对软实力的含义、由来、发展、功能等进行研究；第二类是国别软实力研究，如对美国、日本等国家软实力的研究，近些年由于中国对软实力的高度重视，对软实力与中国外交的研究、软实力与中国大众文化的研究、软实力与中国国家形象的研究等都较为突出；第三类是比较软实力研究，主要是在中美、中日、中韩等框架下比较软实力建设中的不同特点以及美、日、韩等国家在软实力提升方面对中国的启示；第四类从软实力角度对区域、城市经济社会发展进行研究。

之所以出现如此盛况空前的研究热潮，这其中既有随着中国经济、军事实力迅速上升后，中国如何进一步面对大发展、大变革、大调整的世界形势问题，又有软实力概念与中国“和为贵”“以德行仁者王”“是以古之人闻先王之道者，不竞于兵”等传统文化相契合的缘故。

二、软实力理论在中国的本土化改造与变迁

值得注意的是，奈的软实力理论进入中国语境之后也经历了本土化的改造与变迁，主要表现在以下两个方面：

一是奈将软实力理论主要运用于国际关系和国际政治领域，更多地服务于霸权政治的需要；中国则主要从文化战略和建设的角度来考量软实力，对内以构建和谐社会为鹄的，对外以建设和谐世界为依归。不少学者对软实力理论进入中国后的研究态势问题，一般概括为从早期单纯的引介走向反思、批判和重构的过程。从总的方面来看，上述判断有其合理性，但如果细究起来，也并不确切。众所周知，奈在1990年出版的专著*Bound to Lead: the Changing Ncture of American Power*，翻译成中文应该是《注定领导：美国权力性质的变迁》。该书于1992年由军事译文出版社翻译出版，题为《美国定能领导世界吗》。翻译时从英文中的肯定句译成了中文的疑问句，体现了对美国注定领导世界的怀疑以及对美国软实力独霸天下的否定，这一点在该书的出版说明中得到了很好的诠释。军事译文出版社指出，透过该书，可以看到冷战后美国垄断资产阶级新的政治思潮及提出的战略选择：首先，它反映了美国国内大美国主义的极端情绪；其次，它反映了美国企图“建立全面世界霸权”的野心；最后，它为美国及西方国家妄图对社会主义和第三世界国家推行和平演变

献策。[①]除此之外，还着重谈到了“软力量”,“约瑟夫·奈在此书中的一个十分重要的观点就是如何利用软力量，使其作为美国独霸世界的一个重要手段……美国不仅着眼于在政治经济上控制世界，还着眼于在文化思想上控制世界。由此，我们应该清醒地看到反和平演变斗争的重要性及其长期性、复杂性、尖锐性”[②]。

上述对“软力量”的描述以及将其与“和平演变”论的勾连反映了20世纪90年代初期对“软实力”理论的警惕与批判，显然与当时的政治和历史背景紧密相关。当然，这种警惕与批判也具有时间上的连续性，2002年，奈的另一部著作《美国霸权的困惑：为什么美国不能独断专行》由世界知识出版社出版，而原题是*The Paradox of American Power: Why the World's Only Superpower Can't Go it Alone*，译成中文是《美国权力的悖论：为何世界唯一超级大国不能特立独行》。这一书名的翻译显示出翻译主体、出版者自身的意识形态和价值判断，显示出对美国霸权本身的质疑和反思。由此我们可以看出，从早期奈的中译本进入我国开始，就没有被看作简单的学术作品，而是将其与政治意识形态和价值观渗透联系了起来，与建立霸权、维护美国的全球统治联系了起来。

我们对奈的软实力理论必须要有清醒、审慎和全面的认识。当然，我们也不能一提软实力，头脑里就浮现出文化侵略、和平演变的图景，唯恐避之不及以至于弃之不用。有学者就指出，中国历史上的怀柔理论较之软实力理论更有优越性，运用和宣传软实力往往会陷入美国学者构制的“陷阱”。中国国际关系学者、现任德国法兰克福大学客座教授庞中英就认为：“怀柔这一中国的古老智慧在21世纪应得到新理解和新运用。我相信，中国会利用这一多边外交机会，重新思考中国自己的外交理论和实践，而不是简单模仿西方的外交政策工具及其组合。”他指出：“软实力理论其实远不如中国历史上的怀柔理论来得好。美国在拉美、中东，甚至在欧盟也是使用软实力的，但是并不能做到天下归心，而是天下反美，甚至去美国化。我们忘记了美国的软实力教训，只看到美国的软实力无远弗届，简单模仿，实际上等于帮助美国人在中国传播其软实力。这是要不得的。”[③]我们既肯定论者追溯中国传统理论根基进行中国式言说的学术努力和批判精神，也对其谈西方理论而过度警惕乃至拒斥的文化保守主义心理持质疑态度。如前所述，奈提出软实力理论有着时代和历史的语境，其为美国国家利益和外交政策服务的意图也十分明显，我们在借用软实力理论时必须予以扬弃，吸收其合理内核。而且中国在软实力建设中无论从理论和实践上都或多或少地进行了本土化改造，为我所用。

比如，按照奈的划分，思想文化、价值体系、制度政策均是软实力的组成部分。其中，文化是软实力的核心因素。我国官方对软实力的运用也十分重视文化这一要素，并创造出了文化软实力这一概念。文化软实力正式写入中央文件是在党的“十七大”报告中。

---

① 奈. 美国定能领导世界吗［M］. 何小东，盖玉云，等，译. 北京：军事译文出版社，1992：1–2（出版说明）.

② 奈. 美国定能领导世界吗［M］. 何小东，盖玉云，等，译. 北京：军事译文出版社，1992：出版说明2–3.

③ 庞中英. 怀柔理论更适合中国外交软实力不靠谱［EB/OL］.（2014–02–24）［2016–08–16］. http://news.ifeng.com/ mainland/detail_2014_02/24/34112843_0.shtml.

党的“十八大”把提高国家文化软实力放在了更加突出的位置，对扎实推进社会主义文化强国建设做出了新的战略部署。而提高国家文化软实力要“形于中”而“发于外”，切实把我们自身的文化建设搞好，朝着建设社会主义文化强国的目标不断前进。“形于中”具体包括深化文化体制改革、大力繁荣发展文化事业、实施哲学社会科学创新工程、加快发展现代文化产业，等等。“发于外”主要体现为传播当代中国价值观念和展示中华文化独特魅力等方面。[①]奈在接受访谈时对于中国的理论创新——文化软实力概念的提出给予了肯定，并认为中国已经开始自主摸索发展道路，并寻找到了“中国文化”这一着力点。中国将发展为文化强国定位为战略目标，将软实力发展定义为发展方式，是中国对当今世界新型转型特点的自觉体认，也是对中国复兴客观规律的准确把握。他还认为，中国最大的优势的确还是文化，中国有着十分灿烂的文化，因为这个宝贵的资源，中国成功地与美国以及世界上其他国家进行了对话与沟通。[②]

不可否认，提高中国文化软实力的一个重要目的是要努力提高国际话语权。在加强国际传播能力建设的基础上，精心构建对外话语体系，增强对外话语的创造力、感召力、公信力，讲好中国故事，传播好中国声音，阐释好中国特色。服务于国家利益是我国加强软实力建设的题中应有之义，但软实力特别是文化软实力的提升并不是以扩张渗透的方式与西方国家进行零和博弈，通过吸引赢得他者认同并非就是要控制他者、排斥他者，而是要通过共同价值观的逐步确立创建一个和而不同的和谐世界，在文明互鉴中促进文化多样性，推进人类命运共同体建设。因此，借用软实力这一概念并结合中国实际予以拓展和深化，并不是帮助美国在中国传播软实力（软实力是客观存在的现象，即便中国不传播，美国软实力也会在全球化时代向世界播散渗入），而是更好地推进中国软实力的建设。

二是与奈对软实力行为主体多样化拓展相对应的是，中国则将其推广运用到各个领域，在国家软实力之外，中国又提出了政治软实力、文化软实力、区域软实力、城市软实力、企业软实力等一系列的衍生概念。有学者对此提出了不同的意见：“在国内研究中，对‘软实力’的误解与滥用最明显的莫过于一些研究者无视奈所言的‘软实力’是一个国际政治概念与分析工具，也不顾及国家领导人强调‘软实力’或‘文化软实力’时的国家语境，仅从自己研究需要出发而随意使用这个概念，以至于在国内研究中与‘软实力’相关联的主体无所不包，大到国际组织与国家，中到国内的省市区等区域，小到行业、单位与个人；相关的三题涵盖政治、军事、经济、社会、文化、生态的各个方面。”[③]

实际上，软实力的“误解说”和“滥用说”是论者们没有注意到软实力外延的扩展是软实力理论日益世俗化的必然结果。软实力早已不再局限于国际关系和政治等宏大叙事的“庙堂”，而是随风潜入了充满生机和活力的社会生活。不少使用者在使用的过程中并没

---

① 中共中央宣传部．习近平总书记系列重要讲话读本［M］．学习出版社，人民出版社，2016：207-209.

② 刘佳，常绍舜．“软实力”理论的创新及其对中国发展的思考——基于对“软实力”之父约瑟夫·奈访谈的研究［J］．辽宁大学学报（哲学社会科学版），2015（1）：150-151.

③ 蒋英州．约瑟夫·奈“软实力”思想及其国内研究评析［J］．重庆理工大学学报（社会科学版），2014（11）：104.

有严格遵守奈对软实力的界定和描述，更多是借用了软实力概念中“软的、无形的、非物质的”这一意涵来浇胸中块垒，表达自己对国家、企业乃至个人都应具备软实力的呼吁和强调。其实，奈对软实力的行为主体界定早已不再局限于国家、政府等层面，而是拓展到非政府组织、公司乃至个体等层面，他指出：“不只国家有软实力。公司、机构、非政府组织通常也都有自己的软实力。甚至作为个体的名人都能够运用自己的软实力‘让思想生动、得到认可和接受’。”[①]其实，在奈出版于2008年年初的《巧实力》一书中，其副标题就是“权力，个人、企业和国家”，他在献辞中还特意标明“谨以此书献给肯尼迪政府学院给予我教益的学生和同事以及以软实力领导我的莫莉”，而全书的主旨就是专门论述成为好领导或者好领袖的能力或权力。论者显然没有注意到软实力运用范围早已日益广泛的现实，依旧固守着软实力概念诞生之初的语境不放。其实，“只要正确地定义并限定范围，大众化的过度使用某一概念并不会致使此概念失去作为合情合理的分析用语的资格”[②]。因此，我们在运用软实力概念时，只要注明术语与语境之间的关联，在严谨和正规的学术研究中限定其范围，就可以使用它了。

① 奈．权力大未来［M］．王吉美，译．北京：中信出版社，2012：118.

② 史密斯．民族主义：理论、意识形态、历史（第二版）［M］．叶江，译．上海：世纪出版集团上海人民出版社，2011：18.

第二章 海外华文传媒在中国软实力建设中的地位与功能

第一节 海外华文传媒的内涵

一、几组概念辨析

（一）“海外”与“海内”

界定海外华文传媒的内涵，需要了解“海外”与“华文传媒”各自的意涵。在英文中，“overseas”既可以作副词使用，也可以作形容词使用。前者指“向国外；在海外，在外国”，后者指“来自海外（外国的）；在国外的，发生在国外的”。[①]《牛津高阶英汉双解词典》对“overseas”的解释是：“（在、向、来自等）海外的，国外的”（副词），如overseas trade（海外贸易）、an overseas broadcast（对外广播）、overseas students in Britain（在英国的外国留学生）；到海外，在国外（形容词），如go，live，travel，etc overseas（到海外去、生活、旅行等）。[②]在中文表达中，“海外”与“海内”相对，后者指“四海之内；全国。古人以为我国四面环海，故称国境之内为海内”[③]。“海外”即“四海之外”，是中国以外的国家和地区。《论语·颜渊》中司马牛慨叹别人都有兄弟，唯独自己没有时，子夏回答道：“商闻之矣：死生有命，富贵在天。君子敬而无失，与人恭而有礼，四海之内，皆兄弟也。君子何患乎无兄弟也？”[④]此处的“四海之内”反映了中国古代先民的时空和文化观，他们认为自己所赖以生息的土地居天下之中，四面环海。“四海之内”也就是当时他们所体认的“天下”，“四海之外”是所谓的“九夷、八狄、七戎、六蛮”休养生息之所，

① 英国培生教育出版集团. 朗文高阶英汉双解词典［M］. 何维银，等，译. 北京：外语教学与研究出版社，2006：1463.
② 霍恩比. 牛津高阶英汉双解词典（第四版增补本）［M］. 李北达，编译. 北京，伦敦：商务印书馆，牛津大学出版社，2002：1050.
③ 曾林. 古代汉语词典（双色版）［M］. 成都：四川出版集团四川辞书出版社，2012：309.
④ 论语［M］. 张燕婴，译注. 北京：中华书局，2006：173.

乃“化外之地”，在社会发展和文明程度上均落后于“四海之内”。曹植《赠白马王彪》中的“丈夫志四海，万里犹比邻。恩爱苟不亏，在远分日亲”中的“四海”包括“海内”与“海外”；王勃《送杜少府之任蜀州》中的“海内存知己，天涯若比邻”中的“海内”即“四海之内”，也就是中国。

“海内”与“海外”的划分，其立足点和视角无疑定格在中国。无论历史上中国的版图向外延伸还是收缩，在国力鼎盛、开放包容的时期，中国的大国地位和国际影响力有目共睹，特别是在东亚、东南亚等周边国家更是形成了历久弥新的“汉文化圈”。从当下时局和社会现实来看，香港、澳门依据“一国两制”的战略部署于20世纪90年代先后回归中国，尽管台湾问题还未解决，但中国大陆和台湾同属一个中国的基本准则不容置疑。因此，“海外”显然不能包括“港澳台地区”。

（二）“媒介”“媒体”与“传媒”

“媒介”“媒体”与“传媒”在日常使用中往往没有明确的区分，这与英文中“media”一词的诠释空间较为开阔是密切相关的。媒介（medium）源自拉丁文medium，意指中间。从16世纪末期起开始在英文中被广泛使用，最迟从17世纪初起，具有“中介机构”或“中间物”的意涵。从19世纪中叶以来，media（medium的复数形式）被普遍使用；20世纪50年代以后，media迅速受到欢迎，经常被作为单数名词来使用。归纳起来，medium主要有三种意涵：“中介机构”或“中间物”；专指技术层面，例如，将声音、视觉、印刷视为不同的媒介；专指资本主义，在此意涵里，报纸或广播事业（已经存在的或是可以被计划的事物）被视为另外事物（如广告）的一个媒介。[①]从广义上来看，说话、写作、姿势、表情、服饰、表演与舞蹈等，都可以被视为传播的媒介。每一种媒介都能通过一条信道或各种信道传送符码。这一术语的这种用法正在淡化，如今它越来越被定义为技术性媒介，特别是大众媒介。有时媒介用来指涉传播方式（比如是用“印刷媒介还是广播媒介”），但更常用于指涉使这些方式成为现实的技术形式（比如收音机、电视机、报纸、书籍、照片、影片与唱片）。就媒介这个词语而言，有一种日趋强烈而不受欢迎的趋势，即在技术意味上它被用于单数形式。[②]施拉姆认为：“媒介的概念不像看起来那么简单。首先，显而易见的是，大众传播媒介出现之前就有了传媒。无疑，在大众媒介出现之前，传播信息的手段都应该纳入传媒的范畴，例如，传递信息的鼓声、烽火，甚至包括市镇公告人和集市等，因为它们都使人的传播能力得到延伸。市镇公告人是一种正式的职务，而传递信息的鼓可以称为机器，它们介入传播过程，就像今天的播音员和电台一样。”[③]“我们所谓大众媒介通常是指一种传播渠道里有中介的媒介，这样的中介可能是复制和发送信息符号的机器，也可能是报社或电台之类的传播机构。”[④]《新闻学关键概念》对“media”的解释是：从字面上来看，这是单个媒体（medium）的复数形式，是传播由书面、口述或其他符号

① 威廉斯．关键词——文化与社会的词汇［M］．刘建基，译．北京：三联书店，2005：299-300.
② 费斯克．关键概念——传播与文化研究辞典（第二版）［M］．李彬，译注．北京：新华出版社，2004：161-162.
③ 施拉姆，波特．传播学概论（第二版）［M］．何道宽，译．北京：中国人民大学出版社，2010：114.
④ 施拉姆，波特．传播学概论（第二版）［M］．何道宽，译．北京：中国人民大学出版社，2010：115

形式组成的信息渠道。作者认为："当人们谈到媒体时，事实上他们通常指的是大众媒体。大众媒体是一种大众传播的非个人化（impersonal），即体制化（institutionalized）的途径，它将消息传播给受众。其特点是担当了一种'非个人化再生产机制'（a mechanism of impersonal reproduction）条件下的中间人角色，它联结了说话者和一个不在场受众群体。"①在此，对"media"的解释主要从媒体的维度来理解，并将其与体制化的"大众媒体"相勾连。在中国古汉语语境中，"媒介"一词主要有三种用法：一是表示"说合婚姻的人"；二是表示"使二者发生关系的人或事物"；三是表示"居间引进""居中介绍"。随着历史的推移，第一种用法逐渐萎缩，而第二、三种用法却得以延续，并成为与英文"medium/media"对译的传播学专业术语。②

综上所述，"媒介"一词的内涵有一个不断发展和丰富的过程，如果不加区别地过度使用就显得过于宽泛，有大而无当之嫌。因此，我们主要从技术层面来指明媒介的传播技术特性。至于"传媒"与"媒体"之间的关系，有学者指出，"传媒"在业界和新闻行业中被广泛使用，而"华文传媒"一词最早也是在国内对外新闻宣传行业流行起来的，中国新闻社的历任社长、总编辑、驻外记者等在谈及华文报刊及相关专题时绝大多数用的是"华文传媒"一词，而学界使用"华文媒体"的频率较多一些。③还有学者对"传媒"与"媒体"这样加以区分：传媒即信息传播的载体、手段、途径、体制等的统称，如大众传媒；媒体即突出传播活动的主体性和体制性，常是新闻事业的代名词，如中央级媒体（全国性的电视台、电台、报社、网站）、外国媒体等。④由此看来，"传媒"与"媒体"在实际使用的过程中都比较广泛，就"传媒"的涵盖面以及在海内外学界、业界的使用情况来看，截至2017年9月，以"世界华文传媒论坛"命名的全球华文传媒界的"首脑峰会"已举办了九届。近年来，以"华文传媒"入题的专著、论文等也不在少数，专著类的如程曼丽的《海外华文传媒研究》，彭伟步的《海外华文传媒概论》，郭彦、陈宏昌、彭伟步的《传承与超越——海外华文传媒历史与现状分析》⑤；论文类的如许燕的《欧洲华文传媒的历史与现状》，于艳彬的《日本华文传媒研究》（1978年至今）、徐明华的《海外华文传媒与中国国家形象建构》，颜春龙的《海外华文传媒与华人文化认同研究——以本世纪初的联合早报作为个案》，等等。⑥因此，本文选择"传媒"作为与"海外华文"联结的关键词。至于其他作者采用"海外华文媒体"这一概念，在无特定说明的情况下，基本上与"海外

① 富兰克林，等．新闻学关键概念［M］．诸葛蔚东，等，译．北京：北京大学出版社，2008：187.

② 张邦卫．媒介诗学：传媒视野下的文学与文学理论［M］．北京：社会科学文献出版社，2006：126-127.

③ 肖航，纪秀生，韩愈．软传播：华文媒体海外传播研究［M］．北京：中国传媒大学出版社，2013：14.

④ 刘昶．他山之石 可以为错（译丛代序）［M］// 多米尼克．信息不等于传播．宋嘉宁，译．北京：中国传媒大学出版社，2012：7.

⑤ 程曼丽．海外华文传媒研究［M］．北京：新华出版社，2001；彭伟步．海外华文传媒概论［M］．广州：暨南大学出版社，2007；郭彦，陈宏昌，彭伟步．传承与超越——海外华文传媒历史与现状分析［M］．北京：中国国际广播出版社，2012.

⑥ 许燕．欧洲华文传媒的历史与现状［J］．华文文学，2013（3）；于艳彬．日本华文传媒研究（1978年至今）［D］．广州：暨南大学硕士学位论文，2010；徐明华．海外华文传媒与中国国家形象建构［J］．中州学刊，2013（7）；颜春龙．海外华文传媒与华人文化认同研究——以本世纪初的联合早报作为个案［D］．成都：四川大学博士学位论文，2006.

华文传媒”同义。

（三）“华文”“华语”与“中文”

在汉语言文化系统中，“华文”与“华语”是两个不同的概念。前者侧重于文字书写表达，后者侧重于言语表达。不过，在英文中并没有如此严格的区分。英文的“language”既可指口头的语言（spoken language），也可指该口头语言的书写形式，也就是文字（written language）。从海外华文传媒的发展历史来看，也是先有报刊，后有广播电视以及网络等媒体，遵循着从文字到视听媒介的发展脉络。因此，从约定俗成的使用情况来看，在没有特指的情况下，海外华文传媒也包括海外华语传媒在内。

华文与中文不能直接画上等号。有论者指出：“中文是世界语言中的一种，而华文特指海外华人、华侨聚居国的一种民族语言，它们所使用的语言与其他当地民族语言已经相互交叉，有些用法和词语的意思已与中文有着明显的区别。即使像新加坡这样华人占主体的国家，其使用的华语在某些方面与我国也有显著的差别，华语中的一些马来西亚舶来语，已经在某种程度上改变了语言的性质。”①还有学者以新加坡和中国内地、中国台湾地区为例，认为“中国海峡两岸与新加坡特有的华语词汇或以同名异实的形式出现，或以同实异名的形式存在，然而这些相对应的词汇相互之间却是无法任意替代的，因为它已经深深地打上该社会特有意识形态的烙印。三地的华语甚至还出现不少自产的特有词汇，反映了该社会特有的政治、经济、文化风貌。即使一样是方块字，但在其他地方硬是无法找到任何对应的词汇”②。

在我们看来，华文与中文在语法、词汇、语音等方面确实存在着差别，正如发源于英国的英语在世界各地有多种变体一样，它是语言适应不同地域的历史、社会、政治、文化，彼此接触、碰撞、交流与交融的结果，从语言发展规律来看，这是一种很正常的语言发展现象。例如，印度英语（Hinglish）就是印地语（Hindi）和英语（English）的融合，它不仅在语音和语调上与标准英语存在差异，而且在长期的语言接触过程中，许多带有印度文化特征的词汇被收入了英语词典，许多根植于印度的政治体制、文化传统、宗教特色和生活习惯的鲜活素材，使印度英语中衍生出许多新词汇和特有用法。在语法方面，印度英语的语法受母语的影响很大，使用的随意性强，信手拈来就是，用了再说，充分反映了“语法是跟在语言后面不断变化”的真理。③再以法语为例，即使我们只关注作为官方语言的法语，实际情况也并不简单，“在法国这个已经实现多元文化的国度里，郊区法语、阿拉伯移民法语、海外省人的法语、克里奥尔式法语，都在很大程度上改变并丰富着法语，而这一切都发生在官方语言的范畴之中”④。中文随着华人、华侨移民播散到世界各地，并本土化成为华人族群使用的日常语言也并不为奇。当然，过分凸显华文与中文的区别，而罔顾两者之间互相借鉴、交融互渗的情况与态势也是有问题的。以“乐龄”为例，尽管该

① 彭伟步. 海外华文传媒概论［M］. 广州：暨南大学出版社，2007：3.
② 吴英成. 汉语国际传播：新加坡视角［M］. 北京：商务印书馆，2010：65.
③ 陈恒汉. 文化与软实力漫谈：从大中华到地球村［M］. 北京：线装书局，2013：33-34.
④ 美尔敦. 拯救传播［M］. 刘昶，盖莲香，译. 北京：中国传媒大学出版社，2012：185.

词起源于新加坡，指60岁以上的老年人，借以提倡一种更为健康积极的人生态度，但随着全球化的日益深入和信息在全球的自由流动，该词早已在中国内地和海外华人社会中广为流布。诸如《杭州发布“乐龄工程”推进计划》《“乐龄工程”在行动》《“乐龄式”养老模式探秘》[①]等新闻报道充斥着报纸版面、广播电视和各大网站，各地建设乐龄公寓、打造乐龄俱乐部的实际行动也已不再是新鲜话题。至于流布于中国台湾地区的闽南语，本来就是闽南的地域方言，属于中文的重要组成部分。

而那些在网络上常见的网络流行语，一方面，在早期阶段，往往是以象形、谐音、缩写等方式表达某种特定意义的符号；另一方面，网络流行语还来源于网民借助社会事件或现象进行模仿、改写、再造。不断变化的网络流行语，与在中国发生的重大事件和焦点话题相关联，生动地反映着中国社会面貌和中国人文化生态的变化。新加坡《联合早报》分别于2014年和2015年盘点了中国网络流行语，[②]这些网络流行语成为民众认知和理解中国社会现实的重要渠道。事实上，一些网络流行语甚至影响和深入到海外华人社会，成为这些地方的流行语，特别是在广大青年群体中使用得非常频繁。

这些都表明中文在表达方面既有差异，也有联系，尤其是在信息全球化和人员、技术、资本全球流通的今天，同一种语言的地域变体与母语之间经常是相互借鉴、相互影响的，我们既要厘清两者之间的区别，也要发掘其中的关联和语言之间的融汇态势。

（四）“海外华文传媒”与“海外华人传媒”

“海外华文传媒”与“海外华人传媒”是两个不同的概念。王士谷先生以“报刊”为例，认为“海外华文报刊并非都是华人、华侨报刊，华人、华侨报刊也并非都以华文出版。因此，叫‘海外华文报刊史’还是‘华人、华侨报刊史’，首先取决于研究的内容”。[③]王先生的论述显然是符合历史和当前实际的。一般来说，海外华文传媒内涵的关键是“华文”，至于创办者是华人、华侨、华裔，还是所在国人士都不是问题的重点。“海外华人传媒”这一概念的焦点定格在“华人”，华人既可以创办华文传媒，也可以创办非华文传媒。问题的复杂之处在于，为了因应所在国华人不通华文以及非华裔受众的需求，不少海外华文传媒办起了双语版或多语版，这样就与传统的以单一华文作为媒介的华文传媒形成差异，反而与一些海外华人传媒的多语言选择风格有重叠之处。但无论语言文字如何改变，海外华文传媒必须以汉语作为媒介语，这是其安身立命的符号标识，也是其作为族群媒体进行文化传承的精神向度。由此可见，随着时间的推移和主客观条件的变化，“海外华文传媒”与“海外华人传媒”两个概念的交集日益凸显，但也不能混淆两者之间的内

---

① 马李骏，周瑜. 杭州发布“乐龄工程”推进计划［EB/OL］.（2015-04-06）［2016-08-20］. http://news.163.com/15/0406/03/AMG493IC00014AED.html；梁捷.“乐龄工程”在行动［EB/OL］.（2014-07-23）［2016-08-20］. http://news.gmw.cn/2014-07/23/content_12114547.htm；杨亚茹.“乐龄式”养老模式探秘［EB/OL］.（2014-03-05）［2016-08-20］. http://www.chinajsb.cn/bz/content/2014-03/05/content_120610.htm.

② 明永昌. 盘点2014年中国网络流行语［EB/OL］.（2014-12-16）［2016-08-20］. http://www.zaobao.com/special/zbo/others/story20141216-424871；林方伟. 中国2015年十大网络流行语 幽默传达网民心态［EB/OL］.（2016-06-22）［2016-08-20］. http://www.zaobao.com/social/mix/story20160622-632027.

③ 王士谷. 海外华文新闻史研究［M］. 北京：新华出版社，1998：198-199.

在差异。

二、海外华文传媒的内涵

综上所述，本书认为，海外华文传媒是指主要以汉语为媒介语的海外传播媒介，包括报纸、杂志、广播、电视、通讯社等传统媒体，也包括以互联网特别是移动互联网为代表的新媒体。在此，“海外”指中国内地、港澳台以外的国家和地区，不包括在港澳台、内地创办的以海外华人为对象的中文媒体，但包括外国人在国外创办的以当地华人乃至全球华人为主要对象的中文媒体。

在此，需要注意的是，海外华文传媒并非整齐划一，而是多层次、多结构的有机体。从传播者来看，既有以海外华人、华侨和新移民为主体的创办者，也有少量以外国传媒公司、外国人创办的各类中文媒体。从其所处的世界传播格局来看，海外华文传媒是世界各国大众传播媒介的一个分支，它以居住国多数民众都看不懂的语言，服务于少数族裔，游离于当地主流媒体和主导文化之外（少数以华语为官方语言的国家和地区除外）。另外，它与祖国文化有着千丝万缕的联系，是中华文化的异地再生，但是又不可避免地受到当地主导文化的强烈影响，在意识形态、价值观念、文化认同等诸多方面都与祖国主导文化和主流媒体有着巨大的差异。①

第二节　海外华文传媒在中国软实力建设中的地位与功能

一、海外华文传媒在中国软实力建设中的地位

随着信息技术的迅猛发展，互联网之手将世界凝聚在地球村之内，有些人感觉海外华文传媒已经没有存在的价值了。正如有些学者指出的：“也许有人会说，现代信息革命已经使地球变小，国际卫星通讯将中国的电视节目送到全球的每一个角落，只要有网络的地方，任何一个会用电脑的华人都可以从世界上任何国家、任何地点，在任何时间打开新浪网或者搜狐网，都可以阅读24小时的滚动新闻，观看“两会”实时报道，海外华文媒体还有没有存在的必要？会不会在今后30年，或者20年，甚至更短的时间内自动消亡？”②答案当然是否定的，海外华文传媒的发展历经200余年的风风雨雨，虽然其间难免有挫折，而且这些挫折和困难在前进的道路上还会相伴相生，但从总体上来看，海外华文传媒

① 李大玖．海外华文网络媒体——跨文化语境［M］．北京：清华大学出版社，2009：40.
② 李大玖．海外华文网络媒体——跨文化语境［M］．北京：清华大学出版社，2009：16.

的发展势头依然强劲，更不可能整体消亡，乃至退出世界传媒的大家族。

首先，海外华文传媒因应华人、华侨文化认同的需要而产生，在维系族群凝聚力和对祖籍国的文化归属方面具有不可替代的作用。罗伯特·E. 帕克在分析外文报刊存在的原因时指出，它满足移民用自己的母语表达这一普通的人类愿望时所体现出来的价值。“与学习一个民族更具表达力的习惯用语相比，学习这个民族的正式语言要容易很多。因此，对大多数移民而言，他们的本国语永远是他们的母语。尽管他们学习了我们语言中的惯用语，并且新语言成为他们新的社会关系和记忆的储藏库，但是，他们早先的记忆是和他们以前的语言息息相关的。”[①]因此，“加拿大、路易斯安那州和各大都会都有法文报刊。西班牙裔美国人、南美裔美国人和墨西哥裔美国人都用西班牙文出版报刊，报刊成为言论机关。每个群体都有自己的报刊”[②]。不仅是语言，流淌在华人、华侨血液中的中国文化，更是他们挥之不去的集体记忆。以东南亚为例，早期华侨落脚东南亚要做的“三件事”是：谋生、兴中文学校、办华文报纸。这是一件非常耐人寻味的事情，前一项满足了华侨基本的生存需要，后两项则是十足的文化事业，是华侨在异域他乡寻找归属感的文化维系、文化传承行为。由此看来，对于华人、华侨来说，中国绝不只是一个地理区域，它首先是一个文化领域。文化先在地成为族群或国家民族的主要标识之一，文化认同也具有一种本能的倾向，它决定某一族群的生存方式、行为方式和思维方式。这种文化认同随着近现代“民族—国家”观念的形成，与民族认同、国家认同交织缠绕在一起，成为东南亚华人、华侨挥之不去的内在情结。因此，东南亚海外华人、华侨才能从辛亥革命起，与祖国形成日益紧密的联系。他们与中华民族休戚与共、荣辱与共，共同度过了一个又一个难关。特别是在抗日战争时期，东南亚华文报刊对爱国精神的大力宣传，成为海外华人、华侨在人力、物力、财力等方面支援抗战的强大精神动力。譬如，“九一八”事变发生后，曼谷《滨江日报》报道了曼谷中华总商会商讨抵制日货和筹募捐款事宜的消息，并刊登了国民党驻万磅支部全体党员致黑龙江省主席的电讯誓言：“请强硬对敌，保守领土”“本部同志，誓为后援”。在马来西亚和新加坡，为了反映侨胞的爱国热情及捐款的踊跃、表彰先进、激励后进，各报都在主要版面上以大量篇幅报道南洋各地的筹赈消息，如1939年12月份的《星洲日报》（早报），其《本坡要闻》《马来亚要闻》和《南洋要闻》各版中，每天关于捐赠的消息都占了三分之二以上的篇幅，有时甚至充斥全版。在报纸的推动下，各界华人、华侨的捐赠源源不断，极大地支持了国内的抗战事业。[③]中华人民共和国成立后，中国政府“为了国外华侨的长远利益，便于他们的工作和生活，为了有利于处理我国和有关国家之间的关系”[④]，主动放弃了双重国籍原则。1955年4月，中国政府还与印尼政府签订了关于解决双重国籍问题的条约。从总体上看，东南亚华人作为一个整体，到20世纪80年代末

① 帕克. 移民报刊及其控制［M］. 陈静静，展江，译. 北京：中国人民大学出版社，2011：11.
② 帕克. 移民报刊及其控制［M］. 陈静静，展江，译. 北京：中国人民大学出版社，2011：12.
③ 程曼丽. 海外华文传媒研究［M］. 北京：新华出版社，2001：111.
④ 彭真. 全国人民代表大会常务委员会工作报告［N］. 人民日报，1980-09-14（1）.

基本完成了由华侨社会到华人社会的转变，到20世纪90年代，95%以上的华人都已经加入当地国国籍，成为各国的公民，仍保留中国国籍的华侨已经很少了。东南亚华人的上述变化使得他们与中国的关系也相应地有所改变，正如人类学家与东南亚专家陈志明所指出的："中国与华人具有历史与文化的相关性，这应与中国即中华人民共和国的政治认同相区别。对于懂中文的华人而言，他们对中国的诗歌感兴趣并认为与之相关，就如同懂英文的人喜爱来自欧洲和北美或其他地区的英文文学及歌曲一样。华人可以通过中国的考古发现与中国人民一起分享欣喜与自豪。这源于中华文明的相关性。"①

相应地，东南亚各国的华侨报纸开始向华人报纸转向，侨民文化的价值取向也由"落叶归根"转为"落地生根"。华人报纸"落地生根"不仅表现在为其述政治认同上的嬗变，也表现在其编辑方针与内容的变化上。②如果从文化认同的视角看，政治格局的变化并没有也不可能很快根本改变华人的文化认同，但"扎根于东南亚的华人文化，在东南亚民族国家形成的过程中，不可避免且越来越多地与其他当地族群文化混合，这是因为共同的地域、共同的经济与社会生活、共同的政治认同都将潜移默化地或强制性地改变文化属性，东南亚华人文化与中国文化也逐渐从主干与分支的关系转为源于同根而又各自独立发展的关系"③。而随着全球化时代的到来，"不同传统与文明之间的联系越发紧密。文化交流中日益增长的密切联系对历史思想构成挑战。而正是在历史中，人们才得以阐述、表达和讨论他们的认同，他们之间的归属感和共性，以及他们与其他人的不同。全球化进程使传统的历史认同直面飞速变化的生活环境，要在不同民族的生活领域之间做出传统的区分已变得十分困难。文化生活中的混合现象与普遍化因素，正如互联网和某些重要的文化产业部门所表现的那样，需要我们重新界定究竟是什么造成了自我与身处其他文化的他者之间的差异。只有这样，我们才能明了自己的身份"④。全球化进程的不断深入无疑进一步推进了不同国家、民族、族群、阶层之间思维模式、价值观念、意识形态的交流、交锋与交融，对华人、华侨的文化认同也会产生程度不一的影响。有学者据此提出了"多重文化认同"概念：

> "多重文化认同"的概念可以从层次上来看，最基础的是生物族群的身份认同，随之而来的是社区和国家政治身份的认同，接着是语言上的和生活方式上的认同，然后是价值和文化取向的认同……一个华侨可能是在族群身份上有华人认同，在社区和国家政治身份上认同居住国，而在语言和生活方式方面具有多重结构（中华的和居住国的混合），在价值和文化取向方面同样也存在混合的认同状态。族群身份是生物学的事实，但是否对自己的这个身份感到自豪，即是否愿意认同这个身份仍然是个问题；由于家庭原因，华侨可能对中华文化有亲和力，但他们在多大程度上认同之，仍然是因地、因时、因人而异的。可

① 陈志明．迁徙、家乡与认同——文化比较视野下的海外华人研究［M］．段颖，巫达，译．北京：商务印书馆，2012：246.

② 王士谷．海外华文新闻史研究［M］．北京：新华出版社，1998：44-45.

③ 庄国土等．二战以后东南亚华族社会地位的变化［M］．厦门：厦门大学出版社，2003：31.

④ 吕森．怎样克服种族中心主义——21世纪历史学对承认的文化的探讨［J］．张旭鹏，译．山东社会科学，2007（11）：38.

是，我们可以期望他们通过语言、文化方面部分认同并培养政治情感的倾向性认同，形成对我们国家有利的文化氛围和族群力量。我们必须接受“多重认同”，否则就很难适应现时代的问题。[①]

“多重文化认同”彰显了海外华人、华裔和华侨文化认同的多元性和复杂性。如20世纪中期以前自中国移居海外的华人，他们当中有些人已经是祖辈数代居住在那里，已经在经济、文化两个方面取得了显著的成绩。不过从文化方面深入分析，他们虽然置身西方文化氛围之中数十年或更长时间，已经在多方面接受了西方社会的文化价值观念，可是不少人依然在日常生活中保持着传统的社会文化规范。在加拿大多伦多，多数老华侨居住在两个被称为“中国城”的街区内——Spadina/Dundas和Broadview/Gerrard，他们习惯使用的语言是英语和广东话。[②]笔者2012年至2014年在泰国工作期间，确实发现在华人和华裔社会中普遍存在多重文化认同现象。60岁以上的华人对汉语和中华文化充满热爱之情，即便在1975年7月1日中泰建交之前，他们依然“偷偷摸摸”地学习汉语。易三仓大学孔子学院泰方院长卢瑷珊女士就是其中的一员。卢瑷珊出生于泰国东北部孔敬府挽奔县，祖籍中国广东省潮安县。从小酷爱中文，不忘中华文化，“在缺乏教学资源、面临社会压力的情况下，她非常珍惜学习机会，自己偷偷学习中文，常常挑灯夜读到深夜”[③]。从1997年起，卢瑷珊无偿担任汪盖岗翁电视台中文教学主播，几乎每隔半个月，她便会抽出一天时间，从曼谷到华欣录制汉语教学节目。她活到老学到老，1996年到北京语言大学学习中文，并获得学士学位。随后在厦门大学进修，并在七旬高龄获得天津师范大学汉语国际教育专业硕士学位。卢瑷珊女士学习汉语的经历在泰国颇具代表性。笔者在调研时也了解到不少老一代华人在艰苦的环境中学习汉语的经历，有些居住在泰缅边境的人就去邻近的缅甸学校去学习汉语，他们普遍对中华传统文化具有一种强烈的自豪感，传统文化所包含的价值理念和道德观念已渗透到他们日常的生活和工作之中。

就新生代华裔来说，他们学习汉语和了解中华文化的动机与老一代华人有着明显的不同，下面对两名泰国学生的访谈揭示了她们各自的“多重文化认同”，具有一定的代表性。

（1）从小我对中国的印象是唐人街上红红的灯笼，慢慢长大后我从书上、电视上了解到中国有很多有意思的事，就想学中文，想到中国去，但是，一直到大学才有机会。在选择学校时，我看到曼谷大学有酒店与旅游专业，觉得既可以学管理专业知识，又可以学中文，这是一个很好的机会，我终于可以学中文实现我的中国梦了。同时，爸爸妈妈也同意让我选择这个专业。在大学四年中，我从听、说、读、写各方面学习了中文。在上课的时候，老师们都会介绍中国的风土人情，让我更深入地了解中国的历史文化。我觉得我选

① 韩震．全球化时代的文化认同与国家认同［M］．北京：北京师范大学出版社，2013：119-120.
② 田广．中国人非规则移民北美历程揭秘［M］．王天津，古丽布斯坦，译．北京：商务印书馆，2013：148.
③ 梁乔玲，卢瑷珊：中泰“民间大使”，华教是毕生事业［EB/OL］（2013-12-30）［2016-08-20］．http://news.xmu.edu.cn/7c/7e/c1575a97406/page.htm.

对了，汉语不像我想的那么难，大概是因为我越来越喜欢中文吧！①

（2）我知道，虽然现在在世界上有很多国家都有着不同的风俗文化和语言，但是使用人数最多的语言就是汉语。世界各地都有很多中国人，而且现在东盟的许多国家中有很多人也会说汉语。比如泰国、新加坡、马来西亚等。因为汉语在东盟国家的发展中起着越来越重要的作用，所以汉语在东南亚的使用是很广泛的。现在很多东盟国家都开了汉语课，这也是汉语为什么能够在东盟国家中流行的原因。中国是东盟的主要贸易国家，学好汉语，能加强泰国和中国在经济与文化方面的交流。如果我的汉语水平高一些，就能有更多、更好的工作机会，所以我决定一定要学好汉语。②

访谈（1）中的泰国学生贾净之所以学习中文，是受到孩提时代中国传统文化元素（红灯笼）和电视媒体等的影响。后来她选择了酒店与旅游专业，是因为觉得既可以学管理专业知识，又可以学中文，既可以维系和提升自身日后在职肠上的竞争力，又可以实现学习中文到中国去的童年梦想，是一个两全其美的选择。访谈（2）中的泰国学生李丹学好汉语的动机更具有实用色彩，正是因为汉语本身的地位特别是中国与东盟国家之间密切的经济和文化交流促使她"学好汉语，才能有更多、更好的工作机会"。有学者指出："新生代华裔在中国传统文化与现代西方文化、泰国文化之间进行比照，选择性地接受那些他们认为合适的传统，包括价值观念、生活规范、道德意识等，他们会带着实用性目的，而非出于强烈的民族情感去学习本族群语言，他们也不再完全坚持民族语言与文化的代际传承……新生代华裔无论是对传统中华文化还是当代中华文化的了解都不如其祖辈和父辈。可以认为，如果说海外华人都兼具本土性、民族性与国际性特征，那么在老一辈泰国华人身上，民族性则是最为显性的表现，其次才是本土性、国际性；泰国新生代华裔则是国际性、本土性的表现远较民族性明显，他们对中华文化的认同更多的是审美型认同与理智型认同。"③上述判断揭示了泰国新生代华裔文化认同相对于老一代华人的变化与特点，民族情感与泰国主流社会文化的高度交融成为文化认同出现变化的重要原因。不过，上述结论截然二分的对立叙述在某些方面并不符合实际情况。不得不承认，中泰两国日益密切的经济、贸易和旅游往来无疑激发了泰国民众了解和学习中华文化的热情。对于泰国的普通民众来说，中国不仅是一个具有悠久文化历史的文明古国，还是一个经济快速发展、国际影响力日益提升的大国。一般来说，一国经济体通过自身经济实力产生的影响力，影响着对象国民众对于该语言和文化的选择，从而推动了该语言和文化的传播速度与传播范围。就泰国来看，对中华文化学习和了解的热情主要是从20世纪90年代特别是新千年之后才迅速升温的，这与中国国力的日益提升以及中泰两国日益增强的经济、贸易和旅游联系具有明显的内在关联。近些年，"汉语热"在泰国持续升温，学习汉语的泰国人数已达100多

① 资料来源：笔者2014年2月27日对泰国学生贾净（Ms. Jaruwan Plipuech）的访谈，访谈地点：泰国皇太后大学。

② 资料来源：笔者2014年2月25日对泰国学生李丹（Ms. Wassana Denmeka）的访谈，访谈地点：泰国皇太后大学。

③ 沈玲．泰国新生代华裔的国家认同与文化认同研究［M］．贾益民．华人、华侨研究报告（2015）．北京：社会科学文献出版社，2015：304.

万。除了泰国众多的华文学校、泰文学校、高等院校以外，泰国15所孔子学院和18家孔子课堂在汉语和中华文化传播方面也发挥了不可替代的积极作用。它们不仅传播中华传统文化，而且泰国力图呈现当代中国的特色和风貌。不仅如此，在来华留学生中，泰国留学生人数也有显著的变化，泰国已成为生源大国。2013年，中国内地排名前10位留学生的生源国依次为韩国、美国、泰国、日本、俄罗斯、印度尼西亚、越南、印度、哈萨克斯坦和巴基斯坦，其中，泰国超过日本位列第3。2014年，按国别排序来华留学生国家的前15名中，泰国位列第3，人数为21,296人，前两位为韩国（62,923人）和美国（24,203人）。2015年，按国别排序来华留学生国家的前15名中，泰国依然位列第3，人数为19,976人，前两位分别是韩国66,672人和美国21,975人。[①]综上所述，断定"新生代华裔无论是对传统中华文化还是当代中华文化的了解都不如其祖辈和父辈"不免过于武断，这种过于悲观的结论往往遮蔽了从历史发展的动态眼光观照现实的诉求，使我们不能全面客观地看待"多重文化认同"问题。

当然，时代的变迁、社会历史文化语境的变化以及所在国各项移民政策等的变化，确实使海外华人、华侨的认同也在变迁中呈现出多元性和不确定性。"生活在海外的华人都有感受，第一代移民还看华文书报，喜欢使用中文进行表达，到了第二代可能就只是说中文，写汉字成了难题，如果到了第三代的海外华人，可能连说都很困难了。这是就海外华人的文化现状。"[②]海外华文传媒之所以不可替代，就在于它们借助汉语和中华文化的力量不断唤醒、巩固和建构着海外华人、华侨的集体记忆，使他们身在海外亦能不忘根本，明确自身的族群认同，在所在国和祖籍国之间架设起了文化、精神和心灵沟通的桥梁，帮助他们维系了与祖籍国的感情联系，强化了海外华人、华侨的心理归属感。以新西兰中华新闻通讯社为例，为了使海外华人媒体起到不断增进华人、华侨与祖籍国情感交流的桥梁作用，该社经常策划、发起主办各种激发海外华人增强民族意识、抒发热爱祖籍国情感为内容的主题活动。例如，该社为配合祖籍国奥运会、世博会而主办的新西兰华人、华侨大型签名庆祝活动，为配合促进两岸统一而策划发起的、在元宵佳节和中秋佳节特别主办的"新西兰华人两岸同胞团聚会"等活动，都在当地华人社区和国内外媒体宣传中产生了相当广泛的影响。尤其是在2011年元旦，为了表达新的一年里海外华人、华侨对祖籍国和自己故乡的深厚情感，新西兰中华新闻通讯社首次以华人媒体的名义发起主办了"新西兰华人、华侨情系中国寄语故乡活动"，得到了奥克兰各家华人社团的积极响应。来自数十家华人社团的各界华人、华侨在活动中纷纷以演讲、诗歌、书画等形式向自己的故乡发出寄语。这不仅增强了海外华人、华侨对祖籍国的情感，还第一次直接沟通了他们与自己

---

① 2013年度我国留学人员情况［EB/OL］（2014-02-21）［2016-09-09］. http://www.moe.edu.cn/publicfiles/ business/htmlfiles/moe/s5987/201402/164235.html；2014年全国来华留学生数据统计［EB/OL］（2015-03-18）［2016-09-09］. http://www.moe.gov.cn/publicfiles/business/htmlfiles/moe/s5987/201503/184959.html；教育部发布2015年全国来华留学生数据人数递增［EB/OL］（2016-04-15）［2016-09-09］.http://mt.sohu.com/20160415/n444287217.shtml.

② 王丕屹. 海外华文媒体积极引领中国文化出国［EB/OL］（2014-10-31）［2016-09-09］. http://huaren.haiwainet.cn/n/2014/1031/c232657-21313548.html.

故乡的互动与相互了解。例如，江西省鹰潭市在获知该社刊发的“鹰潭籍侨胞新西兰著名学者杨建博士对自己家乡的寄语”之后，特地在《鹰潭晚报》、鹰潭新闻网配发了“杨建博士对家乡新年寄语”的专题报道。《河南日报》及大河网也同时刊发了新西兰知名华商、新西兰河南商会会长张亚循先生对家乡变化的感慨和祝福寄语，中国各大网站及不少省市媒体也都转发报道了这一活动。《山东侨报》还在这次活动的基础上，在当地与该社互动举行了“新春佳节山东侨胞情系故乡寄语活动”。[①]

此外，海外华文传媒向华人、华侨提供所在国各方面的信息，以帮助他们更快融入当地社会并具有十分突出的地位。世界上大多数国家的民族发展史都说明，多元文化与多元民族并存，这是国家趋向繁荣的必然要求。苏联思想家巴赫金就认为思想有两种类型，一类是独白型的思想，一类是对话型的思想。前者是一元论的、凝固化的和排他性的，以为自己最正确、最权威，不同别人对话，不承认第二种声音、第二种意见。独白型思想的存在，在相当大的程度上是同等级和权力的存在相联系的。后者则是多元论的、相对性和争辩性的，这种思想类型不是绝对化的、教条的，而是变化的和发展的，它承认不同意见和不同声音的存在，认为必须同他人交流和对话才能接受真理，才能使自己不断得到发展，永远保持生机和活力。这种对话型思想的存在，在很大程度上是同人与人之间平等自由关系的存在相联系的，是同对人的压制以及绝对的权威不相容的。[②]对海外华文传媒来说，也应该摒弃独白型思想，坚持和弘扬对话型思想。当然，融合并不等于同化，它是在持守和发展中华传统文化的基础上，以交往和对话的精神更好地理解其他民族的文化，并与之和谐共处，共生共荣。不可避免的是，中华传统文化在各移入国发生了程度不同的变异，这正如中国传统文化在演进过程中，也在外来文化的冲撞交融下发生变化一样，并不值得大惊小怪。因此，对于海外华文传媒来说，必须理性地认识到，改造传统，才能接纳和消化所在国文化；输入所在国文化，才能更新和丰富传统。其最终目的是使华人文化、社会融入所在国的主流文化、社会中去，这样华人、华侨的生存权和发展权才能得到切实有效的保障和提升。

海外华文传媒具有地理和心理上的接近性优势，因而，在向国外民众更好地讲好中国故事、传播好中国声音、塑造中国的良好形象、提升国家软实力方面具有十分重要的地位。

一般来说，海外华文传媒了解所在国的国情、社情和民情，对当地民众的思维模式、文化心理和接受习惯比较熟悉，可以凭借自身的民间身份有效地化解各类误解和误读，向世界讲述真实、动人、鲜活的中国故事，传递中国人民热爱和平、坚持改革开放、互利共赢、走中国特色社会主义道路的积极信息。

2008年3月14日，拉萨市发生打砸抢烧严重暴力事件。以《华盛顿邮报》《纽约时报》、CNN、BBC、《华尔街日报》等为代表的西方主流媒体对西藏“3·14”事件进行了连

① 景曦.海外华媒在中国崛起历史时期的特殊使命［G］//夏春平．国际话语体系中的海外华文媒体（第六届世界华文传媒论坛论文集）．香港：香港中国新闻出版社，2011：157.

② 程正民．巴赫金的文化诗学［M］．北京：北京师范大学出版社，2001：154.

篇累牍的报道。许多报道纯属张冠李戴，或刻意剪辑、歪曲事实、道听途说。它们攻击中国政府的处置措施和政策，并且在中国媒体用事实披露了拉萨打砸抢烧暴力事件真相后，仍然置若罔闻、熟视无睹。《加华侨报》在头版头条刊登了以《和平？人权？公正？——西藏暴力事件不容扭曲》为醒目标题的文章。文章指出："各民族和睦相处，是各民族的共同愿望。但是，当你看到那被焚烧的消防车、店铺和民房，人们有理由要问：这是为了和平吗？天赋人权是几百年来人类追求的目标。但是，当你看到那挥舞藏刀和棍棒，手段残忍，残杀无辜的景象后，他们是在保卫与争取人权还是在迫害和残杀人权？3月14日，拉萨市区发生了打砸抢烧严重暴力事件。西方媒体给予大量报道。但是，由于媒体不断出现张冠李戴的报道，致使人们将印度警察、尼泊尔警察的抓人行为移植到中国警察身上。一时间，中国政府镇压藏民的不实消息传遍世界。但是，细心人还是从一些西方电视、报纸媒体的比较中发现不少破绽。"[①]美国《中外论坛》为了揭穿"藏独""台独"的种种阴谋，先后发布了美国著名华人历史学家尹集钧的有关西藏历史以及中华人民共和国成立后特别是改革开放后西藏的翻天覆地的变化。如《冰澈知春否》《水流不腐，文化不合》《西藏向何处去》《天也有情人未老》《看朦胧台海，谁主沉浮》等一系列反"藏独"、反"台独"的专稿，以翔实的史料，并结合自己多次深入西藏自治区、印度、中国台湾地区等地的亲身体验，对鼓吹"藏独""台独"的分裂主义给予了有力的反击。[②]澳大利亚《新市场报》总编辑、《澳华电视传媒》创办人任传功先生说得好："中国国际话语权的获得，是通过和平理性地游说而非强迫外国媒体如何正面报道中国。我们，尤其是海外华人，应该向外国媒体摆事实讲道理，让他们了解真实的西藏历史与现实，让他们了解真实的中国，当然包括它的过去和现在。在外国媒体，主要是西方媒体通过我们的正面宣传，开始正面而真实地报道中国的时候，我们的国际话语权也就自然而然地得到了。"[③]德国明斯特电视台中国部总监、明斯特大学中国研究中心主任周俊以自身的亲身经历，对如何讲述中国故事，化解外界对中国片面、不实的看法和观点提出了很好的建议。他以2006年组织20家德国主流媒体访问湖北省时的经历为例，指出："没到中国前，每个人都提出了很多质疑：人权的问题、环保的问题……我们没有立刻回答和驳斥，因为他们没看到现状，任何反驳都是苍白无力的。我们的做法是，你们到湖北后，用自己的眼睛看，用心去感受。当然，因为我们熟悉了解他们的思路和想法，所以在介绍的时候会针对他们的疑问帮他们找答案。一次湖北之行，让他们彻底改变了对湖北先前的印象和看法，感受到了中国所特有而德国没有的人情魅力，有的人甚至希望有机会留在湖北工作。"[④]由此也可看出，海外华文

① 黄兴中. 该出声时就出声——浅谈海外华文传媒的历史责任［G］//夏春平. 国际话语体系中的海外华文媒体（第六届世界华文传媒论坛论文集）. 香港：香港中国新闻出版社，2011：305.

② 王性初. 争夺世界话语权：华文媒体的神圣职责——回顾美国〈中外论坛〉杂志办刊路［G］//夏春平. 中国梦：世界变局与华文媒体的新使命（第七届世界华文传媒论坛论文集）. 香港：香港中国新闻出版社，2013：247.

③ 任传功. 华文媒体如何在西方主流社会发声［G］//夏春平. 国际话语体系中的海外华文媒体（第六届世界华文传媒论坛论文集. 香港：香港中国新闻出版社，2011：119.

④ 周俊. 浅谈中国文化对外传播的创新——由粗放式向精细化转型［G］//夏春平. 中国梦：世界变局与华文媒体的新使命（第七届世界华文传媒论坛论文集）. 香港：香港中国新闻出版社，2013：323-324.

传媒在中国软实力建设方面确实具有重要的地位。

二、海外华文传媒在中国软实力建设中的功能

（一）传播汉语和中华文化

在海外华文传媒的诸多功能中，传播汉语和中华文化无疑是其中的重要一环。从文化传播的角度上说，海外华文传媒是中国媒体走向国际化的一个不可忽视的重要平台，也是汉语和中华文化走向世界的一个重要载体。海外华文传媒正充当着这一重要角色，破除西方强势语言与文化的排他性独白状态，实现和而不同的多元文化交往与对话，进而使中华优秀文化成为世界多元文化格局中的有力一元，增强中国的文化软实力。

随着中国经济的发展，汉语的文化价值、经济价值和国际地位也在日益提升，这是不可抗拒的时代潮流。2003年年初，加拿大不列颠哥伦比亚省政府为削减开支，平衡财政预算，计划取消部分第二语文考试，其中包括华文。消息一出，就引起了华人社区的强烈反对。由来自中国内地新移民张雁女士创办的华文报纸《环球华报》，用大量版面紧密追踪华人社区对此事的意见和反应，深入报道了调整省试的相关背景情况，并专门发表社论指出："废考中文，不利于华侨、华人在加的生存和发展，会削弱下一代在国际人才市场上的竞争力，与全球中文热的大势背道而驰，更有违加拿大多元的文化政策。"为进一步引起省府的高度重视，《环球华报》在读者中发起了签名活动，有数千华人热烈响应和签名，一致要求省府重视民意，保留中文省试。结果在各界努力下，不列颠哥伦比亚省政府于5月公开修正了这项决议，决定继续保留原有的华文省级考试制度。一位加拿大教育厅官员表示，这个决议的修正，是与当地华文报刊所起的重要作用分不开的。张雁社长非常感慨地说，这一事实表明，为维护广大华人的正当权益和意愿，我们非主流华文媒体完全可以对主流社会甚至政策导向产生影响。[①]除了维护汉语的地位以及华人、华侨、学习汉语者的合法权益，海外华文传媒还通过多种形式推广汉语，展现汉字文化的魅力。在美国的大中小学，《中美邮报》数十次就有关"汉字的起源与发展""汉字何以美？""拿起毛笔学写汉字"等主题开展文化与教学活动，上千位"目不识丁"的洋学生由此开始接触汉字和中华文化，从中文的一字一句入手，由此产生了对中国与汉字的好感和亲近。在丹佛市当地的英文杂志上，常年开设专栏《书法艺术与中国成语》，每期内容既有书法作品，又有英文成语故事，这也成为当地的品牌专栏。《中美邮报》也向社区介绍书法传播活动、对六体汉字的理解和书法艺术欣赏等相关文章，提升人们的兴趣和艺术品位。书法作品也成为赠送当地政要和洋朋友的"最合适与宝贵的礼物"。[②]

此外，中华文化深深扎根于中华沃土，凝结着中华各民族文化的精华，具有鲜明的民族风格、中国特色，具有独特的个性和独立的品格，古典诗词、汉字书法、中医中药，都

① 刘东平. 向世界发出华人之声——从"论坛"看海外华文传媒的新发展［EB/OL］(2003-11-17)［2016-09-12］. http://www.chinatoday.com.cn/china/z200311/17.htm.

② 屠新时，冯咪咪. 文化强元自信坚守：构建中国梦与美国梦相通之道［G］//夏春平. 中国梦：世界变局与华文媒体的新使命（第七届世界华文传媒论坛论文集）. 香港：香港中国新闻出版社，2013：193.

表现出别具一格的中华文化。中华文化也是人类智慧的结晶，是人类文明的宝贵财富，是维护世界文化多样性不可或缺的重要资源。中华文化的独特个性在很大程度上就是强调和谐，重视人与人之间、人与社会之间、人与自然之间的协调一致的关系，在以合作、说服为主要特征的软实力竞争时代，在国际矛盾日趋尖锐化的今天，这种注重“和谐”的思想，更容易被别人认同和接受，更能体现协调、平衡和包容，具有巨大的亲和力。当然，今天的中国，随着改革开放的不断深入，中华文化又有了新的发展，我们更需要加强与世界的文化交流，向世界展示今日之中国。美国《中美邮报》从2007年9月起创办了“孔子学堂”专版，每周一版，受到华人社区的关注和欢迎。这个专版也成为介绍中国传统文化、了解孔子生平和思想的新园地。该专版分专题介绍中国最杰出的思想家和教育家孔子的生平、观点以及《论语》；同时，在专栏中介绍海内外学术文化界在孔子思想研究中的新观点和新成果，也刊载外国人学中文的逸闻趣事。“孔子学堂”还顺应时代潮流，向海外读者介绍于丹教授的新著《于丹论语心得》，同时也转载了部分批评的文章，有助于华人从多个角度来认识和理解孔子思想。创办“孔子学堂”这个专版，将孔子“有教无类”的教育思想、宽厚仁爱的人格品质、博采众长的学说、以其生命实践理想的人生经历等，尤其是其中元典性的文化内涵传承到海外华人中间，[①]充分肩负起了海外华文媒体的文化责任。自2015年，泰国《世界日报》创刊60周年。世界日报社因应泰国100多万人学习汉语的热潮，从2月起，除恢复学生园地版外，还密集拜访各地华文学校，与教师紧密互动，实际了解华文阅读需求及学生们遇到的学习瓶颈，以规划适合学生园地版的内容及主题，吸引老师和学生共同参与，以达到中华文化海外深耕的目标。该报未来除编务版面的固定投资外，还将在发行上增加投资，并将免费赠送《世界日报》给偏远地区的华文学校，以教育投资的理念培育下一代阅报人口，为中华文化的长期发展奠定基础。[②]

（二）讲好“中国模式”故事

在制度创新上，中国模式为后发国家提供了一条可资借鉴的反对经典现代化理论和“华盛顿共识”的现代化新路。在我们看来，“中国模式”实质上是中国作为一个发展中国家在近现代追求独立解放和繁荣富强的历程中，特别是在全球化背景下、改革开放的过程中实现社会主义现代化的一种发展战略和治理模式。中国模式不仅包括经济层面，还涉及政治层面、社会层面、文化层面等。中国在国际制度尤其是在发展道路上的制度创新无疑是其软实力不断增强的表现，海外华文传媒在向国外受众讲好“中国模式”故事方面发挥着关键作用，使“中国模式”对非西方国家产了生更大的吸引力，进而提升了中国的软实力，增强了中国的综合竞争能力。

1. 真实、客观、全面地说明“中国模式”

需要指出的是，“中国模式”只是社会发展战略和国家治理模式中的一种，在不断推

① 屠新时. 在海外华文报纸上创办“孔子学堂”［EB/OL］(2007-08-21)［2016-09-12］. http://www.chinanews.com.cn/hr/kong/news/2007/08-21/1006615.shtml.

② 世界日报感恩及请益之旅［N］. 泰国世界日报，2015-02-05.

进中国社会经济向前发展取得成绩的同时，其自身也面临着这样或那样的问题，需要我们保持清醒的头脑、冷静的思维，积极加以应对。

对“中国模式”不客观、不真实的说明体现为一些西方学者的著作、论文、演讲等断章取义，或者按照自己的意愿和编辑方针进行重写、改写。比较典型的例子是弗朗西斯·福山于2009年6月28日接受关西大学名誉博士学位时发表的演讲，亚洲通讯社主办的“日本新闻网”对此进行了报道，并对专访的内容进行“摘要”，标题为《更多国家钟情“中国模式”》，其中有一段是这样的：

> 不得不承认，近30年来，中国经济令人惊异的快速发展体现了中国模式的有效性，一般认为中国经济有望再保持30年的增长。中国的政治传统和现实模式受到越来越多发展中国家的关注，在印度“民主”模式与中国“权威”模式之间，更多国家钟情中国，前者代表分散和拖沓，后者代表集中和高效……客观事实证明，西方自由民主可能并非人类历史进化的终点。随着中国崛起，所谓“历史终结论”有待进一步推敲和完善。人类思想宝库需为中国传统留有一席之地，中国亦需在自身发展进程中实践民主法制的理念。世界需要在多元基础上实现新的融合。①

福山的演讲对中国模式既有充分的肯定，“中国的国家所显示的那种要为国民尽最大责任的道义义务感是在其他国家所看不到的”，“中国给整个东亚创造了强大而有能力的现代性统治机构，这是支撑了第二次世界大战后的东亚经济奇迹的宝贵传统”；也从自己的视角对“中国模式”的进一步完善提出了建议。福山在指出印度等国家在民主决策过程中的速度不如中国“迅速”的同时，并没有明确说“更多国家钟情‘中国模式’”。②每个国家由于各自的历史文化、政治传统、经济发展程度等的不同，会选择适合自己国情的发展模式。1988年5月18日，邓小平在会见莫桑比克总统希萨诺时指出：“要紧紧抓住合乎自己的实际情况这一条。所有别人的东西都可以参考，但也只是参考。世界上的问题不可能都用一个模式解决。中国有中国自己的模式，莫桑比克也应该有莫桑比克自己的模式。”③而模式比较研究的目的在于，“它不仅能够发现自身优势，还能够洞察自身弱势，排查发展隐患，以求切实解决现代化过程中的各种难题。它需要抛开各种前定性成见，把被比较对象双方完整、客观地呈现出来，在把握比较对象内在规律的基础上对比较对象的性能、运转状况作出科学断定。可见，社会发展模式比较研究的基本要求是客观公正，决不回避自身发展中存在的问题，也不避讳称赞他者所取得的成就”④。这是海外华文传媒在说明

① 日媒：日本应直面中国世纪［EB/OL］（2010-03-13）［2016-09-20］. http：//www.ribenxinwen.com/html/g/200908/25-3954.html。

② 福山. 日本要直面中国世纪·福山接受关西大学名誉博士学位时的演讲［EB/OL］（2010-03-13）［2016-09-20］. http://www.aisixiang.com/data/32320.html.

③ 邓小平文选（第3卷）［M］. 北京：人民出版社，1993：261.

④ 王聚芹，苑英科. 中印发展模式比较研究：可能性、存在问题及科学化路径［J］. 河南师范大学学报（哲学社会科学版），2010（6）：43.

"中国模式"时应该注意的问题。

全面地说明"中国模式"也是通过海外华文传媒提升中国软实力的重要一环。所谓"全面",就是指提供各方面的事实、情况、观点和意见,不片面报道和隐匿事实。就全面地说明"中国模式"而言,主要包括如下几个方面:

第一,全面地看待"中国模式"产生的历史背景和当代发展,不能人为地将历史与现实割裂开来。"中国模式"是一个历史发展的探索过程,历经萌芽、成长和发展的不同阶段,迄今仍然处在发展和不断调整完善的阶段。因此,对于"中国模式"的解释和说明就不能人为地将其发展的不同阶段割裂开来,特别是不能将改革开放前的历史与改革开放后的历史割裂开来、对立开来。不可否认的是,一些海外华文传媒对改革开放几十年中国的发展道路和发展成就大体持肯定和赞赏的态度,而对改革开放前的历史时期,或一味批判否定,或蜻蜓点水,不加重视。这些趋向无疑是有问题的,它们人为地造成了历史的断裂,一些媒体依然守持着非此即彼、二元对立的思维模式,对于全面认识、理解和说明"中国模式"是有害的。

第二,对"中国模式"涉及的报道领域要予以全面说明。"中国模式"关涉多个领域、多个层面,各个要素之间相互联系、相互制约,构成了一个完整而复杂的系统。因此,讲好"中国模式",不仅要讲好经济发展,更要讲好一个全方位的故事。从目前的情况来看,海外华文传媒在对中国经济模式的介绍和报道中占据突出的地位,但是中国在国家治理、社会发展、制度建设等方面的成功,还没有经由这些媒体得到充分讲述。另外,成就经验介绍多,问题和建议比较少,是海外华文传媒说明中国模式时普遍存在的现象。

第三,对报道区域要全面均衡。在向外界说明"中国模式"时,海外华文传媒要注意不同区域要相对均衡。一般来说,东部沿海地区、经济发达地区、政治经济中心城市等,往往会成为人们关注的重点,这些区域也是海外华文传媒关注的重点地区。反之,中西部内陆地区、经济欠发达地区、非政治经济中心城市等,则往往成为海外华文传媒报道和关注的盲区。这种中心/边缘的叙述方式显然不利于呈现"中国模式"的全面性,更有甚者,一些海外华文传媒对边缘区域的描述更多凸显的是经济发展的停滞性、民俗风情的神秘性、文化景观的异域性,对新发展、新生机、新特色等展现"中国模式"优势的方面则着墨甚少乃至于缺失。近些年来,上述不均衡、不全面的报道状况有所改进。国务院侨办自2006年起开始举办"海外华文媒体高级研修班",截至2015年5月,已累计邀请45个国家和地区的493家媒体的513名采编负责人参加了培训。[①]2014年第十二期海外华文媒体高级研修班吸引了五大洲34个国家和地区的60余家海外华文媒体和部分中央涉侨媒体近80名社长、总编参加。《南美侨报》《西非统一商报》《世界日报》《星洲日报》、央视四套华人世界栏目组等27家媒体奔赴津鲁线,采访主题是地方经济转型升级、京津冀协同发展;《亚省时报》《汉纳》杂志、今日悉尼、中新社等29家媒体集结沪苏线,采访主题为地方

① 杨凯淇. 78位海外华文媒体负责人聚北京研修[EB/OL](2015-05-11)[2016-09-20]. http://news.xinhuanet.com/overseas/2015-05/11/c_127788502.htm.

经济转型升级、“一带一路”建设。《侨报》、美国中文电视台、凤凰卫视美洲台、《南美侨报》《欧洲时报》《星洲日报》等11家媒体赶赴新疆线，采访主题为新疆经济社会发展和民族区域自治、“一带一路”建设等。2015年，第十三期海外华文媒体高级研修班分赴西南地区、东北地区、东南地区进行实地考察和报道。

2. 讲好“中国模式”故事，要使故事具有说服力

首先，要彰显故事的“具体化”特质。具体化是指故事以具体的人物、情节、环境等的叙写和描摹取胜，与其相对的是概括化和数字化。美国作家丹尼尔·平克指出：“我们记不住一个孤立的数据，而象棋大师加里·卡斯帕罗夫的有些伤感的故事，我们却很容易想起来，这并不表示我们的记忆力衰退了，或者要患阿兹海默症了。它们恰恰证实了我们的大脑是怎样工作的。故事更容易被人记住，因为在很多方面，故事是我们记忆的主要方式。”[①]新加坡国立大学东亚研究所所长郑永年一针见血地指出：“中国怎样发展为全球第二大经济体，人家就想知道中国是如何实现的。中国有很多经验需要去总结……比如，中国脱贫是个好故事，但是这个故事没有过程，只有枯燥无味的数据。没有过程就没有角色，西方媒体就特别擅长讲故事。”[②]具体的、有过程、有细节的“中国模式”故事符合人自身的认识和记忆规律，只有多讲述这样的故事，才能起到应有的效果。反观时下见诸海外华文传媒有关“中国模式”的阐发和报道中，多以报道官方信息、学者论文以及访谈为主，往往充斥着大量的经验性材料和大量的数字，唯独不见有血有肉、有真情实感的故事。当然，我们并不是说数据、数字不可以用，而是说孤零零的数据、数字如果不能融入故事，成为故事中的有机组成部分，那么，这样的数据、数字所发挥的作用也是有限的，达不到预期的传播效果。正如《美国社区报实操指南》一书的作者所指出的：“如果你在做一篇关于阿巴拉契亚地区贫困状况的报道，就不要简单地罗列数据。那会是一个浮于表面的故事。你应该找到当地的一个穷苦人，请他讲故事，把问题具体化，把数据落在个体身上。通过一个人真实的故事，你对阿巴拉契亚地区贫困状况的报道力度将超过全世界有关于此的数据表格的总和。”[③]

其次，以他者可接受的“小叙事”的方式讲好故事。后现代主义思想家利奥塔认为，与现代性的叙事模式相适应的“宏大的叙事”或“元叙事”不但没落了，而且变得完全不可信了，取而代之的则是“细小的叙事”。“细小的叙事”与“宏大的叙事”之间的差异主要表现在以下两个方面：一方面，“细小的叙事”关涉的是日常经验世界，而“宏大的叙事”关涉的则是超越性的层面；另一方面，“细小的叙事”关注的是“行为方式”，即在日常经验生活中人的行为方式如何变得合情合理；“宏大的叙事”关注的则是“行为目的”，而行为目的常常是很抽象的，也是充满纷争的。[④]利奥塔关注“细小的叙事”确实有一定的

① 平克．全新思维［M］．林娜，译．北京：北京师范大学出版社，2006：78.

② 王眉．把中国模式解释好——郑永年谈中国的对外传播［J］．对外传播，2011（1）：21-22.

③ 赵克，陈凯．美国社区报实操指南：无以复加的当地化［M］．广州：南方日报出版社，2014：61.

④ 俞吾金．“宏大的叙事”会消失吗［EB/OL］（2010-08-08）［2016-09-20］．http://www.sociologyol.org/yanjiubankuai/fenleisuoyin/shehuixuelilun/2010-08-08/10778.html.

道理，但是将“宏大的叙事”“细小的叙事”割裂和对立起来，并不符合讲好“中国模式”故事的要求。我们在这里强调的“小叙事”尽管主要关注人的基本生存，饮食起居，人际交往，爱情、婚姻、家庭的日常琐事，但这里有更广大的兼容的“哲学”，这里有更广大的“宇宙”。这些大说之外的“小说”，并不因其小而小，而恰恰是因其“小”而显示其“大”。这是人性之大、人道之大、博爱之大、救赎功能之大。①在这方面，西方的媒体为我们提供了可以镜鉴的例子。英国《卫报》2008年12月18日刊登的文章就是其中的代表作。该文用鲜活的人物、生动的事例，形象、具体地反映出“中国模式”的特色和存在的问题。文章的关注点虽然是金融危机导致中国经济放缓，但其时间跨度为30年的复杂变革历程。主题不可谓不大，但作者却将镜头聚焦于一个名不见经传的中国小山村，通过一个普通退休牙医的生活，浓缩了改革开放即“中国模式”给普通中国人带来的改变，以及他们现今的生存状态。文章还通过“对经济前景的担忧”这一中国社会各阶层人士关注的共同点，引出了另一个典型人物凯莉·张——一个年轻中产阶层的代表：她在改革的历程中成长，她投资股票，并到欧洲度假。然后，文章通过她的直接引语引出了医疗保障、子女教育等话题。该文在数字运用方面，对海量数据进行了精心的选择，让每一个数字都能很好地为作者所要传达的结论和观点服务。在背景运用上，穿插得当，精准、到位，梳理了十一届三中全会、小岗村农村改革等改革开放中的主要标志性事件，简洁地勾勒出“中国模式”的来龙去脉，帮助海外读者形成一个关于中国的完整而非琐碎、连续而非断裂的印象，有助于他们自己得出符合客观事实的结论。②美国公共广播电视公司（PBS）在2004年和2008年分别播出了由知名纪录片制片人苏·威廉姆斯（Sue Williams）拍摄的两部反映当代中国的纪录片，《红色中国》（*China in the red*）和《青春躁动的中国》（*Young and Restless in China*）。从下岗工人到乡村个体户、从公司职员到创业海归，影片描述了来自各行各业的普通中国人在政治和经济改革的浪潮中的不同际遇、艰辛与奋斗。影片受到了广泛关注和好评，许多美国人也由此改变了他们对中国人的刻板印象或偏见。作为美国人，制片人苏深谙如何通过描绘具体的、普通的中国人的生活，向美国人呈现中国正在发生的深刻的社会变化。这两部影片均获得了很好的反响。③

（三）海外华文传媒推动和平发展道路和中国梦的构建

当前，中国的崛起已经成为国际社会中一个不可忽视的重要事实。针对中国的崛起，中国政府适时提出了走和平发展道路、构建中国梦的战略，这既是中国遵照自身文化传统和国情融入全球化的战略需要，也是对中国外交政策的继承和发扬。诚如习近平指出的：“中华民族历来是一个爱好和平的民族……爱好和平的思想深深嵌入了中华民族的精神世界，今天这依然是中国处理国际关系的基本理念……中国需要和平、爱好和平，也愿意尽

① 王春林．茅盾文学奖悄然“革命”：从宏大叙事到“日常叙事”［EB/OL］（2015-08-20）［2016-10-05］．http://culture.ifeng.com/a/20150820/44474344_0.shtml.

② 赵蔚．鲜活呈现“中国模式”——外媒经济报道的几点启示［J］．对外传播，2009（5）：38-39.

③ 郑路．共同价值观与中国价值理念的有效国际传播［M］//“中国发展道路中的价值理念及国际传播研究”课题组秘书处．中国道路与国家形象．北京：中国人民大学出版社，2013：62-63.

最大努力维护世界和平，真诚帮助仍然遭受战争和贫困煎熬的人们。中国将坚定不移走和平发展道路，中国也希望世界各国都走和平发展道路，大家一起把和平发展的理念落实到自己的政策和行动之中。”[①]“中国梦要实现国家富强、民族复兴、人民幸福，是和平、发展、合作、共赢的梦，与包括美国梦在内的世界各国人民的美好梦想相通。”[②]

但事实情况是，昔日在西方眼中落后的中国在改革开放中取得的成就动摇了其权威和优越感，这是他们难以接受的。在西方各大媒体上，鼓吹“中国威胁论”的文章层出不穷。特别是20世纪90年代中期以来，面对中国经济实力的迅速增强，西方“中国威胁论”的版本也是五花八门，诸如“中国经济威胁论”“中国军事威胁论”“中国能源威胁论”“中国商品威胁论”“中国科技威胁论”“中国文化威胁论”，乃至“中国环境威胁论”，等等，不一而足。在“中国威胁论”还在继续盛行的同时，西方有些媒体和学者又开始渲染“中国崩溃沦”。有些西方学者无限扭曲、放大中国目前经济发展中存在的一些问题，并得出轻率的结论。从美国《中国经济》季刊主编斯塔德维尔《中国梦》一书中将中国经济指认为“一座建立在沙滩上的大厦”的比喻，再到美籍华裔律师章家敦对“中国即将崩溃”的宣告，从中可以看出，无论是“中国威胁论”还是“中国崩溃论”，都是以美国为首的某些西方人士从“东方主义”的视角审视中国的结果，旨在恶化中国发展的国际环境，以达到延缓中国发展、阻止中国和平发展的目的。

应该说，近些年来，海外华文传媒在塑造中国和平发展的国家形象和客观说明“中国梦”方面做出了重要贡献。2003年10月，针对西方某些媒体认为“神舟五号”发射成功是为了军事目的“中国的飞船对西方是一种威胁”的观点，《欧洲时报》发表评论严正指出：有些人千方百计地要把中国人的和平之举与“军事目的”扯在一起，弹起“中国威胁论”的老调，这无疑是沉渣泛起，故伎重演，显得太不协调。2004年9月16日晚，在西班牙东南部城市埃尔切发生攻击并焚烧中国侨民鞋店的恶性案件，《欧华报》对此进行了持续报道，对当地少数人因商业竞争而诉诸暴力的野蛮行径给予强烈的谴责和抗议。

事实上，“正面宣传为主”与其说是以正面内容为主，不如说是要以正面效果为主。上述“烧鞋”事件被一些海外华文媒体称为“西班牙有史以来第一起严重侵犯华商合法权益、野蛮排斥华人的暴力事件”。一时间，“中国制造”“中国威胁”的批评和非议甚嚣尘上，严重影响了中国和平发展与努力构建“中国梦”的形象。面对这一不容乐观的情势，倘若一味地指责当地政府和某些民众，对于改善中国的国家形象不但收效不大，甚至会起到反作用。许多海外华文媒体都提醒道：华商在海外迅速扩张，必然会令当地人感到威胁。如果他们拒绝学习当地语言，拒绝尊重当地风俗习惯和法律法规，只顾关起门来做生意，不注意与当地人多沟通、多接触，就会令彼此的误解更深，关系更恶劣。“最好的办

① 习近平：在纪念孔子诞辰2565周年国际学术研讨会上的讲话［EB/OL］(2014-09-24)［2016-10-05］. http://news.xinhuanet.com/politics/2014-09/24/c_1112612018.htm.

② 杜尚泽. 习近平同美国总统奥巴马共同会见记者［EB/OL］(2013-06-08)［2016-10-05］. http://politics.people.com.cn/n/2013/0608/c1001-21793682.html.

法，是与对方合作，实现互利共赢。让对方活下去，不仅活下去，而且活得更好。这样，你也会活得更好，这种做法是可持续的。”① 由此可见，只有坚持平等合作和互利共赢，中国才能在一定程度上缓解其他国家对中国快速发展的忧惧。表明中国的发展能带动其他国家共同发展，这也有助于中国和平发展进程的推进与中国梦的构建。正如印尼《千岛日报》社长林豪所理解的，“中国梦”的本质内涵，是实现国家富强、民族复兴、人民幸福、社会和谐。其实，这也是世界发展中国家共同的梦。中国领导人已表明，处于伟大复兴进程中的中国，在追求本国利益时也会兼顾他国，合理关切，在谋求本国发展的过程中促进各国共同发展；处于伟大复兴进程中的中国，坚持把本国人民的利益同各国人民的共同利益结合起来，以更加积极的姿态参与国际事务，共同应对全球性挑战，共同破解人类发展难题。简言之，“中国梦”不仅是属于中国的，也是属于世界的。②

另外，走和平发展道路、构建“中国梦”，表明了中国政府和人民在21世纪对于国际秩序的美好愿望和不懈追求，同时也向国际社会传达了一个负责任大国的意愿、抱负和承诺。就战略来说，不称霸是中国的长远方针，但这并不意味着在经济全球化和世界多极化纵深发展、人类面对许多严峻挑战和共同性问题的情势下，中国会回避应该承担的与自身地位相符的责任，而是需要中国在地区和国际事务中承担更多的责任，发挥更大的作用。自20世纪90年代中期起，中国政府一改对国际事务“韬光养晦”的策略，将其重新调整为“韬光养晦，有所作为”，开始以“有所作为”的气度，以自信而积极的姿态建构负责任的大国形象。

在我们看来，所谓“负责任”，并不应该是只对某个国家负责，“负责任大国”所应担负的责任首先应当是在维护世界和平、促进共同发展、建设和谐世界等方面发挥积极的、建设性的作用。凡有利于和平与发展的，就赞成和支持；凡不利于和平与发展的，就反对和抵制。现实情况是，西方的一些报道经常有意或无意地夸大中国的经济实力，要求中国履行与自身能力不相称的国际责任。这就提醒海外华文传媒在塑造中国负责任大国的形象时，一是要时刻牢记中国国情，在报道过程中不要把话说得过满，不要陷入救援金额上盲目的数字攀比中，而要关注中国在建设持久和平、共同繁荣的和谐世界的过程中所采取的具体措施以及所付出的巨大努力。二是要准确理解和界定与中国崛起的权利相称的责任。明确做负责任大国、不激烈改变现有国际秩序的准则，这也是中国进一步谋求自身发展与更好地肩负起自身责任的必然选择。

---

① 吴建民. 我的中国梦：吴建民口述实录［M］. 北京：北京大学出版社，2013：89-90.

② 顾时宏. 林豪：华媒应在中国梦进程中发挥桥梁作用［EB/OL］（2013-09-03）［2016-10-05］. http://www.chinanews.com/zgqj/2013/09-03/5237266.shtml.

第三章 海外华文传媒在提升中国国家软实力方面的有利与不利因素

第一节 海外华文传媒在提升中国国家软实力方面的有利因素

一、中国国际地位显著提升，各种热潮促进海外华文传媒发展

中国经过30多年改革开放，经济获得快速发展，国际地位得到显著提升。全球范围内掀起的“中国热”“汉语热”，以及“孔子学院”在世界各地的创建，为海外华文传媒自身发展与传播中华文化提供了良好的条件。特别是21世纪以来，中国加入世界贸易组织后，开启了全方位融入全球化的进程，中国在2008年全球金融危机中的表现可圈可点，而北京奥运会和上海世博会的成功举办更是让世人瞩目。中国还发起了金砖银行、亚投行、“一带一路”、亚信会议等项目，以积极主动的姿态深度涉入全球经济和政治进程，担负起世界第二大经济体应尽的责任，在“和平、发展、合作、共赢”理念的指导下进一步加强和深化与世界各国的友谊。

“中国热”的持续升温直接带动了“汉语热”的勃兴，截至2010年，全世界非母语的汉语学习者已超过4,000万人；截至2014年3月，已超过1亿人。从国外情况来看，早在2014年9月，英国就规定英格兰地区小学的学生从3年级开始必须选修外语，汉语为可选语言之一。同年，英国文化协会出台《面向未来的语言》特别报告，报告称，外语人才严重短缺的状况将危及英国“未来的繁荣和国际地位”，呼吁有关政策制定部门高度重视外语教育，将外语与传统主干课程（科学、技术、工程和数学等）一视同仁，把包括汉语在内的更多外语列入中小学校的教学大纲，并要求企业界加强对雇员外语能力的培训等。值得注意的是，根据对英国的战略意义和重要程度，《面向未来的语言》这一报告将除英语

之外的世界主要语言进行了排序，汉语名列第4位。[①]78%的英国大学目前提供中文教学。在2010年到2013年间，申请把汉语作为唯一荣誉学位的学生人数增加了8%。而同一期间，申请法语和德语荣誉学位的人数则分别减少了23%和24%。[②]截至2014年12月13日，在法国的外语学习者中，汉语学习者人数在世界主要语言学习者中的排位从第9名跃升至第5名。在法国，初中时学习汉语的学生已经超过50%，对于法国学生来说，汉语已经成为“王牌”。现在法国约有630所中学开设了汉语课，学习汉语的人数约为10万。[③]据法国首任汉语总督学、欧洲汉语教学协会会长白乐桑介绍，1998年，法国本土仅有一半学区在中等教育阶段设有汉语教学点，而2013年起，汉语课堂走进了法国本土所有学区。学习汉语的初、高中生人数不断增加，2004年至2014年间，每年以25%至30%速度在增长。近5万名初、高中生将汉语作为正式科目进行学习。[④]西班牙官方公布的数据显示，2013年西班牙参加汉语水平考试的人数已经超过7,100人，连续3年保持欧洲第一。专家估计，西班牙全国学习汉语的总人数已经突破4万人。[⑤]2012年，澳大利亚政府发布《亚洲世纪中的澳大利亚》白皮书，呼吁将亚洲语言作为中小学课程的核心内容，所有学生都应在被列为优先选择的4种亚洲语言中选一种进行学习，汉语即是其中之一。目前，汉语已经走进了700多所澳大利亚中小学生的课堂，学习汉语的学生约有16万。根据美国外语教育委员会统计，目前全美有4,000多所小学、初中和高中开设了汉语课程，汉语已经成为西班牙语和法语之外美国学生学习的第三大外语。[⑥]

随着21世纪以来“中国热”“汉语热”的持续升温，孔子学院顺应时势，应运而生。2004年，第一个孔子学院合作协议在乌兹别克斯坦塔什干国立东方学院签署，第一块孔子学院的铭牌在韩国首尔韩中文化协力研究院挂出，第一所孔子学院在美国马里兰大学正式投入运行。截至2017年10月23日，我国已在全球142个国家和地区设立了516所孔子学院和1,076个中小学孔子课堂。现有中外专兼职教师4.6万人，各类学员210万人（含网络学员55万人）。[⑦]如表3–1所示，从覆盖国家、分支机构、教师和学员数量4个指标看，孔子学院已成为世界上最大的语言文化推广机构之一。截至2017年7月，已有67个国家和

---

① 林雪丹．世界多国学汉语人数越来越多对接中国发展红利［EB/OL］（2016–05–04）［2016–10–16］．http://edu.163.com/16/0504/11/BM7FSQ6600294M9O.html.

② 外媒：英国高校中国研究升温更多学生学习中文［EB/OL］（2014–09–14）［2016–10–16］．http://news.sina.com.cn/w/2014–09–14/070530848768.shtml.

③ 庹燕南．法国十万人学习汉语［EB/OL］（2014–12–14）［2016–10–16］．http://www.jfdaily.com/guoji/new/201412/t20141214_1053798.html.

④ 张曼．法国汉语教学在欧洲处于领先地位——访法国首任汉语总督学白乐桑［EB/OL］（2017–01–29）［2017–05–27］．http://news.xinhuanet.com/world/2017–01/29/c_1120392469.htm.

⑤ 子如．西班牙学汉语人数破4万经贸往来频繁推动汉语热［EB/OL］（2015–01–20）［2016–10–16］．http://www.chinanews.com/hr/2015/01–20/6985589.shtml.

⑥ 林雪丹，等．世界多国学汉语人数越来越多 对接中国发展红利［EB/OL］（2016–05–04）［2016–10–16］．http://edu.163.com/16/0504/11/BM7FSQ6600294M9O.html.

⑦ 砥砺奋进的五年：数据看孔院（2012–2017）［EB/OL］（2017–10–23）［2017–12–05］．http://www.hanban.edu.cn/article/2017–10/23/content_702594.htm.

地区将汉语教学纳入国民教育体系。[①]

表3-1 孔子学院与其他语言文化推广机构情况对比[②]

语言文化推广机构	法语联盟	英国文化委员会	歌德学院	塞万提斯学院	孔子学院
国家	法国	英国	德国	西班牙	中国
创立时间	1883	1934	1951	1991	2004
覆盖国家	133	106	98	44	142
分支机构	813	182	159	87	1,592
学员（万）	56	1,100	27	18.5	210

注：①英国文化委员会1,100万注册学员是指其参加考试人数；
②孔子学院1,592个分支机构包括516所孔子学院和1,076个孔子课堂。

“汉语热”的一个重要表征就是参加汉语考试的人数急剧增长。汉语考试从1991年走出中国国门，当时有128名新加坡考生参加，到2004年孔子学院成立时考生已达3万人，到2013年年底，包括对各国的认证考试、个性化考试、孔子学院的课堂测试、互联网在线测试、初级汉语考试等在内的各类汉语考试参加人数突破500万人次，其中参加HSK（汉语水平考试）、YCT（中小学生汉语考试）、BCT（商务汉语考试）等考试的考生人数达到创纪录的37.2万人，全球汉语考试考点已达875个，遍布114个国家和地区。[③]到2014年，全球汉语考试人数已超过43万人，其中中国内地就有超过7.7万人参加。[④]表3-2为2013年全球汉语考试考量排名前20的考点：

表3-2 2013年全球汉语考试考量排名前20的考点[⑤]

排名	洲	国家	考点名称	合计
1	亚洲	韩国	韩国HSK事务局	105,912
2	亚洲	韩国	韩国大教彩虹YCT事务局	20,264
3	亚洲	日本	日本青少年育成协会	9,663
4	亚洲	新加坡	新加坡科思达	8,611
5	亚洲	菲律宾	菲律宾红溪礼示大学孔子学院	6,886

① 赵晓霞. 海外孔子学院已达511所［EB/OL］(2017-07-19)［2017-12-05］http://edu.people.com.cn /n1/2017/0719 /c1053-29413969.html.

② 砥砺奋进的五年：数据看孔院（2012-2017）［EB/OL］(2017-10-23)［2017-12-05］. http://www.hanban.edu.cn/article/2017-10/23/content_702594.htm.

③ 蔡拥军. 全球汉语学习者超亿人汉语热持续升温［EB/OL］(2014-08-29)［2016-10-20］. http://news.xinhuanet.com/ newmedia/2014-08/29/c_126932040.htm.

④ 孔子学院总部/国家汉办2015年考试工作会议在青岛举行［EB/OL］(2014-02-24)［2016-10-20］. http://www.chinesetest.cn/gonewcontent.do?id=12757842.

⑤ 泰国汉语考试概况［M］/泰国汉语考试工作会议，孔子学院总部/国家汉办考试处、汉考国际，曼谷，2014-01-06.

续表

排名	洲	国家	考点名称	合计
6	亚洲	日本	日本青少年育成协会（东京）	6,122
7	亚洲	泰国	泰国曼谷东方文化书院	4,278
8	亚洲	韩国	韩国《中央日报》	4,051
9	亚洲	泰国	泰国清迈大学孔子学院	3,846
10	亚洲	菲律宾	菲律宾华教中心	3,700
11	欧洲	西班牙	西班牙马德里孔子学院	3,434
12	亚洲	韩国	韩国大真大学孔子学院	3,286
13	亚洲	泰国	泰国朱拉隆功大学孔子学院	3,197
14	亚洲	韩国	韩国唐风（网考）	2,855
15	亚洲	泰国	泰国宋卡王子大学普吉孔子学院	2,822
16	亚洲	印度尼西亚	印度尼西亚国民教育部—中国汉语考试（雅加达）	2,583
17	亚洲	新加坡	新加坡劳发局	2,311
18	非洲	马达加斯加	马达加斯加塔那那利佛大学孔子学院	2,251
19	亚洲	吉尔吉斯斯坦	吉尔吉斯国立民族大学孔子学院	2,217
20	亚洲	泰国	泰国孔敬大学孔子学院	2,057

就表3-2中的内容来看，在排名前20的榜单中，孔子学院就有9所，汉语考生数量达到29,996名，其他非孔子学院考点考生数量为170,350名，两者之比为0.176：1。非孔子学院考生数量中，韩国的考生数量就有133,082名，在考生总数中占比达到66.43%，这一方面说明韩国在汉语考试人数中具有领先地位，但另一方面也说明，孔子学院（特别是泰国孔子学院）在汉语考试中的人数也在不断提升，随着孔子学院数量的扩充和汉语考试的深入推进，汉语考试人数也必定会逐年增加。

孔子学院还与海外华文传媒相互支持和合作，在合作共赢中推动着华文媒体的发展以及汉语和中华文化的全球传播。例如，早在2010年，泰国皇太后大学孔子学院与《中华日报》合作，由孔子学院师生组稿编辑，推出《中华青年报》。2011年8月24日，泰国曼松德昭帕亚皇家师范大学孔子学院与《亚洲日报》签署了合作协议，于9月27日报纸首刊刊发了《中国文化专刊》。该项目得到中国国家汉办的支持，专刊每月一期，由孔子学院负责全版内容的编辑和版面设计，全版使用中文简体字。2011年9月，印度尼西亚玛琅国立大学孔子学院与当地《千岛日报》合作，在该报开设了专栏“汉风语韵”，意为中国语言文化之风韵，以宣扬中国语言文化为宗旨。栏目里设诗词散文、古诗欣赏、民间故事、文化长廊、经典名言、常用格式、流行口语、词语用法、你问我答、趣味汉语、书法作品等主题，由孔子学院中方教师编写组稿，每星期刊出一期。①

此外，中国媒体的迅猛发展对海外华文传媒也产生了积极的影响，主要体现在网络媒体联系起全球华人、中国媒体进军海外等方面。

以《南方日报》为例，至2014年年底，《南方日报》海外版的合作媒体达22家，每年推出1,400多个新闻版面，覆盖北美洲、南美洲、欧洲、大洋洲各大洲主要城市。2010年4月1日，创办之初的《南方日报》海外版《今日广东》与多家海外媒体展开合作，包括美国《侨报》《加拿大商报》《欧洲时报》和《南美侨报》。2010年10月16日，《南方日报》与星岛日报海外版联手推出《南粤侨情》新闻专版，密集覆盖北美洲、欧洲、澳大利亚各大城市。2011年12月21日，《南方日报》与泰国华文媒体《星暹日报》合作推出《今日广东》泰国版。在泰国主要城市发行，填补了《今日广东》在东南亚地区的传播空白。2013年4月2日，《南方日报》海外版与美国美中报导社签定合作协议，随这份在美国亚特兰大市最有影响力的华文媒体一同将《南方日报》于美国中部各城市发行。2014年3月31日，《南方日报》海外版与环球商系传媒集团、柬埔寨《华商日报》达成合作共识。②2015年8月23日，"中新社—海外华文媒体合作创新平台"正式启动。平台旨在顺应媒体融合发展的时代趋势，通过资源共享、合作创新，实现共同发展。基于这一平台，中新社将联合海外媒体，发挥各自优势，共同创建面向全球的新媒体客户端。同时，为更好地服务海外供版客户，由中新社自主研发的"全球编辑室平台"将分批次免费向海外媒体开放。"全球编辑室平台"可实现跨时区合作、制版流程、时时监测、一次性采集、多终端发布。同时，为连接全球网络，中新社还拥有北京、洛杉矶、法兰克福多家数据中心，随着我国香港地区、澳大利亚、南美洲、南非的各数据中心陆续搭建，我们将彻底解决跨国网络问题，轻松连接世界，全球发布无忧。新媒体客户端以中新社与多家海外华文媒体为发起机构，为读者带来了全新的阅读体验，无论身处世界哪个角落，只需点击新媒体客户端就可以24小时获得原创实时新闻、文化副刊和服务资讯。中新社与海外华文媒体一道采集的最新信息，可在新媒体客户端上第一时间呈现，与全球用户共享。随着合作媒体数量的增加，将逐渐形成媒体矩阵格局。③

二、新受众群逐渐形成，传媒生态发生变化

改革开放以来，中国内地新移民人数的快速增加成为海外华文传媒生存与发展的重要支柱。世界范围的"汉语热"造就了一批通晓汉语的非华人群体，他们已成为各国华文媒体的非母语受众。当然，还有一大批将海外华文传媒作为学习汉语和了解中华文化的非华

---

① 印尼孔子学院借助华文媒体推介中国语言文化［EB/OL］(2011-09-29)［2016-10-20］. http://www.chinanews.com/hwjy/2011/09-29/3363441.shtml.

② 李梦瑶. 利用新媒体：让海外受众更广泛［EB/OL］(2014-02-24)［2016-10-29］. http://news.eastday.com/eastday/13news/auto/news/china/u7ai4232293_K4.html.

③ 刘鹏. "中新社—海外华文媒体合作创新平台"正式启动［EB/OL］(2015-08-23)［2016-10-29］. http://finance.chinanews.com/hr/2015/08-23/7483874.shtml.

裔受众，这些都为通过海外华文传媒进一步提升中国软实力打下了坚实的基础。

中国与全球化研究智库推出的《中国国际移民报告（2014）》蓝皮书中的研究表明，改革开放后，在海外华人中出现了一个“新阶层”，即从中国内地走出去的以留学生、对外劳务输出、亲属移民等多种形式出现的对外移民，这一代移民通常被称为“新移民”。他们以知识精英和财富精英为主，具有数量大、层次高等特点。据蓝皮书估计，新移民约占海外5,000万华人、华侨的五分之一，约有1,000万人。[①]《中国国际移民报告（2015）》蓝皮书指出，中国国际移民群体已成为世界上最大的海外移民群体。中国移民的主要目的地为美国、加拿大、澳大利亚、韩国、日本和新加坡等国家。中国向主要发达国家移民的人数保持稳定。2013年，获得美国、加拿大、澳大利亚三国永久居留权的中国人分别约为71,798人、34,000人、27,334人，总数约13.3万人。据统计，目前居住在东南亚的华人、华侨约占海外华人、华侨的四分之三，以泰国、印度尼西亚、新加坡和马来西亚居多。同时，在中国改革开放后出去的934万国际移民中，有大部分居留在北美洲和欧洲，近年来，随着中国企业国际化的推进，中亚和非洲的中国国际移民数量也在增加，他们已成为加强中欧、中非联系的桥梁和纽带。[②]

以美籍华人为例，美国是除亚洲之外中国人最多的国家，其中60%来自中国内地、16%来自中国台湾、9%来自中国香港。在所有的美国亚裔中，华人占25%，其中70%为美国公民。[③]根据表3-3“1890—2010年华人移民美国数量统计”来看，自1980年以来，美国华人人口数量增加迅猛，从812,178人跃升到420万人，增加了5倍之多，且在美国出生的华人人口比例从1960年的60.5%下降到1980年的36.7%，从1980年到2010年这30年的时间内，在美国出生的华人人口比例在35%左右，这说明外来移民的数量越来越多，占比在65%左右。根据美国国际教育研究所日前发布的数据，2012—2013学年共有82万外国学生在美国的大学留学，比2011年增长了7.2%，已经连续7年增长，中国留学生数量连续猛增，成为美国国际学生数量持续增加的主要推动力。该学年有27万来自中国的学生正在美国的大学留学，继续高居国际学生人数的榜首。每三个在美国的外国留学生中就有一个来自中国，其中来自中国内地的留学生数量继续暴涨，总数达到23.56万人。[④]新移民特别是内地新移民数量的快速上升无疑对美国华文传媒的发展起到了极大的促进作用，这种促进作用不仅体现在受众数量和广告客户的增长上，也对华文传媒创办、经营和人才战略起到了积极的作用。

---

① 我国海外“新移民”阶层出现“移民赤字”现象明显［EB/OL］（2014-01-23）［2016-10-29］. http://news.china.com.cn/2014-01/23/content_31283424.htm.

② 2015中国国际移民报告发布 来华移民成新热点［EB/OL］（2015-03-20）［2016-10-29］. http://edu.sina.com.cn/a/ 2015-03-20/1146258457.shtml.

③ 邓肯. 龙与鹰——中美政治的文化比较［M］. 胡宗锋，译. 陕西：陕西师范大学出版总社，2014：106.

④ 赴美中国留学生数量连续7年增长呈现留学低龄化特点［EB/OL］（2013-11-18）［2016-10-29］. http://china.cnr.cn/qqhygbw/201311/t20131118_514164106.shtml.

表3-3　1890—2010年华人移民美国数量统计[①]

时间（年）	人口	在美国出生的比例（%）	时间（年）	人口	在美国出生的比例（%）
1890	107,475	0.7	1960	237,292	60.5
1900	118,746	9.3	1970	436,062	53.1
1910	94,414	20.7	1980	812,178	36.7
1920	85,202	30.1	1990	1,645,472	30.7
1930	102,159	41.2	2000	2,858,219	31.0
1940	106,334	51.9	2006	3,565,458	32.7
1950	150,005	53.0	2010	4,200,000	33.3

在英国，中国于2012年首次超过印度等国家，成为英国最大的移民来源国，当年进入英国并居住在英国的中国人有4万人，占英国外来移民人口总量的8.7%。其他国家依次为印度（3.7万人）、波兰（2.9万人）、美国（2.9万人）和澳大利亚（2.7万人）。2013年，中国再次成为英国外来移民的最大来源国，当年共有4.6万中国人移民英国，占外来移民总数的9%，其他国家依次为西班牙（3.3万人）、印度（3.3万人）、澳大利亚（2.9万人）、波兰（2.7万人）。[②]过去十多年，中国移民澳大利亚的人数一直稳步上升。中国是澳大利亚最大的投资移民来源国、第二大技术移民来源国、第一大国际学生来源国、第一大商务交流来源国、第一大国际游客来源国。下面列举的这些数据颇能说明问题：自2012年11月至2014年9月，286份重要投资者签证被颁发给申请者，给澳大利亚经济注入了14.3亿澳元的资金。中国是重要投资者签证项目的首要输出国，90.5%的签证持有者来自中国。2013—2014年度，澳大利亚国际留学生数量持续增长，颁发留学生签证总数达292,060份。中国仍然是澳大利亚国际留学生的最大生源国，有60,315位学生获得了留学生签证，占总数的20.7%，比上一年增加11.7%。同样在该年度，约有400万（3,969,215名）游客获得了来澳大利亚的旅游签证，中国游客获澳大利亚旅游签证数为549,458份，较2012—2013年度增长了16.1%，占旅游签证总数的13.8%，中国超越英国，成为第一大游客来源国。[③]

一般来说，中国的新华人、华侨从业更加多元，经济科技实力有了很大的提升，而且逐步融入当地主流社会，社会地位有所提高。这部分人才的自身素质和特点决定了他们对于中国软硬实力的转换具有独特的作用。他们既是国家“硬实力”的载体，如从事投资经商、创新创业等经济活动；也是国家“软实力”的载体，如传承和传播中华文化。他们在促进新兴产业发展、引导外资进入、帮助中国企业“走出去”实现国际化、推动中外科技

① 邓肯．龙与鹰——中美政治的文化比较［M］．胡宗锋，译．陕西：陕西师范大学出版总社，2014：106.
② 王辉耀．中国国际移民报告（2015）［M］．北京：社会科学文献出版社，2015：21-22.
③ 王辉耀．中国国际移民报告（2015）［M］．北京：社会科学文献出版社，2015：27-28.

文化交流、讲述中国故事、传播中国声音和开展公共外交等方面发挥了重要的作用。[①]

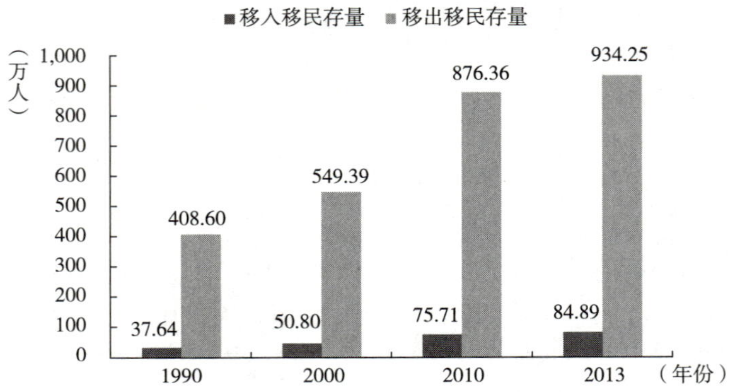

图3-1　1990-2013年中国移入/移出移民存量[②]

由图3-1可知，截至2013年，中国海外移民存量已达到934.25万人，23年时间增长了128.6%。进入21世纪后，移民数量增长迅速。中国从1990年的第七大移民输出国，上升为第四大移民输出国。移民也更倾向于流向发达国家和地区。在此需要注意的是，尽管中国内地新移民的主要目的地为发达国家，但在传统华人、华侨聚集的东南亚地区，并非没有新移民移入，只是在绝对数上没有前者那么多。因此，像“中国改革开放以来的海外新闻事业与以前大不相同，在东南亚地区，由于没有新移民补充，华文新闻业的受众由老华侨为主转为以当地出生的华裔人群为主”[③]的判断是有问题的，举例来说，据泰国华人青年商会会长李桂雄介绍，在泰国侨居的中国内地新移民有四五十万人，其中原籍广东的即有二三十万人。他们大多于20世纪八九十年代来到泰国，多采用旅游签证、合法延期和合法居留的方式取得了居留权。此外，中国台湾也有20多万新移民在泰国从事IT、珠宝、旅游、贸易等行业。[④]由于新移民的不断涌入，泰国华文报纸的销量出现较大的增长，更加关注中国国内事务，乃至在版面设计上由竖排改为横排。如泰国的《中华日报》于2004年5月6日在泰国曼谷创办《中华青年报》，采用简体字排版印刷，成为泰国第一份简体字华文报，同时还在报纸上开辟了学习汉语和传播中华文化的专栏。此外，泰国华人还于2005年成立了首家中文电视台。在中泰两国政府的共同支持下，该电视台改为泰国中央中文电视台（TCCTV），并于2009年2月正式开播，成为全东南亚唯一以中文、泰文两种语言播放的电视媒体。

当前，海外学习汉语和中华文化的非华裔学生持续增长，所占比例越来越高，这对于海外华文传媒的可持续发展显然是十分有利的。以马来西亚华文小学为例，尽管从学生学习人数和所占比例来看，华裔学生人数都占据主导地位，然而不可忽视的是，越来越多

① 2015中国国际移民报告发布来华移民成新热点［EB/OL］（2015-03-20）［2016-10-29］.http://edu.sina.com.cn/a/2015-03-20/1145258457.shtml.

② 国际人才蓝皮书：中国成为世界第四大移民来源［EB/OL］（2014-01-22）［2016-11-06］. http://world.gmw.cn/2014-01/22/content_10195415.htm.

③ 任贵祥. 海外华人、华侨与中国改革开放［M］. 北京：中共党史出版社，2009：356-357.

④ 资料来源：2013年7月5日，李桂雄在接待《广东华侨史》调研团时介绍的泰国新移民情况。

的非华裔学生开始学习汉语，且比率持续增长。从表3-4中可以看出，从1989年到2012年，马来西亚华文小学学生总数的增长幅度（34,775人）远低于非华裔学生人数的增长幅度（63,702人），而且非华裔学生人数比率一路上扬，从1989年的3.05%飙升到2012年的13.44%，增加了10.39个百分点。根据2017年8月对马来西亚华文学校的调研材料，马来西亚沙巴古达育华文学校的31名学生中，仅有1名华裔学生；古达培德学校的199名学生中，38%为非华裔；古达乐育华文小学的158名学生中，非华裔约占30%。拥有68年历史的兰瑙培文华文小学共有390名学生，其中华裔学生27人，占6.9%；原住民学生361人，占92.6%；另外有少量其他学生。根地咬政民小学198名学生（含幼儿园）中，非华裔占85%。作为沙巴内陆最大的华文小学，成立于1921年的根地咬育英国民型华文小学共有学生1,365名，其中华裔506人，占37%；非华裔859名，占63%。2017年，该校非华族学生报名入学人数较多，报名超过350人，鉴于实际承受能力，只招收了250人。建于1938年的担波罗里中华小学自20世纪80年代起，非华裔学生逐渐增多，目前有学生321名，其中华裔生（含混血华人)46人，占14%；非华裔学生275人，占86%。①从中可以看出，在马来西亚的一些华文学校，非华裔学生数量甚至超过华裔学生。根据2017年7月发布的数据，华文小学的华裔学生人数逐年下降，非华裔学生的比例则逐年增加，比例已达18%，华文小学未来将可能有两三成学生属于非华裔。这充分显示出华文教育获得了友族认可，也说明华文小学学生越来越多元化，华文小学可能会发展成全民学校。②这显然为海外华文传媒的发展提供了良好的环境。

表3-4　1989年至2012年马来西亚华文小学非华裔学生人数③

年份	学生总数	非华裔学生人数	非华裔学生人数比率（%）
1989	567,803	17,309	3.05
1990	574,919	18,379	3.20
1991	575,108	19,488	3.39
1992	579,285	20,559	3.55
1993	586,469	21,508	3.67
1994	583,825	32,203	5.52
1995	599,500	32,734	5.46
1996	587,221	37,519	6.39
1997	601,891	49,639	8.25

① 资料来源：中央民族大学大学吴应辉教授2017年8月15日-23日在马来西亚华文学校的调研材料。

② 苏俊翔．马国华小非华族学生逐年增加［EB/OL］（2017-07-10）［2018-04-03］．http://www.zaobao.com/realtime/world/story20170710-777924.

③ 叶新田．2014年世界华文教育论坛论文集：庆祝董总成立60周年及马中建交40周年［C］．新纪元学院，2014：18.

年份	学生总数	非华裔学生人数	非华裔学生人数比率（%）
1998	601,155	52,043	8.66
1999	609,673	65,000	10.66
2012	602,578	81,011	13.44

印度尼西亚丹格朗省与雅加达西部交界处有一所全国最大的三语学校——八华学校，颇受当地高端人群青睐，从幼儿园到高中，学生多达4,000多名，非华裔学生占12%。即使是山城马吉朗的培德三语学校，非华裔学生也占到了15%。甚至，有的学校华裔学生和非华裔学生各占一半，如日惹崇德三语学校，这个比例是52%：48%。巴厘省文桥三语学校生源中也有30%是非华裔学生。[①]在美国休斯敦，中文选修课广受欢迎。在夏普斯堂国际高中（Sharpstown International High School），全校学生有300多人选修中文课，80%以上是非华裔学生。[②]

自2013年起，孔子学院总部设立了“孔子新汉学计划”。该计划包含中外合作培养博士项目、来华攻读博士学位项目、“理解中国”访问学者项目、青年领袖项目、国际会议项目，以及出版资助项目等6个项目，专业领域包括人文学科和社会科学。2013年，孔子学院总部共招收了来自30个国家的70名青年来华攻读人文社会科学博士学位；2015年，“新汉学计划”资助了300多名各国博士生和专家学者来华研修访问，提升了孔子学院的办学层次。[③]这对于帮助世界各国青年深入了解中国和中华文化、繁荣汉学研究、增进中国与各国人民之间的友好关系具有重要意义。上述新情况和新变化为分布于世界各国的海外华文传媒提供了发展机遇，也对华文传媒提出了更高的要求。诚如有学者所指出的：“随着越来越多的留学生来华学习和越来越多的国家将汉语作为主要外语纳入国民教育体系，华文媒体所在地通晓汉语的非华人群体的存在和与日俱增，已成为不争的事实。无论是在中国学习还是在本地学习，这一群体对华文出版物无疑是有需求的，可以看作华文媒体潜在的受众。华文媒体的经营者应当注意到这种新的变化以及由此带来的新的诉求，将这一群体纳入视野，予以充分的重视，在办报目标和宗旨上进行相应的调整。特别是那些在全球发行、具有一定影响面的华文大报，在面向华人进行新闻报道的同时，应当兼顾所在地‘非母语’受众的需要，担负起推广汉语、推广中华文化的责任，使汉语在国际社会中发挥更大的作用。”[④]

① 林旭娜．“一带一路”上文化交流先行 东南亚华文教育热潮不退：越来越多友族走进“华文圈”［N］．南方日报，2015-5-7（A13）.

② 黄相慈．美休斯敦地区中文选修课受欢迎8成学生非华裔［EB/OL］（2015-05-05）［2016-11-06］．http://edu.qq.com/a/20150505/042171.htm.

③ 刘延东．携手促进孔子学院事业发展共同谱写中外人文交流的新篇章——在第八届孔子学院大会开幕式上的主旨演讲［J］．2014（1）：21；刘延东．适应需求 融合发展为促进世界文明多元多彩贡献力量在第十届孔子学院大会开幕式上的主旨演讲［J］．孔子学院，2016（1）：23.

④ 程曼丽．华文媒体：面对“中国热”的冷思考［J］．新闻记者，2005（11）：43.

另外，从20世纪80年代末起，就有中国内地新移民创办的报纸出现，90年代以后，这类报纸的数量不断跃升。而且，中国内地新移民创办的媒体或开始从传统媒体向新媒体转型，或在媒体融合中迸发出新的生机和活力。

中新社副总编辑夏春平对新移民创办华文报纸的情况进行了分析，他指出："大概二十年以来，海外整个华文报纸的数量有非常大的增长，但并不是在东南亚地区，而是在东南亚以外的其他地区……有四个地方是新移民去得最多的地方，由此，一大批新移民办的华文报纸应运而生。第一个就是北美，以美国和加拿大为代表，中国人到那边去的比较多；第二个是澳洲，主要是澳大利亚；第三个就是日本，日本的中文报纸这几年也是非常多的；第四个就是东欧。"①在美国，1993年10月，美国华人新移民在西雅图创办了《新大陆》(四开半月刊)，后该报总部移到旧金山，面向全美发行，在西雅图、洛杉矶、芝加哥、纽约、波士顿、亚特兰大、休斯敦、达拉斯、圣迪戈、丹佛及加拿大温哥华等地设有办事处。1994年4月3日，华人新移民在洛杉矶创办了《中国导报》(后改《华美导报》)，这是一份有中、英文两种版本对开的周报，也面向全美发行，在旧金山、休斯敦、芝加哥、亚特兰大、波士顿、纽约、西雅图、华盛顿八大城市设了分社。1994年6月10日，新华人在纽约创办了《中国经济时报》(对开周报)，同时出版了英文电子版（日刊)，该报是海外华人社会的第一份英文电子报。在美国、加拿大还有些非中国内地新移民创办的报刊，但由新移民从事主要工作并为中国内地新移民服务。②随着中国内地新移民的不断增加，北美华文媒体不断涌现，美国以前华人较少的州如俄勒冈州、威斯康星州都出现了华文报纸，华文媒体呈现出在全北美拓展的趋势。进入21世纪之后，全美国"有100多家华文报刊，一半以上的州都有中文报纸杂志，其中1/3是由中国内地移民到美国的华人、华侨创办的"③。在澳大利亚，创刊于1993年的《大洋时报》(周报)是华人新移民在墨尔本创办的第一份华文周报；作为镜报传媒集团的旗舰媒体，《澳大利亚移民镜报》(周报)于2003年1月23日创刊发行，这是澳大利亚昆士兰州第一份由中国大陆新移民独自创办的华文周报。据统计，美国华文报纸有近百家，其中三分之一以上由中国内地新移民创办；加拿大有30多家华文报纸，其中70%为中国内地新移民所办；在澳大利亚，20世纪80年代只有悉尼出版的两三家华文报纸，目前已增至20多家，绝大多数为中国内地新移民所办；日本现有华文报刊30余种，其中80%为中国内地新移民所办。新移民大都出生于中国内地并长期在中国内地生活、工作，对国内信息有着很强的依赖性。为了适应这种需求，新移民报纸大量刊登有关中国内地的新闻，包括经济发展情况、市场运行情况、投资环境、百姓的文化娱乐生活等，使"大陆风"在海外华人社会中很快蔓延开来。事实上，这些信息不仅为中国内地新移民所需要，也为当时长久以来与中国内地隔绝的港台地区移民及有意来华投资的人群所需要。④

① 总编在线：中国新闻社夏春平作客新浪聊天实录［EB/OL］(2003-08-25)［2016-11-06］. http://finance.sina.com.cn/roll/20030825/1741420282.shtml.

② 任贵祥. 海外华人、华侨与中国改革开放［M］. 北京：中共党史出版社，2009：347-348.

③ 国务院侨办侨务干部学校. 华人、华侨概述［M］. 北京：九州出版社，2005：124.

④ 程曼丽. 以中国的全球战略思维重新审视海外华文传媒［J］. 对外传播，2015 (10)：5.

以加拿大华文报纸《环球华报》为例，该报社长张雁来自中国江苏省南京市，1986年随丈夫走出国门。1992年，张雁来到有40万华人人口的美国洛杉矶，她发现在这里，中文不再那么遥不可及，华文报纸也不再是一种奢侈品，但是她很难适应当时市面上发行的许多华文报纸的行文方式。“有时读了两遍都没读懂。”“随着来自中国内地移民的增加，他们会跟我一样产生对中华文化的精神需求。如果没有一种他们所熟悉的载体来满足这种需求，这样下去还会有那么多人热爱它、需要它、想跟它的脉搏一起跳动吗？”① 正是怀着办一张能满足中国内地移民需求的报纸的愿望，1997年，已搬到温哥华的张雁与人合办了《神州时报》。2000年11月3日，她又分别于温哥华和多伦多创办了《环球华报》加西版和加东版。加西版逢周三、周五发行于大温哥华地区、温哥华岛、卡尔加里、埃特蒙顿等加拿大中、西部城市，高峰期出对开版约60版；加东版每周五发行于安大略省各大城市，高峰期出对开版约50版，除地方新闻和资讯服务版外，内容大致与加西版相同。② 作为20世纪在中国拥有百万发行量《青年一代》杂志的副主编，屠新时在事业有所成就时决定辞职，并于1987年自费赴美国留学。当时有许多人不能理解他的决定，但他就是觉得自己应该出去多看看，学点什么，充实自己。1990年，屠新时在美国纽约州立大学社会学硕士毕业，赴丹佛市生活。渐渐地，他发现在美国的华文媒体很少，且对中国内地的报道不够公正客观。1994年，屠新时和夫人创办了《中美邮报》，并开设了诸如“孔子学堂”等版面，介绍中华文化的点滴。《中美邮报》会刊登一些文章介绍中国的历史，也包括一些成语的来源。此外，报纸还可以为工作在美国的华人提供中华文化的养料。有些华人老师会把报纸内容当成教材，从上面选取素材用于教学。③ 作为澳大利亚塔斯马尼亚州（澳洲大陆南部唯一的一个海岛州）的唯一一份中文报刊的创办者，出生在中国东北的《塔州华人报》（月刊）社长兼总编唐咏北1996年移民到澳大利亚，2009年以前，他的主要精力是在家里照顾三个孩子，后来又做了一段照顾老人的工作。她谈起创办报纸的初衷：“从2005年开始，塔斯马尼亚州每年会增加很多中国人，这些中国人包括来自中国内地的留学生和新移民。由于塔斯马尼亚大学收费相对比澳洲大陆便宜，而且移民政策又享受边远地区的优惠，所以讲普通话的人数在几年内迅速增加。而那时，塔斯马尼亚州还没有一份中文报纸，于是我就想，能不能办一个报纸呢，我自己在中国的时候在报社工作了很多年，对报纸的基本套路都是熟悉的。”④ 也有不少华报老总是到了海外才投身传媒的。现任非洲华文传媒集团董事长、非洲环球广域传媒集团总裁的南庚戌的经历颇有代表性。1999年，南庚戌来到博茨瓦纳，经营机电设备安装公司，两年后，开始负责一份当

① 黄晓南，马晓澄．专访加拿大〈环球华报〉社长：心系祖籍国 肩负责任感［EB/OL］（2013-08-24）［2016-11-10］．http://news.xinhua net.com/world/2013-08/24/c_117078058.htm.

② 夏春平．2015世界华文传媒年鉴［M］．北京：中国新闻社，世界华文传媒年鉴社，2015：26.

③ 王雪，钟建珊．旅美华人屠新时：传播中华文化“多面手”［EB/OL］（2014-06-02）［2016-11-10］．http://www.chinanews.com/hr/2014/06-02/6235648.shtml.

④ 唐咏北．中文报纸出版对我生活产生的影响［G］// 夏春平．中国梦：世界变局与华文媒体的新使命（第七届世界华文传媒论坛论文集）．香港：香港中国新闻出版社，2013：148.

地侨团报纸。当时，办报条件艰苦，他自己亲自排版，用复印机复印，订书机装订。2009年，随着华人、华侨人数的增多，许多在博茨瓦纳的华人、华侨因语言障碍，对当地新闻和法律法规不熟悉，在经营企业和生活方面面临着诸多困难。这时的社团报纸已不能满足这些人的需求，南庚戌于是创办了《非洲华侨周报》。目前，《非洲华侨周报》覆盖国家包括博茨瓦纳、津巴布韦、南非、坦桑尼亚和赞比亚五国。在办报实践中，南庚戌认为，光靠中文不行，还要靠英文媒体来传播中国的理念。“没有华人去西方的电视、报纸上讲演、阐述理念，他还是不了解你。”[①]于是，他又于2010年创办了英文报纸《环球邮报》，为华人、华侨发声。《环球邮报》面向当地，采取本土化运作方式，全部由当地员工运作，和博茨瓦纳其他主流报纸一起摆在商店报架上销售。目前，环球广域集团旗下拥有中文报纸《非洲华侨周报》、英文报纸《环球邮报》和《新时代》、多个国家广播电台频率、视频中心等。几年下来，南庚戌不得不坦言：“华人在非洲办报纸，无论是中文的，还是英文的，如果用一个字来形容就是‘难’。”[②]尽管《非洲华侨周报》和《环球邮报》这两份报纸让南庚戌赔了很多钱，但他依然将自己在医疗、贸易和工程等生意方面获得的盈利不断投入到办报中。南庚戌觉得这么做值得，因为报纸的影响是无法用金钱的得失来衡量的。

不仅如此，越来越多的海外华文传媒因应科技的迅猛发展和受众消费习惯的转变，在媒体融合的时代积极投身新媒体，或者依靠传统媒体的力量打造融合媒体的平台。2011年4月，《欧洲时报》iPhone版上线受到关注。同月，加拿大麒麟电视在多伦多推出新的高清华语网络电视平台，该平台可提供超过88个中文电视频道和3万小时的视频节目点播，并首度在机顶盒上免费提供中英文视频网站内容。2010年，加拿大《环球华报》网站环球华网开始将网站发布的《环球E周》新闻资讯精选以电子邮件的形式直接发送至订阅者邮箱。马来西亚星洲媒体集团依托丰富的信息资源，重点发展手机报业务，用户每月缴纳一定费用，即可获得集团的新闻、财经、股市和其他投资信息。集团还创办了铃声网、易购网等服务网站，用华语和英语为网民提供广泛多样的“贴身”服务，满足了新生代对网络资讯的需求，促进了全球华人信息共享。[③]

三、海外华文传媒地位提升，受到主流社会重视

随着华人族群经济实力的增长、人数的增多、对自身权益的重视，以及参政人数的增加，海外华文传媒的影响越来越大。所在国不少政府在制定政策时，都要关注海外华文传媒和华人、华侨社区的声音。随着华文传媒与华人、华侨社区力量的日渐壮大，希望争夺华裔选票的各大政治势力都加大了对其的重视程度。

海外华文传媒在所在国各项活动的报道中正发挥着越来越重要的作用，具备独特的视

---

① 杨子岩．海外华社侨领把脉“走出去”中华文化如何扬帆海外［N］．人民日报海外版，2012-4-11（01）．

② 许小年．非洲办报的“苦”与“乐”——访非洲华文传媒集团董事长南庚戌［EB/OL］（2013-07-05）［2016-11-10］．http://www.rmlt.com.cn/2013/0705/86908.shtml．

③ 刘北宪．国际话语体系中的海外华文媒体——第六届世界华文传媒论坛主题报告．重庆，2011-09-17．

角和深度分析的能力是其能够与当地主流媒体合作的重要原因。在日本，《中文导报》在报道华人社会新闻方面领先于其他报刊，不少独家报道还被日本一些主流媒体编译转摘；《日本新华侨报》的主编已经成功进入日本主流社会，他采访报道日本国会议员的文章深受读者好评；《日中商报》得到了日本食品界、饮食界的认可。《日中商报》除不间断地与日本相关展览公司联合主办展览外，还跟日本的中央赛马协会合作，每期推出“日本赛马”专版，专版不仅得到了华人读者的喜爱，而且得到了日本上层社会的好评。①华文报纸在海外大型连锁超市的销售已经成为报纸壮大、融入主流社会的标志。多伦多是加拿大第一大城市，300多万人口中有60万华人。SHOPPERS（商店）是加拿大著名的连锁超市之一，类似中国的屈臣氏，工作日早8时开门，数十份华文报纸《明报》也会在这时候摆在货架上开始销售。《大洋日报》和《大洋时报》在澳大利亚大型食品零售连锁店伍尔沃斯内销售无疑是澳大利亚华文媒体发展的里程碑事件，这是澳大利亚大型零售商首次接纳华文媒体。伍尔沃斯超市在全澳范围内总共有1,000多家分店，仅直接员工就超过12.5万人。伍尔沃斯的物流负责人认为，在他们遍布全澳的食品零售店中，很多地方的华人客户已经占到相当大的比例，且购买力强劲，是他们业务量增加的主力。②

海外华文传媒还通过活动策划以及拓展媒体功能等方式不断强化媒体影响力。从传统视角来看，媒体仅仅是传播信息的工具，其实这是对媒体功能的狭隘化理解；从当前媒体发展的现状和趋势来看，媒体的平台功能日益受到重视。美南报业集团就是如此。2007年，美南报业集团成立了国际贸易中心。该中心和美国商务部合作，旨在促进世界中小企业开展国际贸易的非营利机构。自成立以来，已经成功举办了德克萨斯州—中国高峰会，德克萨斯州—非洲高峰会以及数千次高级商会，同时接待了大批来自世界各地的投资者。国际贸易中心已经成为以媒体为平台，贸易和商业并进的成功的运作模式。③

华文媒体的独特地位获多国政要肯定。华文媒体不可或缺的独特地位和作用受到所在国政界及主流社会的肯定与重视，许多国家的政府首脑、国会议员、地方政要都与当地华文媒体建立了良好的互动关系。2009年11月，奥巴马访华，美国《侨报》获得了当地华文媒体唯一的报道机会，派记者随团采访。2011年2月，纽约《世界日报》社庆祝建社35周年，美国总统奥巴马、加拿大总理哈珀均致函祝贺。2015年，美国《美中报导》社20周年社庆，奥巴马向该报发了褒扬状，以表彰该报20年来忠实记录美国经济社会的发展进程，积极促进商业投资交流与合作，促进美中两国友好关系，是美国社会各界人士了解中国的重要信息来源，也是旅美亚裔了解美国社会的主要窗口和平台。④2009年10月，日

① 张宏．日本华文报纸的经营现状及展望［G］//夏春平．国际话语体系中的海外华文媒体（第六届世界华文传媒论坛论文集）．香港：香港中国新闻出版社，2011：91.

② 王丕屹．华文媒体要走三个台阶［N］．人民日报海外版，2012-02-17（12）.

③ 李蔚华．海外华文媒体走向多元化国际化集团化的发展模式——从美南报业集团成立34周年看海外华文媒体的发展［G］//夏春平．中国梦：世界变局与华文媒体的新使命（第七届世界华文传媒论坛论文集）．香港：香港中国新闻出版社，2013：172-173.

④ 江维．海外华文媒体的机遇、担当和传承［G］//夏春平．华文媒体200年——薪火传承与时代担当（第八届世界华文传媒论坛论文集）．香港：香港中国新闻出版社，2015：197.

本首相村山富市来到日本侨报社，这是日本政府首脑首次走访日本华文媒体。该报社社长于2009年7月还获得了该年度“日本外务大臣表彰奖”，成为第一个获得此奖项的在日华人。2009年3月31日，马来西亚原副首相纳吉，在出任首相之前三天，亲临马来西亚最大的华文报《星洲日报》总社访问，并和《星洲日报》高层对话。他声明，此行是为了深入了解华人的心声，并希望通过《星洲日报》向华人传达一些信息。这次史无前例的访问，被媒体人和政治观察家解读为马来西亚执政党领导人借《星洲日报》的公信力和影响力，向华人社群释放善意。[①]2011年4月30日，《大洋日报》在墨尔本举行首发式，澳大利亚总理吉拉德发信致贺。她对《大洋日报》寄予厚望，希望华文媒体成为中澳之间交流和沟通的桥梁。[②]总部设在澳大利亚昆士兰州首府布里斯班市的澳华国际传媒集团，得到了澳洲社会的肯定。澳大利亚许多政要都曾亲临澳华国际传媒集团并接受电台或《澳华时报》记者的采访，肯定澳华传媒对澳洲多元文化建设的贡献。[③]值得一提的是，2014年6月5日，在纽约市重要媒体奖项“少数族裔及社区媒体奖”（IPPIES Award）第12届颁奖典礼上，美国中文电视的记者以“抗议的背后——Jimmy Kimmel为何触怒美东华人？”“华人社区之殇——布鲁克林灭门惨案”和“独家暗访纽约月子中心”揭秘运作内幕”等报道荣膺关于电视新闻的全部奖项。除了美国中文电视之外，《世界日报》记者、《星岛日报》记者也均有佳绩。[④]美国《世界日报》2006年11月至2013年3月获主流社会奖项如表3-5：

表3-5 《世界日报》年鉴中2006年10月至2013年3月获主流社会奖项[⑤]

时　间	奖　项
2006年11月15日	获颁新美国传媒“第一届全国族裔媒体奖”，得奖人为采访组陈芝怡、许振辉、曹健三位记者
2007年10月27日	获颁纽约独立传媒协会“第六届少数族裔及社区传媒奖”，得奖人为采访组许振辉、韩杰两位记者
2008年3月14日	副社长李德怡获纽约州副州长颁发的“纽约州杰出妇女奖”，李德怡为此奖颁发以来唯一一位华裔及亚裔妇女获奖人
2008年4月17日	采访组记者徐佳获得联邦中小企业管理署年度“小企业报导奖”（2008 Small Business Journalist），这是纽约华文媒体记者首次获得这一奖项
2008年12月5日	在“少数族裔及社区传媒奖”中，记者曹健采访的“非法移民拥驾照，路遥远”获得“移民、种族和社会正义奖”第一名；摄影记者吴刚以“养育自闭儿，父母的爱不打折”获“最佳图片故事奖”第二名

① 萧依钊. 华文媒体须先树立公信力，才能强化话语权［G］//夏春平. 全球金融危机下的华文媒体（第五届世界华文传媒论坛论文集）. 香港：香港中国新闻出版社，2009：42.

② 刘北宪. 国际话语体系中的海外华文媒体——第六届世界华文传媒论坛主题报告. 重庆，2011-09-17。

③ 夏春平. 世界华文传媒年鉴（2015）［M］. 北京：中国新闻社，世界华文传媒年鉴社，2015：457.

④ 何晰媛. “少数族裔及社区媒体奖”颁奖 美国中文电视包揽三奖项［EB/OL］（2014-06-06）［2016-11-15］. http://ne ws.sinovision.net/society/201406/00296773.htm.

⑤ 刘伟. 大纽约地区华文媒体对美国主流社会的影响“海外华文传媒与跨文化传播”学术研讨会. 昆明，2016-11-19。

续表

时 间	奖 项
2009年4月2日	执行董事李德怡获“皇后区杰出商业女性奖”，是唯一华裔及亚裔女性获奖人
2009年5月8日	副董事长李厚维获“第19届杰出董事奖”纽约医院皇后医疗中心提名得奖
2009年12月4日	获颁纽约社区联盟“第八届杰出传媒颁奖典礼”最佳专题奖第二名，得奖人为报导闽青帮派大佬“阿one”系列故事的采访组曲怡文记者
2011年6月4日	在由全国传媒（New America Media）举办的“全国族裔媒体奖”（National Ethnic Media Awards）中，记者朱文汉、周雨婷分别获得“文化、运动及娱乐”报导奖第二名，以及“国际事务”报导佳作奖
2011年10月6日	《世界日报》获亚美正义中心（Asian American Justice Center）颁发的“总裁奖Precisdent's Award”第15届美国勇气奖
2012年4月12日	记者孟芳、杜宜臻、罗慧琪以“911华埠十年变迁”，获第十届少数族裔及社区媒体奖（IPPIES Award）之“最佳调查/深入报导奖”首奖
2013年3月28日	获颁第十一届IPPIES媒体大奖三个奖项，得奖人为许振辉、刘爽、韩杰三位记者

当然，对于海外华文传媒受到主流社会重视，也存在着不同的观点和声音。有学者认为：“由于语言原因、华人数量和经济实力，许多华文报纸在当地主流社会缺乏影响力，只有在选举的时候，政治候选人为拉拢华人的选票，才会抽出一点时间接受华文报纸的采访。从某种程度上说，政治人物接触华文报纸更像一场作秀，表面上体现出他们对华人的重视，但实际上对华文报纸并不重视，对华文报纸所反映的华人问题也没有全力予以解决。[①]上述问题在海外华人社会确实存在，比如奉行多元文化的加拿大政府有重视少数族裔媒体的习惯，政治人物通过各种手段争取族裔选民的选票，其中一个办法就是通过族裔媒体。加拿大的华文传媒便是众多加拿大族裔媒体中的一类。加拿大联邦自由党领袖特鲁多经常通过加拿大《明报》《星岛日报》刊登其中文署名文章，宣讲政党主张，或者抨击对手。联邦保守党也通过向华文传媒提供中文资讯或者新闻稿件，争取华裔选民。执政的保守党在抨击在野党时，也会向华文媒体提供中文稿件。此外，加拿大一些省府重视华人社区，甚至专门设有服务华人媒体的传译官，每日向当地华文媒体“喂料”。[②]拥有90多万华人的澳大利亚，随着人口的逐渐增加，华人已日渐成为一支不可忽视的力量，从经济到政治都是如此。澳大利亚的议会制度使得所有的政党，无论执政党还是在野党，都对其所在选区的华裔选民招手。华人也可以通过选票去制裁反华和排亚的政党，这在2007年澳大利亚大选的时候就曾经出现过。当时的澳大利亚总理霍华德由于选前在他的回忆录中透露了对亚裔移民的反感，以至在大选时招致他所在选区华裔选民的集体抛弃，使他丢掉了所

① 夏春平．世界华文传媒年鉴（2015）［M］．北京：中国新闻社，世界华文传媒年鉴社，2015：7.
② 夏春平．世界华文传媒年鉴（2015）［M］．北京：中国新闻社，世界华文传媒年鉴社，2015：29.

在选区的议员身份，更由此丢掉了澳大利亚总理的宝座。①

应该说，争夺华裔选票确实是所在国各大政党不得不重点考虑的事项，这也凸显了华裔力量的日益强大和不可忽视。利用华文传媒宣传政党主张、政策，与其他政党展开政策辩论，已经成为国外民主国家政党维护本党利益的重要手段和进行政治传播及政治营销的重要方式。从实际目的来看，确实具有一定的功利性，但从另一个角度来思考，这也是海外华文传媒借此机会积极反映华人社会诉求、争取让所在国政府听到华人的声音、维护华人合法权益的重要途径。加拿大总理到中国访问前，会通过内阁中的华人议员或者社团协调员在多个城市的华人社区组织援助会议，把各个行业协会召集起来征询意见。华文媒体就向他们推荐一些在社区比较有影响力的人参加援助会议，通过会议把华人社区的要求、诉求表达给他们，他们再传达给内阁，内阁开会就会讨论这些问题。其中华人社区反映最强烈的是关于旅游目的地国的协议，加拿大总理到中国访问时就签署了有利于中国公民的签证协议，中国公民的留学、旅游签证办起来就比较方便了。签证政策松了好多，签证成功率从原来的60%增加到近95%。由此可见，所在国政府想要争取华人社团的支持，经常会利用华文媒体进行协调。②美国联邦众议员马克·考夫曼（Mike Coffman）与位于科罗拉多州首府丹佛市的《中美邮报》结下了20年的深厚友情。考夫曼议员连续三届的联邦议员竞选，《中美邮报》都积极动员当地华裔予以支持；该报还作为考夫曼众议院亚裔顾问委员会的成员，向参议员议案建言献策。2011年，美国华裔积极推动国会正式通过法案，向1882年美国排华法案道歉，屠新时社长征请当地15位社团负责人联名写信给考夫曼议员，请求他向国会提交正式议案。最后，考夫曼议员和赵美心议员等人联名提交了议案，该议案在国会表决中获得一致通过，写下了在美华裔发出政治声音的新一页。③葡萄牙政府一向重视与华人移民群体的沟通。当葡萄牙政府想向华人移民群体告知相关政策或信息时，都会想到与《葡华报》联系。例如，在葡萄牙移民与多元化文化对话高级专员委员会成立6周年的时候，委员会就专门给《葡华报》打电话，邀请其派记者前往报道。④这说明所在国政府还是重视华人的意见和建议的，我们不能因为一些诉求没有得到有效回应或解决，就对海外华文传媒受到主流社会重视的情况持否定态度。

① 单宝明. 世界变局与海外华人媒体［G］//夏春平. 中国梦：世界变局与华文媒体的新使命（第七届世界华文传媒论坛论文集）. 香港：香港中国新闻出版社，2013：142.

② 侯东阳. 在国际舆论中有效地传播中华的声音——对海外华文媒体访谈的思考［J］. 东南亚研究，2011（3）：80.

③ 卓宇. 美华媒《中美邮报》举办创刊20周年庆典晚宴［EB/OL］（2014-07-29）［2016-11-15］. http://www.chinaqw.com/hwmt/2014/07-29/11937.shtml.

④ 戴楠. 母语传播视角下的欧洲文化传媒研究［M］. 上海：上海社会科学院出版社，2014：147.

第二节　海外华文传媒在提升中国国家软实力方面的不利因素

一、海外华文传媒的传播与受众间的关系很大程度上决定了华文媒体的非主流地位

海外华文传媒主要以汉语为传播语言，受众以当地华人、华侨为主，影响范围也仅限于当地华人社会，成为“非主流化”的重要因素。华文是以华人为主体对象的语言文字体系，华文媒体是以华人为主体传播对象的传播机构。在非华人国家，即使是多元化的移民国家，华人的相对数量必定是当地的少数，华人客观上也只能是非主流群体。华文媒体的主体受众也只能是占总体少数的华文读者。尽管随着移民化的扩大和多元文化的相互渗透，华裔、华文、华文媒体在整体人群结构中以及社会的组成结构中比例不断增加，但也只是部分组成。①新西兰《中文先驱报》总编辑文扬指出：“毫无疑问，海外华文媒体在所在国本地社会处在一个边缘和弱势的位置上。一家华文媒体，即便在多家华文媒体的竞争中赢得了龙头老大的地位，在当地整体的多语种媒体环境中仍然人微言轻，这一点恐怕无可讳言。”②即使在新加坡，华人作为该国的主体族群，华文报《联合早报》的社会影响力也明显逊色于英文报《海峡时报》。不论是平时的销量，还是网上阅读率，《海峡时报》均远远高于《联合早报》，2014年《海峡时报》的日销量（459,300份）是《联合早报》（183,300份）的两倍多。③表3–6为澳大利亚主要中文纸质媒体的发行量：

表3–6　澳大利亚主要中文纸质媒体的发行量④

报刊	发行量	说明
《星岛日报》澳洲版	202,000	发行量高居中文日报首席，也是主流英文报纸外所有其他民族报刊发行量最高的报纸
《澳洲新报》	17,000至逾20,000	
《侨报》	18,000	
《澳洲日报》	15,000—18,000	
《墨尔本日报》	15,000—18,000	
《昆士兰日报》	10,000	

① 李景明，刘飞．以非主流媒体创建主流影响——从《美中晚报》和18湾网站论媒体的战略策划［M］//夏春平．世界华文传媒年鉴（2005）．北京：中国新闻社，世界华文传媒年鉴社，2005：296.

② 文扬．主流媒体强权之下的华文媒体［G］//夏春平．华文传媒与和谐世界（第四届世界华文传媒论坛论文集）．香港：香港中国新闻出版社，2007：135.

③ 夏春平．世界华文传媒年鉴（2015）［M］．北京：中国新闻社，世界华文传媒年鉴社，2015：7.

④ 陈弘．中文媒体与华人移民的文化身份构建：澳大利亚的经验［J］．华东师范大学学报（哲学社会科学版），2014（4）：146.

由上表可以看出，除了《星岛日报》澳洲版发行量超过20万份外，其他华文报纸的发行量基本上在1万至2万份之间徘徊。2003年由欧美嘉集团投资创办的《英中时报》是目前英国发行量最大的华文报纸，也只有3.6万份。创办于2010年、总部设在伦敦的《华闻周刊》发行量为2万份。创办于2011年，总部设在法国巴黎的《欧洲时报·英国版》发行量为3万份。[①]我们再来看看2014年英国主流纸媒市场份额及发行量（图3-2）：

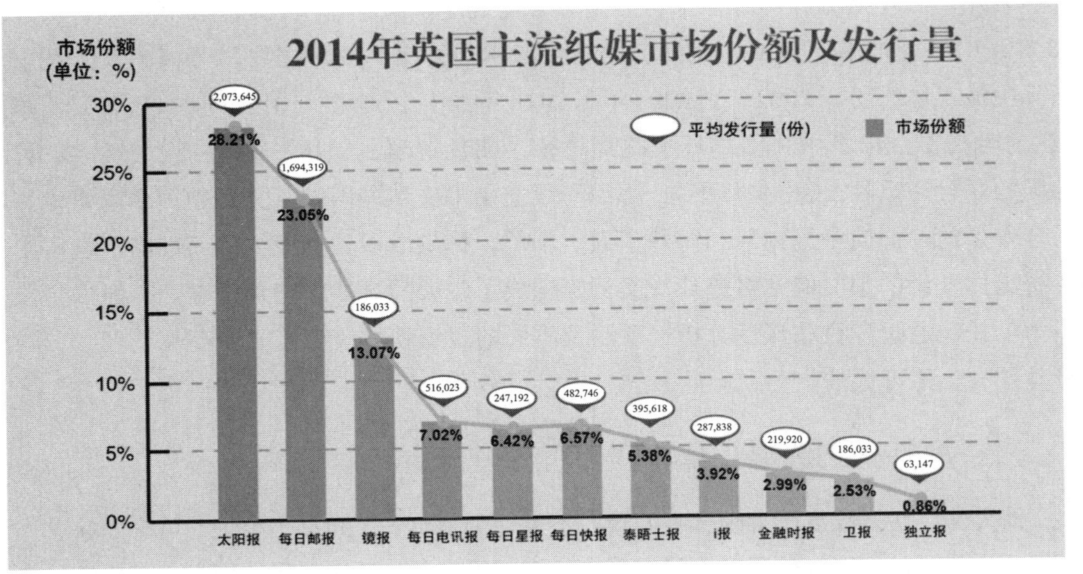

图3-2　2014英国主流纸媒市场份额及发行量（图片来源：《欧洲时报·英国版》）[②]

由图3-2可知，八卦小报《太阳报》发行量高居榜首，达到2,073,645份，市场份额为28.21%，其他通俗类报纸《每日邮报》和《每日快报》也表现不俗，前者发行量为1,694,319份，市场份额为23.05%，后者发行量为482,746，市场份额为6.57%，列第5位。即便撇开通俗类报纸，审视英国的主流严肃报纸，也可以发现这些报纸的发行量和市场份额值得一提：《泰晤士报》《卫报》《每日电讯报》《金融时报》和《独立报》的发行量分别为395,618份、186,033份、516,023份、219,920份和63,147份，市场份额分别为5.38%、2.53%、7.02%、2.99%和0.86%。其中，《每日电讯报》发行量高达51万多份，发行量最低的《独立报》也有6万多份。

海外华文传媒的非主流地位还体现在受众对其所提供的产品和服务的疏离与拒斥上。据美国教授大卫·朱克曼介绍，大部分美国受众都不会收看华人频道。首先，华人频道大都以中文播报为主，由于语言不通，鲜有人观看，除非是正在学习汉语的美国人。随着80后、90后华人不断涌入美国，这些年轻人已日趋成为美国华人圈的主要消费群体，然而大部分的华人电视频道很少会有年轻人会去观看。“一方面，在美国用户都是以购买‘节目

① 曾飚. 英国华文报纸产业生态简析［EB/OL］(2013-08-23)［2016-11-18］. http://www.chinanews.com/zgqj/2013/08-23/5200275.shtml.

② 杨赛. 传媒老总们说：还在谈纸媒新媒谁先？out了！［EB/OL］(2015-01-23)［2016-11-18］. http://www.oushinet.com/news/europe/britain/20150123/180563_4.html.

包'的方式，对想要点播的频道进行付费，且收看成本相对国内较高。以美国弗吉尼亚某'节目包'的收费标准为例，某款包含6个落地中文频道的'节目包'，其售价为49.99美元，而且只有3个月的使用期；另一方面，由于现阶段大部分的华人频道所播出的节目内容难以适应受众主体的需求，独播、自制能力较弱，因此，要想在美国市场主流媒体的强势背景下，抢占极具优势的收视份额绝非易事。"①

另外，海外主流媒体近年来纷纷发力，建起了一大批中文网站。早在1999年11月18日，BBC就推出了BBC中文网，之后《华尔街日报》《金融时报》《福布斯》杂志等国际主流媒体纷纷于2002年、2006年和2010年推出中文网。2012年6月28日，美国的《纽约时报》推出了中文网。日本的共同社、朝日新闻、NHK广播电视、经济新闻社，韩国的联合通讯社、《中央日报》，都纷纷设立了中文新闻网站，并和中国多家媒体签订了合作条约，面向中国内地和海外华人、华侨，提供以中文为载体的新产品。这些主流传统媒体开设的中文网站对海外华文传媒构成了较大的挑战，特别是它们一般以主流媒体为依托，通过专栏和深度分析文章以及不同的报道视角吸引了不少高端读者，影响力日益扩大，不可低估。

二、海外华文传媒的整体实力有待进一步加强

海外华文传媒程度不等地存在着规模不大、类型单一、布局不合理、资金短缺、人才短缺、质量不高、产业化程度不强、影响力有限等问题，还未能形成影响主流思潮的领军人物和机构。国际新媒体合作组织执行主席张辉在接受采访时曾说："关于海外办报，有一句很形象的说法：如果你与他有一辈子冤仇，就鼓动他办报纸；如果和他是八辈子冤仇，就唆使他办杂志。"②这一方面道出了经营华文传媒的艰难，另一方面也透露出华文传媒本身也存在着一系列不容规避的问题。

总体看来，相当数量的华文媒体规模小、不专业。有的华文媒体是个人或者夫妻所办，他们的主业是开餐馆或做其他生意，没有能力进行采访报道，只能转载或粘贴主流媒体的新闻和资料，发布的主要内容是社团活动、经验介绍或者服务性信息，很难以焦点、亮点吸引受众。这种报纸千篇一律，让读者说不出它的内容定位，也就是说，即使看了多次，你也没办法确定它是一份什么样的报纸。③还有，报纸的帮派性质严重影响了华文报纸的长远发展。"许多华文报纸在版面某一重要位置，罗列出本报董事会一系列董事名单。报纸靠这些人的募捐得以生存，但做报纸却不能只为这几个人服务。许多董事恰恰利用了国内人对报社的敬仰心理，要个报社名分，成了去国内交流时印在名片上的一个美丽头衔，可他对报纸有多少个版、内容怎样设置一点儿不知道。从融资渠道上讲，这无可

① 卢扬．华人电视频道如何打入美国主流市场［N］．北京商报，2014-6-6（A01）.

② 常晖．解读海外华文媒体抱团取暖新方式——访国际新媒体合作组织执行主席张辉［EB/OL］（2015-05-07）［2016-11-18］．http://www.worldchinesemedia.com/ss/?action-viewnews-itemid-69.

③ 做一份有"灵魂"的报纸——《日中商报》社长程显齐谈办报［EB/OL］（2015-06-17）［2016-11-18］．http://www.worldchinesemedia.com/ss/?action-viewnews-itemid-228.

厚非。从报纸操作手段上讲，这需要引导，引导海外华人企业家投资传媒需要有正常的心态，不能认为你掏钱了，报纸就必须每天看到你的脸庞，看到你这个小团体的活动。许多华文报纸依附侨团成立，只是做到了为本侨团服务。报纸缺少了高度，缺少了服务大众的宗旨，变得更像一个本侨团会刊。”[①]当然，有些国家的华文传媒，适时扩大网络版图，在主流社会上拥有越来越强的舆论影响力。如在马来西亚，华文报纸尽管面向华人，但却成为主流媒体，其社会影响力和舆论号召力不亚于马来文或英文报纸。

从整体布局和发展程度上看，各个区域、国家的华文传媒的发展水平和质量都存在较大的差异。加拿大、美国和澳大利亚由于有源源不断的华人移居，以及经济和科技发达，华文传媒转型也取得了比较好的成绩。然而，世界各地的华文传媒所处环境和背景差异很大，有些传媒迫于形势不得不转型。它们所建立的网站，只是简单地把报纸的内容搬上网，传播方式单一，互动功能奇缺，一些网站甚至变成“死站”，很长一段时间不见信息更新，给人一种“伪转型”的印象。[②]美国拥有全球数量最多的华文媒体，报纸、杂志、广播、电视及网络媒体相当活跃，尤以网络最为发达。全球华文网站前百名中近30家来自美国，数量上仅次于加拿大。如《世界日报》《侨报》及《星岛日报》等在网站建设方面成就颇丰，均进入了全球华文网站前百名。位于非洲的毛里求斯约有130万人口，为多民族国家，其中华人占2.7%，有2万余人。该国华文媒体主要活跃于报业领域。《华侨时报》总经理刘卿介绍：“经一路坎坷发展，毛里求斯现仅有《中华日报》《华声报》和《华侨时报》三家华文报纸，能看懂华文的华人不过5,000人左右。”毛里求斯喜欢看华文报纸的人大多为老华侨，所以发行市场狭窄、读者数量不断减少，加上目前仍采用黑白印刷，技术不成熟，且资金缺乏。[③]意大利《欧联时报》在时评文章中指出，虽然今天的华文传媒依靠努力赢得了尊重和肯定，但是受众群的狭小、专业人才的缺失、外界社会严苛的要求都是我们不得不去正视的客观事实。[④]

当然，资金、人才等问题也存在于华文传媒发展程度较高的发达国家和地区。美国纽约海外电视台副台长在谈到纽约华语电视台的时候也颇为无奈：

纽约华语电视台的竞争始于1985年。1985年之前，纽约的世界电视台、苹果电视台、宏声电视公司均在开办1至3年不等之后关闭，据说关闭仅出于“吃不饱，何必等挨饿”之因。俗话说“有人辞官归故里，有人漏夜赶科场”，办新闻媒体事业要赔钱，但仍有人为寻找资金出路，为寻求商业、统战之便而投入纽约华人电视行业。实际上，已有数年的纽约

① 胥建礼．海外华文媒体构建公信力的迫切性及现实意义［G］//夏春平．国际话语体系中的海外华文媒体（第六届世界华文传媒论坛论文集）．香港：香港中国新闻出版社，2011：351.

② 海外华文传媒转型两难困境 不愿“等死”担心“饿死”［EB/OL］(2014-05-09)［2016-11-18］．http://media.china.com.cn/cmcy/2014-05-09/178106.html.

③ 唐小晴．海外华媒高层“把脉”媒体发展新路径［EB/OL］(2012-08-23)［2016-11-21］．http://www.hn.chinanews.com/news/2012/0823/145961.html.

④ 博源．海外华文媒体发展需要保持一颗“平常心”［EB/OL］(2009-05-21)［2016-11-21］．http://www.chinaqw.com/hqhr/hrsj/200905/21/164190.shtml.

华语电视业，到如今无论是经费还是人才依然属于极其“低级”阶段。虽然纽约的华人人口猛增，华人经营观念有大转变，但华语电视台，一直很难赶上其他少数族裔的电视台。[①]

美国《侨报》总裁游江在谈到该报人才问题时不仅指出人才数量缺乏，人才质量也堪忧：

《侨报》也面临人才缺乏的问题。大多数编辑记者没有受过专业的新闻训练，半路出家，玩熟悉新闻业务又懂经营管理的复合型人才更是缺乏。这个问题在《侨报》向全北美扩张的过程中显得特别突出。以前《侨报》只在纽约、洛杉矶、旧金山三地设有编辑部和印刷厂，三地都有一些管理人员，能满足报社的日常运作，因此对复合型管理人才的需求不是特别强烈。但要在北美各大华人聚居城市设立办事处，创办周报，各地必须有可靠、懂业务、会经营的负责人，专业人才短缺的问题因此显得格外突出。都从《侨报》自身派人显然不现实，只能从各地物色合适人选。从具体实践操作来看，招聘一名合格记者都十分不容易，更何况是合格的复合型人才。比如，《侨报》曾经在芝加哥、费城招聘过几名记者，但是有的能力不足，有的违反新闻道德，有的公私不分，往往干不到一年就被辞退，因此也影响到报纸的品质。[②]

还有学者从从业人员结构和记者薪资方面指出美国华文传媒中存在的问题：“在华文媒体的从业人员中，大部分为中国留学生，这些年轻人虽有较为先进的理念，但却缺乏新闻阅历和工作经验。另外一部分从业人员，大多没有接受过新闻类的教育或培训，且不能流利地使用英语，这给采编造成了很大困难。一般情况下，纽约的华文媒体从业人员中，记者的薪资大约为每年2万美元，远低于美国工人的平均薪资水平。这促使受过新闻训练、有从业经验又能熟练使用双语的人才，多会跳槽去当地主流媒体。”[③]《南非华人报》执行董事兼社长胥建礼见到的许多华文报社，“一般只有一两个记者，三四名编辑，报社本身不具备采访当地政府、职能部门消息源的能力。所以，充斥版面的大都是对当地媒体新闻稿件的翻译、选编，报纸本身没有选题，没有人力也没有能力和当地建立起信息沟通的渠道。了解所在国家的大事靠看电视、听广播、看报纸，再进行二次加工，这样做的结果往往导致信息失真”“国外专业从事媒体工作的传媒人员本来就很少，而财力紧张又造成国外华文媒体薪水没有吸引力，要留住专业人员很是艰难。国外华文报社都是小摊子，身为传播文化的阵地却缺少企业文化，所以员工没办法实现价值观的认同，只会跟着薪水走”[④]。上述情况确实具有代表性和普遍性，笔者曾于2011年11月赴菲律宾《世界日报》考察，发现报社从业人员偏于老化，而兼职的中国留学生大多没有接受过新闻教育或培训，且流动性强，不利于队伍稳定，既懂华语又懂英语的人才宁愿到薪酬高的菲律宾主流

① 莫利人. 纽约华语电视台的过往和未来［G］//夏春平. 国际话语体系中的海外华文媒体（第六届世界华文传媒论坛论文集）. 香港：香港中国新闻出版社，2011：184-185.

② 游江. 美国《侨报》跨区域发展项目发展规划研究［D］. 泉州：华侨大学工程硕士专业学位论文，2014：49-50.

③ 林爱珺，樊雪婧.美国华文媒体发展困境考察［J］. 新闻知识，2014（5）：46.

④ 胥建礼. 海外华文媒体构建公信力的迫切性及现实意义［G］//夏春平. 国际话语体系中的海外华文媒体（第六届世界华文传媒论坛论文集）. 香港：香港中国新闻出版社，2011：352.

媒体去发展。据笔者2015年与《世界日报》总主笔侯培水先生的交流，上述情况在菲律宾华文媒体界具有一定的普遍性。[①]泰国华文传媒也存在着专业人才严重断层、从业人员老龄化的问题。目前，虽说有一些年轻力量补充进来，但其学习中文的时间尚浅，对中文的热爱、理解和运用都远不如老一辈。另外，泰国华文记者工作艰苦，待遇一般，吸引不到优秀的采编人才。由于人手有限，一个记者经常要做几份活，“校长兼校工，上课兼打钟”的现象在华文报业屡见不鲜，甚至有些编辑、记者在白天高强度的工作之后，晚上还兼有“第二职业”。[②]2014年春节后，南方报业团队入驻《星暹日报》后发现，报社的形态过于老化，完全跟时代脱节。“团队也不专业，仅有的一个专职记者，70多岁了，都不敢派活儿给他出去跑。而编辑的工作就是把翻译的稿件交给组版员，然后就下班了！”[③]

加拿大温哥华多元文化电视台制片人丁果指出，在海外华人的生活中，缺少一个或者几个具有代表性的、由海外华人创办的、具有巨大公信力和影响力的媒体。“海外华人需要具有公信力的媒体。目前还没有一个能全面凝聚海外华人，被中国、西方国家和各个华人圈所接受、具有公信力的华人媒体平台。这样的媒体应当具有相当的深度、力度和广度，以大中华崛起为理念，以传播中华文化为己任，反映华人在人类当下进程中的贡献以及政治、经济、文化需求，维护海外华人及母国利益，对所在国或地区政策有相当的影响力，在西方主流舆论中占有一席之地，具有缔结民族凝聚力，同时又具有向世界开放的功能。很遗憾，目前的华文媒体无法承担中西文化交流的重任。”[④]在我们看来，华文媒体正在且将继续承担中外文化交流的重任，从这点来看，上述判断未免悲观。但丁果的判断也确实令人警醒，就目前来看，的确还没有影响国际社会舆论、具有强大话语权的领军华文传媒机构及其代表人物出现，这也是海外华文传媒必须接受的现实和为之努力的方向。

三、汉语与中华文化在世界的整体格局中依然处于弱势

（一）汉语在世界整体语言格局中的弱势地位分析

英国著名语言学家尼古拉斯·奥斯特勒（Nicholas Ostler）曾经指出：“正在逐渐成长起来的、以中国为主导的企业有机会通过汉语实现彼此之间的沟通……因此，汉语第一次获得了走出内陆、向外拓展的潜力。中国自身也不再疏远在海外谋生的同胞们，这一全新的、更加灵活多变的面貌可能会在世界范围内引起反响，甚至或许有一天会‘称霸’。”[⑤]更有新加坡学者预言：“拜全球化经济发展之赐，拥有十多亿人口的全球华语市场也备受

① 资料来源：笔者2015年11月28日对侯培水先生的访谈。访谈地点：厦门篔筜书院。
② 黄海珠，等. 泰国华文纸媒研究［M］. 北京：中国社会科学出版社，2013：224.
③ 南方报业跨国办《星暹日报》［EB/OL］（2013-12-06）［2016-11-21］. http://www.nfmedia.com/jt dt/jtxw/201312/t20131206_362690.htm.
④ 丁果. 打造华文媒体国际话语权的基本策略——鉴论中国形象工程与西方媒体的互动模式［G］//夏春平. 全球金融危机下的华文媒体（第五届世界华文传媒论坛论文集）. 香港：香港中国新闻出版社，2009：317.
⑤ 奥斯特勒. 语言帝国——世界语言史［M］. 章璐等，译. 上海：上海人民出版社，2011：148.

瞩目。尤其是中国近20年来致力于推行稳定的对外开放政策，其经济与军事影响力在亚洲已不容忽视。加上过去一个世纪以来大量移民至东南亚及欧美各地形成的海外华人区，以及着眼中国庞大市场的跨国企业，在这几股势力的推波助澜之下，华语将在21世纪‘水到渠成’地成为全球性语言。”[①]上述观点和言论无疑提振了中华儿女的语言自信和文化自信，但回过头来进行反思，我们发现汉语和中华文化在世界格局中还处于弱势地位。

众所周知，语言与文化是一国软实力的核心，在国家软实力建设和输出并参与国际竞争方面处于基础性及先导地位。随着信息高速公路的不断延伸和个人电脑、移动终端的广泛普及，英语尤其是美式英语霸权主义的趋向越来越明显，现象越来越严重。尽管没有明文规定英语作为世界通用语的合法地位，但事实上英语已经成为非正式的国际共同语。更糟糕的是，在数字化时代，国际互联网络上使用的通用语言是英语，不懂英语几乎很难在网上交流，更遑论“在广大浩瀚的宇宙中，数字化生存能使每个人变得更容易接近，让弱小孤寂者也能发出他们的心声”[②]。英国传播学教授尼克·库尔德利（Nick Couldry）指出：“互联网在地域上大大地扩展了，从英语主导的互联网变成了许多语言的集体霸权，但地区（阿拉伯国家、中国、日本等）之间的用户却难以互通。然而，有一个关键点不容置疑，任何概括都难以成立：国家和地区的居民在全球互联网上占有的地位悬殊。”如果你的母语或熟练掌握的语言是英语，你拥有众多读者的机会就会比马拉地语（Marathi）的作者高出许多倍。“换言之，单一的数字媒介的世界是不存在的，表面上看有这样一个世界，但那是幻觉，其基础是不平等产生的全球逻辑，这一幻觉掩盖了不平等的实质。”[③]因此，不仅仅是发展中国家，就连西方发达国家如法国，都禁止在商业广告中使用英语。1997年，30多个讲法语的国家的代表在越南河内开会，成立了“讲法语国家国际组织”，总部设在法国巴黎，曾经的联合国秘书长布特罗斯·布特罗斯·加利当选为该组织的秘书长。2001年3月19日，法国总统希拉克在巴黎大学举办的“全球化的挑战”研讨会上号召与会者联合拉丁语系力量，共同反抗英语的统治。当然，英语特别是美式英语能够风靡世界，在互联网时代更是“力拔山兮气盖世”，具有深层的历史原因、自身的特性以及文化价值观与技术的优势等方方面面的因素。[④]英国学者马丁·雅克在分析人们之所以认为英语的国际地位不太可能被扭转的原因时指出：“全球范围内数额巨大的社会资本与个人资本被用来学习和使用英语，这成为英语得以持续扩展的强有力的原因。英语在全球媒体中占主导地位，这很可能进一步加强了其影响力和渗透力。美国在全球的支配地位，能确保在从技术与科学到互联网和外交等许多领域中，英语都是最重要的语言。最后，英语作为促进和传播文化及价值观的媒介，通过确保使它成为永久的通用性语言，盎格鲁—撒克逊世界获得了巨大的既得利益，英语在全球的地位为盎格鲁—撒克逊世界提供了巨大的经济、

① 吴英成. 全球华语的崛起与挑战［EB/OL］（2015-12-08）［2016-11-29］. http://www.hzyywz.cn/show.asp?id=49&class_id=6.

② 尼葛洛庞帝. 数字化生存［M］. 胡泳，范海燕，译. 海口：海南出版社，1996：译者前言7.

③ 库尔德利. 媒介、社会与世界：社会理论与数字媒介实践［M］. 何道宽，译. 上海：复旦大学出版社，2014：10.

④ 郭可. 当代对外传播［M］. 上海：复旦大学出版社，2004：29-32.

政治和文化利益。”[①]

新西兰《中文先驱报》总编辑文扬指出：“虽然有着中国国际地位日益提高、中国经济高速发展、中华文化走向世界这样一些积极的背景，但汉语在与英、法、德等西方语言强势语种的互动博弈中，仍然是防御性的，而不是进攻性的。仅以英语为例，中国人学习英语的人数比例要比英美等国学习华文的人数比例高得多，华文文献被翻译成英文的篇数比例要比英文文献被翻译成华文的篇数比例低得多，华文在祖国以外地区的通用程度与英文在祖国以外地区的通用程度相比，更是不可同日而语。不仅在对外方面严重处于弱势，华文语言本身的俗雅文学之争、简繁字体之争、不同规范之争、不同文风之争等各种形式的内乱，也大大妨碍了华文语言整体的扩张性。”[②]《中美邮报》社长屠新时告诫说：“这些年学习汉语的人数增长得很快，有数据说是百分之一百、百分之二百的增速，但是学习汉语的人数基数本来就很小，即使增长快但人数还是非常少。这些年，汉语学习人数的增长超过了俄语和日语，但是跟学习法语和西班牙语的人数比还有很大差距。汉语和中华文化的海外推广不能盲目乐观，我们才刚刚起步。”[③]在法国中学所教授的所有外语中，汉语学生人数超越俄语、葡萄牙语、阿拉伯语和希伯来语，跃升至第五名，不过排在前面的依然是英语、西班牙语、德语和意大利语。[④]笔者在对历任英国多所大学孔子学院中方院长的傅似逸教授的访谈中获知，汉语在英国的位置并不靠前，英国学生首选的外语依然是法语、德语、意大利语、西班牙语等欧洲语言。[⑤]

现实情况也确实如此。据英国使领馆文化教育处《语言选择走向调查2014/13》报告，提供汉语教学教育大纲的小学只有3%，公立中学有6%，私立学校也有只10%。在英国，选报汉语GCSE（中等教育普通证书）的学生人数较少，结果就是学校不愿意过多投入、聘请或留住优秀汉语老师；没有优良教育资源，学生和家长对于汉语教学成果产生怀疑，因此不敢选修汉语，形成了一种恶性循环。在英国，德语、法语、西班牙语等传统欧洲语言仍是主流选择。根据教育部公布的GCSE数据，2014年，英国选择参加汉语GCSE的学生为2,832人，排名八大热门语言末尾，而选修老牌热门法语的学生人数雄踞榜首，有160,953人。所谓“汉语热”，至少在英国代表了汉语普及度较以前有了进步，表象之下是老师们的共识：汉语推广，任重而道远。[⑥]在10年前，美国学生学中文的热情高涨，而现在似乎不断减弱。据美国现代语言学会的统计数据，2002—2006年，美国高校的中文学习人数激增了50%，2006—2009年增长了16%。但据现代语言学会2015年2月发布的

① 马丁．当中国统治世界：中国的崛起和西方世界的衰落［M］．张莉，刘曲，译．北京：中信出版社，2010：96.

② 文扬．主流媒体强权之下的华文媒体［G］//夏春平．华文传媒与和谐世界（第四届世界华文传媒论坛论文集）．香港：香港中国新闻出版社，2007：135.

③ 马海洋，黄丽娜．屠新时：海外汉语热并非那么热［N］．羊城晚报，2011-10-30（A4）.

④ 张曼．法国汉语教学在欧洲处于领先地位——访法国首任汉语总督学白乐桑［EB/OL］（2017-01-29）［2017-05-27］．http://news.xinhuanet.com/world/2017-01/29/c_1120392469.htm.

⑤ 资料来源：笔者2016年3月28日对傅似逸教授的访谈，访谈地点：厦门大学翔安校区。

⑥ 刘圆园．英国中文教学现状面面观：汉语推广仍任重道远［EB/OL］（2015-03-25）［2016-11-29］．http://www.chinaqw.com/hwjy/2015/03-25/42787.shtml.

一项研究报告，2009—2013年，人数增幅降到仅2%。[①]美国的儿童，只是每个星期六上一次课，学习和语言浸泡时间仅为国内儿童的几十分之一甚至百分之一，而且老师往往还不合格，但其父母的期望值却和在国内时一样高。为了弥补小孩学习的时间，家长让孩子每天花大量时间读写中文。到了初中、高中，孩子们学习负担也很重，加上大部分中国孩子还学琴、学跳舞，到最后家长只能“拆东墙补西墙”，挤压他们阅读的时间、玩耍的时间，和必要的自由活动时间，这也让孩子们进一步讨厌中文。[②]根据笔者对美国耶鲁大学东亚语言文学系高级讲师、东亚系中文部负责人苏炜的访谈，美国学生学中文的热情在2008年北京奥运前后曾经达到高潮，自此之后呈现下降趋势。选修东亚语言文学系中文课程的美国学生亦如此，在2008年学生人数曾高达380人，2017年下降到280人。[③]

澳大利亚很多小学有亚洲语言课，但每周仅有半小时，这对学习外语来说完全是不够的。这意味着当学生上高中时，放弃选修亚洲语言课的比例非常高，因为学生们认为自己没有取得进步，或者觉得所学语言太难了。在高中阶段，放弃选修中文的学生比例高达95%。[④]尽管有议员提议将中文列为必修课程，但在推广多元文化的澳洲，一方面，要将除了英语之外的其中一种语言（比如中文）列为必修，显然遭遇到的阻力会非常大。另外一方面，许多人并没有看到学习中文的重要性，只是把中文当成一种工具，认为能说能听已经足够，加上时间与种种客观因素的限制，绝大多数的人并没有把它当作一门课程去进修。事实上，中国具有丰富的文化与悠久的历史，单单会说中文并不意味着就能很好地了解中国。当人们对中国的文化感兴趣后，在学习中文的时候也会感到事半功倍。[⑤]

即便是在华人占总人口比例高达75%左右的新加坡，由于新加坡的语言规划政策，英语实际上在整个社会都占据主导地位。“年轻华裔自组家庭后，由于受教育和工作过程中都用英语，英语自然而然成为孩子的家庭用语。方言虽然孩子也学了一些，华语只在课堂上学习，但两者都无法达到取代英语而成为母语的地位。”[⑥]而且学习汉语并不如想象的那么火热，其深层的学习动机也值得进一步拷问。《联合早报》采访组主任曾昭鹏撰文指出：“有30%的华族学生在之前一年的‘O’水准考试中选择高级华文，是2000年有关比率的将近两倍。表面上，越来越多学生选修高级华文，是一个令人鼓舞的现象，但象征教育领域内部阶级（即所谓‘双语精英’）的数据，无法衡量学习动机。……有多少学生是抱着冲线的心理，为了高级华文的升学优待，和从此可以不必再继续选修华文的奖励而奋发应

① 哈尼. 中国人英语太好 致美国学生犹豫来华学中文［EB/OL］(2015-03-14)［2016-11-29］. 乔恒，译. http://oversea.huanqiu.com/article/2015-03/5904466.html.

② 南桥. 为什么ABC们恨中文［EB/OL］(2013-07-23)［2014-05-29］. http://cn.nytimes.com/educa tion/20130723/cc23language/.

③ 资料来源：笔者2017年5月26日对苏炜先生的访谈。访谈地点：大连医科大学。

④ 唐尼森. 澳洲双语学校 金发女童说汉语［EB/OL］(2013-10-13)［2014-05-29］. http://www.bbc.co.uk/zhon gwen/simp/indepth/2013/10/131030_generation-asia_aus_ch ina_mandarin.shtml.

⑤ 李馨宇. 澳洲议员吁设汉语为必修课 学者支招推中文教育［EB/OL］(2015-07-13)［2016-12-03］. http://chinese.people.com.cn/n/2015/0713/c42309-27296354-2.html.

⑥ 胡林生. 华文作为教学语文的科目名称［EB/OL］(2017-06-22)［2017-08-23］. http://www.zaobao.com/f orum/views/opinion/story20170622-773201.

考。很清楚的是，华文补习中心生意红火，并不代表年轻一代学习华文的热情高。一个值得玩味的现象在于，中国的崛起并未从根本上促成本地华文大环境的改善。强大的中国经济意味着华文的工具价值已无须赘述，日益增强的中国经济实力，必然也会在某种程度上影响本地的商业环境，但它暂时无法改变全球金融体系的游戏规则。在现代文化层面，对比西方强势主导的全球化力量和文化输出，象征中国软实力的价值观和文化产品，往往因为自身的意识形态和民族主义元素而缺乏足够的吸引力。再加上近来移民融合的问题引发了少数种族的焦虑，以及本地华族社群的反弹，使‘中国因素’反而在某种程度上限制了华文在本地的应用空间。”①

印度尼西亚华文教育协调机构、华文教育工作者叶联强先生对“汉语热”进行了深刻的反思。一方面，他承认国际上的汉语热确实是值得我们重视的发展机遇；另一方面，他也指出，“热”只是表象，汉语热与汉语教学的成效并无直接关系。“热是随时会冷下来的，而华文教学必须冷静地、长期地持续进行。只有让华文教育走上正轨，才是保持汉语学习热度的最可靠保证。”②由此，他认为，中国对外汉语教学在国外只能是作为各国开展华文教学的一个助力，而非原动力。叶联强对中国对外汉语教学和所在国华文教育之间关系的反思确实发人深省，从很大程度上说，如果没有所在国教育政策以及当地教学机构对汉语教学的积极支持，所谓的“汉语热”能否行之久远，也只能打一个问号。而汉语热与汉语教学的成效，或者说，汉语热与汉语教学的质量并不是正相关的问题，汉语热并不必然意味着汉语教学质量和效果的提升。笔者在泰国皇太后大学孔子学院担任中方院长（2012—2014年）期间，通过参与式观察发现，泰国有3,000多所学校开设了汉语课程，有近100万人在学习汉语，汉语已成为最受泰国学生欢迎的外语之一。中国国家汉办对此给予了大力支援，自2003年至今，中国国家汉办已先后派遣了一万多人次的志愿者赴泰国任教。中国国家汉办每年也为泰国本土教师的培养设立了很多专门的培养项目，但仍不能满足泰国对汉语教师的需求。泰国有着庞大的汉语学习队伍，但严重缺乏汉语教师，特别是高层次汉语教师的数量极少。由于师资力量短缺，有的学校不得不每周只开设一节汉语课程。2014年5月15日，笔者参加了泰国职业教育委员会在曼谷召开的大会。泰国教育部部长乍都隆·彩盛就泰国汉语教学零起点、重复学习以及教学效果不是很明显等问题提出解决对策，他建议在教学中可以采用精英化的汉语教育方式，对那些真正想学汉语的学生应重点支持，对那些不想学或被迫学习汉语的学生可以采取尊重各自意愿的做法。③上述建议是否可行自可另当别论，但其所反映的泰国汉语教育的深层结构问题不得不引起我们的重视。特别是其中的“四个零起点”现象，这在泰国汉语教学中是普遍存在的问题。所谓“四个零起点”，指的是部分学校从小学就开始开设汉语课，部分学校初中或者高中开始汉

① 曾昭鹏．叫华文太沉重［EB/OL］．（2016-06-26）［2016-12-03］．http://www.zaobao.com/print/forum/views/opinion/story20160626-633730.

② 叶联强．对（印尼）华文教育的反思［G］//叶新田．2014年世界华文教育论坛论文集：庆祝董总成立60周年及马中建交40周年．新纪元学院，2014：69.

③ 资料来源：泰国职业教育委员会会议，曼谷，2014年5月15日。

语教学，还有大学的中文专业中也存在着从零起点开始学汉语的学生。究其根源，主要是因为尽管泰国学习汉语者众多，但由于各方面因素的作用，还缺乏统一的汉语课程大纲和汉语能力标准量化体系，这就造成学习者在汉语学习的每一个阶段，既没有明确的学习目标和达标要求，也无法确定自己的汉语能力究竟达到了什么水平。当然，也有大学采用孔子学院总部/国家汉办新汉语水平考试（HSK）的标准，比如大学毕业要达到新HSK四级或五级的水平，但这并不能完全替代汉语学习的阶段性目标和总体目标的制定与实施。由此造成的结果是两极分化现象严重，学得好的大学生掌握了很多汉字，可以自如地使用汉语与老师特别是中国老师对话；学得差的大学生听说读写的能力还不如汉语水平较好的初中学生。另外，"汉语热"也激化了各汉语言文化传播机构、组织之间及其内部的矛盾和竞争。应该说，适当的、合理的竞争显然有利于汉语的教学和学习，但如果处理不当，令矛盾激化，甚至演变成恶性竞争，往往会造成汉语言文化传播机构、组织之间矛盾丛生、关系疏远，既不利于资源整合、协同推进，又不利于汉语教学效果的有效提升。

汉语热并非必然意味着汉语教学质量和效果的提升，其中一个重要原因是"三教"（教师、教材、教法）问题依然困扰着海外华文教育界。

以东南亚为例，就教师来看，随着东南亚各国华文教育的蓬勃发展，汉语教师供不应求，具有高业务素质的汉语教师还较为匮乏。此外，汉语教师薪酬不高也导致不少本地人放弃了教师职业，另谋出路。印度尼西亚雅加达华文教育协调机构主席蔡昌杰指出，汉语教育在该国的发展仍然面临一定的阻碍，主要是汉语师资力量的匮乏。截至2014年8月，仅有225名中国汉语教师和志愿者通过中国和印度尼西亚双边或校际交流项目来到印度尼西亚从事汉语教育工作，汉语教师供不应求，希望更多汉语教师和志愿者能够参与到印度尼西亚的汉语教育中。[①]目前，越南许多汉语教师都是1975年前就已参加工作的华文学校的老教师或20世纪70年代毕业的高中毕业生，拥有大学学历的不多。虽然近年来越南高校培养的中文师范人才有所增加，但仍不具备高水平的师资力量。[②]马来西亚新纪元学院院长莫顺宗认为，在重新推动汉语教学的过程中，有志于此的个人和教育团体发现，汉语教学的长期断层，最终造成掌握汉语并可以受训成为汉语教师的人才几乎断绝，中生代和新生代当中没有多少人具备足够的汉语能力以担任汉语教师。由早年华文学校关闭以前的教师或那个年代的"华校生"担任汉语教师，存在着年龄偏大的问题，短时期内必须有人接棒。依靠外来的师资支援只能解决一时的问题，绝非长久之计。除非外来的老师最终愿意长期留下来，否则汉语教学的永续经营就成了问题，其成效很大程度上取决于本土师资的培养是否得宜。[③]薪资问题也是制约师资成长和发展的瓶颈。笔者在泰国工作期间了解到，没有汉语本科学位的汉语教师每月的薪资在3,000—7,000泰铢（人民币600—1,400元）之

① 周檬，郑世波. 印尼华文教育需要更多汉语教师［EB/OL］.（2014-08-06）［2016-12-03］. http://news.xinhuanet.com/world/2014-08/06/c_1111966835.htm.hhttp：//news.xinhuanet.com/world/2014-08/06/c_1111966835.htm.

② 衣远. 越南华文教育发展现状与思考［J］. 东南亚纵横，2014（7）：53.

③ 莫顺宗. 培养东南亚本土华文师资：马来西亚与新纪元学院的角色［G］// 叶新田. 2014年世界华文教育论坛论文集：庆祝董总成立60周年及马中建交40周年. 新纪元学院，2014：381-382.

间，在高校，具有本科学位的教师的月薪是15,000泰铢（人民币3,000元左右），具有硕士学位教师的月薪是20,000泰铢左右（人民币4,000元左右）。曾经有曼谷华文学校的负责人到笔者所任教的皇太后大学招收汉语教师，提供12,000泰铢的月薪，结果无人应聘。另外，泰国的汉语教师除了教学外，一般还需要负责大量课外活动以及相应的行政事务，致使汉语教师这一职业与导游、大型企业和跨国公司职员以及空乘等收入丰厚的职业相比缺乏吸引力。泰国每年都会向中国推荐符合报名条件的汉语国际教育硕士，尽管申请者按照要求承诺学成后会回国担任五年的汉语教师，但从实际成效来看，由于承诺书本身并没有强制的法律效力，再加上不少申请者也不愿意回国后以教汉语作为自己的职业选择，以至于为加强本土师资建设而设置的这一项目在实际运作中的成效并不理想。

就教材来看，东南亚华文学校现行的汉语教材不少是同一套教材的“不同语种化”，即将中文版教材直接翻译成当地语言。由于各国国情和历史、文化的不同，这种以一当十的做法使汉语教材的针对性和适用性都有所欠缺。如越南各高校广泛使用的北京语言大学版对外汉语教材，因其内容反映的是中国的社会生活，语言方面或多或少存在地域局限，不太贴近越南的实际生活。同时，各国教材来源多元，教材质量也良莠不齐。如泰国教育部既没有规定汉语教材样板，也没有指定哪些汉语教材为参考教材，泰国华文学校根据自己的需要来挑选教材。有些学校得到了中国大使馆的教材赞助；有些学校得到了泰国华侨会的教材赞助；有些学校得到了中国台湾的教材赞助；有些学校采用的是中国内地编写的教材；有些学校采用的是多种教材作参考后自己编写该校的教材。[①]

在教学上，东南亚地区的汉语教学是教学理念、教学手段和教学方式上都跟不上时代发展的步伐。教师习惯性地以书本知识为内容，以课堂教学为阵地，以教师活动为中心，通过教师讲、学生听，把书本知识传授给学生，并没有留出足够的时间给学生独立思考、亲自实践，这必然会降低学习者的兴趣。而一些新的教学手段和方式，如慕课、微课、翻转课堂等或由于客观条件的限制，或由于主观理念的漠视和抵制，在汉语教学中并未普及，影响了整体教学质量的提升。

综上所述，就目前和过去相当长一段时间来看，汉语在世界整体语言格局中依然处于弱势地位，距离所谓的“全球性语言”还有一段距离。[②]

（二）中华文化在世界整体文化格局中的地位分析

文化是民族的血脉，是人民的精神家园。中华文化凝聚着中华民族对自身历史、对世界的认知和感受，是中华民族的精神命脉和立身根基，是中华民族共同的精神家园。不仅如此，从历史上看，中华文化在世界文化发展的史上具有重要的地位和价值。中国不仅对朝鲜、日本、越南等周边国家形成了强大的文化辐射，构建了众所周知的汉文化圈，也对欧美等西方国家的制度、文化形成了广泛而深刻的影响。历史上的丝绸之路不仅是商业贸

① 蔡昌卓．东盟华文教育［M］．桂林：广西师范大学出版社，2010：335.

② 吴应辉．全球华人共同努力：推动华语成为一门全球性语言［G］//叶新田．2014年世界华文教育论坛论文集：庆祝董总成立60周年及马中建交40周年．新纪元学院，2014：106-108.

易之路，而且也是中外文化交流交融之路。在讨论世界文化格局时，我们还须进一步反思和追问以下问题：

一是必须厘清文化交流和文化殖民、文化霸权之间的关系。习近平主席在纪念孔子诞辰2565周年国际学术研讨会暨国际儒学联合会第五届会员大会上指出：“每一个国家和民族的文明都扎根于本国本民族的土壤之中，都有自己的本色、长处、优点。我们应该维护各国各民族文明的多样性，加强相互交流、相互学习、相互借鉴，而不应该相互隔膜、相互排斥、相互取代，这样世界文明之园才能万紫千红、生机盎然。”“强调承认和尊重本国本民族的文明成果，不是要搞自我封闭，更不是要搞唯我独尊、‘只此一家，别无分店’。各国各民族都应该虚心学习、积极借鉴别国别民族思想文化的长处和精华，这是增强本国本民族思想文化自尊、自信、自立的重要条件。”①应该说，文化之间的相互交流和文明互鉴是各民族国家和谐共存与包容精神的体现，是取代对抗型思维、构建人类命运共同体的必由之路。我们不能混淆文化交流和文化殖民、文化霸权之间的关系，在坚决反对西方文化霸权主义和文化殖民的同时，也不能拒绝吸收西方一切有价值的文化成果。萨义德强调，不要把他的“东方主义论”同哈佛大学的塞缪尔·亨廷顿的“文明冲突论”混为一谈，“因为现代文化理论的重大进展之一是认识到——这一点几乎得到了普遍的认同——文化是杂生的、多样的；各种文化和文明，如我在《文化与帝国主义》中所论，如此相互联系、相互依赖，任何对其进行一元化或简单化描述的企图都注定要落空……任何试图将世界上的文化和民族强行分割成相互独立的血统或本质的做法，都不仅会歪曲随后对这些文化和民族的表述，而且会暴露出其试图将权力加入理解之中以生产出像‘东方’或‘西方’这类类型化概念的用心”②。在一些人眼里，文化异质化似乎成为他们躲避文化同质化所埋设陷阱的最好策略。在某些论者看来，只有保持和维护文化异质化，才能使本土文化不受异域文化的殖民和侵犯。这种过分强调差异的做法，其实否定了人类文化价值中的共同性因素，陷入了文化相对主义的泥潭，堵塞了不同文化话语相互对话的通道。它带来的不是文化的对话，而是文化的排外和对抗。因此，对文化身份持一种本质主义的观点是有问题的。在斯图亚特·霍尔看来，文化身份“不是某个已经存在的，超越地域、时间、历史和文化的东西……不过像一切历史性事物一样，它们经历着不断的变化。远非永远固定于某个本质化了的过去，它们服从于历史、文化和权力的不断‘游戏’。远非建立在对过去的单纯‘恢复’上，认为过去就在那里等着被发现，而且如果发现了，就能确保我们的自我感觉永远不变”③。由是，问题的关键是，彻底的一致或彻底的不同都不能确保构建起真正平等的他者。正如茨维坦·托多罗夫所说：“我们希望的平等不一定要一致，也应该包含不同，不同不应降格为优越与低劣的划分。”④当然，在文化交流如此频繁和密切的

① 习近平在纪念孔子诞辰2565周年国际学术研讨会暨国际儒学联合会第五届会员大会开幕会上的讲话［N］. 人民日报，2014-09-25.

② 萨义德. 东方学［M］. 王宇根，译. 北京：三联书店，1999：447.

③ 拉伦. 意识形态与文化身份：现代性和第三世界的在场［M］. 戴从容，译. 上海：上海教育出版社，2005：220.

④ 拉伦. 意识形态与文化身份：现代性和第三世界的在场［M］. 戴从容，译，上海：上海教育出版社，2005：42.

时代，如何在彻底的一致和彻底的不同之间寻找一个平衡点，如何既能保持本土文化发展的连续性和自身特色，又能在文化强势与文化弱势的客观现实中以一种开放和对话的姿态，批判吸纳，兼容并包，加强和提升自身的软实力，确实是一件复杂的系统工程。在这方面，日本文化的生成和发展给了我们深刻的启示。正如海外华文传媒协会主席、加拿大《环球华报》社长张雁所言："在日本，几乎每一种日本文化的表现形式追溯到源头，都是在中华文化的影响下生成的。但是，日本人并没有停滞发展，或者说一成不变。日本人独具创意地把中华文化里面的柔术、剑术、饮茶、插花、书法演绎成柔道、剑道、茶道、花道、书道等以'道'为特征的日本文化，将其中的技巧、技能、技术上升成为一种内蕴丰富的精神，并以'日本文化'的形式在世界上广泛传播。"①

二是在深入挖掘我国各类文化资源、推动传统文化资源向文化资本转化方面还有待加强。

"资本"一词源于经济学。最早提出"文化资本"的概念并系统地进行理论阐述的是法国学者皮埃尔·布尔迪厄。布尔迪厄于20世纪80年代初在《资本的形式》《实践与反思》中提出"文化资本"这一概念。他把资本划分为经济资本、文化资本和社会资本三种形式。在布尔迪厄看来，经济资本以金钱为符号，以产权为制度化形式；社会资本以社会声望、社会头衔为符号，以社会规约为制度化形式。而文化资本在某些条件下可以转换成经济资本，它是以教育资格的形式被制度化的。布尔迪厄把文化资本的存在形式分为三种：（1）具体的状态，以精神和身体的持久"性情"的形式；（2）客观的状态，以文化商品的形式（图片、书籍、词典、工具、机器等），这些商品是理论留下痕迹或理论的具体显现，或是对这些理论、问题的批判，等等；（3）体制的状态，以一种客观化的形式，这一形式必须被区别对待（就像我们在教育资格中观察到的那样），因为这种形式赋予文化资本一种完全原始性的财产，而文化资本正是受到了这笔财产的庇护。②

所谓文化资源，是指人类在漫长的历史发展过程中所积淀的，通过文化创造、积累和延续所构建的，能够为社会经济发展提供对象、环境、条件、智能与创意的文化要素的综合。文化资源蕴藏在历史文化传统之中，存在于社会文化现状之中，弥散在整个物质生产、精神生产的创造过程之中，它既以一种可感知的物质化、符号化形式存在，又以一种思想化、智力化、想象性的形式存在。③文化资源向文化资本的转换可以理解为文化资源的一种"资本化"的过程。资源本身并不是资本，只是表示某一事物具有某种价值而已。资源要成为资本，就必须进入社会再生产过程，并在其中发挥作用，产生效益，且获取相应的回报。它是将所有能够进行产业化开发的文化资源，通过市场化运作来促进文化资源的有效开发，实现文化资源潜在经济优势向现实经济优势的转化。也就是说，"只有通过产

① 张雁．论中华文化与海外华文传媒的关系［G］//夏春平．国际话语体系中的海外华文媒体（第六届世界华文传媒论坛论文集）．香港：香港中国新闻出版社，2011：282.

② 布尔迪厄．文化资本与社会炼金术：布尔迪厄访谈录［M］．包亚明，译．上海：上海人民出版社，1997：193.

③ 贾松青．文化资源转变为文化资本的现实途径［M］//侯水平．四川文化产业发展报告（蓝皮书，2006）．北京：社会科学文献出版社，2006：31.

业化形态，传统文化才能从‘无形物’转为‘有形物’，为文化产品的创作与生产过程注入无限活力，为文化信仰赋予物质形态，并实现传统文化资源向文化资本的转化”[①]。

中国是拥有五千年历史的文明古国，人文荟萃，文化底蕴深厚，文化资源丰富。但在实际的产业实践过程中，存在着文化资源使用和开发不当的问题：这些资源或是被简单地挪用或拼贴，或是完全忽视文化资源内在的价值内容，或是与时代完全脱节，既不能充分利用资源，也不能讲好新的故事，更不能输出文化价值。[②]从国家层面来看，如果不能深入挖掘我国丰富多彩的文化资源，推动传统文化资源向文化资本转化，打造本国的文化精品，那么本国的文化产品就会缺乏竞争力，还可能导致文化资源的外流；文化资源的外流又会在相当大的程度上影响文化产品竞争力的提高，造成恶性循环。花木兰是中国历史上的巾帼英雄，迪士尼公司用这个素材拍摄了动画大片《花木兰》，将原初代父从军的忠孝主题改换为敢想敢爱、追寻自我价值实现的现代女性价值主题，又将这张“中国牌”打向世界市场。《三国演义》演绎的是中国历史，在中国家喻户晓，而开发出风靡世界网络市场的《三国演义》游戏软件的却是日本厂商。这些都清楚地表明，开发利用我国传统文化资源对于增强民族文化产品的精神底蕴、艺术品位，推进文化创新，增强文化竞争力至关重要。

在推动传统文化资源向文化资本转化方面，还必须注意挖掘文化资源的共通价值，只有这样，才能使中国元素和中国形象最大限度地克服海外传播过程中的文化折扣，增强中国文化的国际影响力。在这方面，我们已经有了一些初步的探索，取得了一些可喜的成绩。比如《媳妇的美好时代》之所以在非洲广受欢迎，不仅仅是翻译成当地语言的问题，更多的是家庭婚姻、婆媳相处问题等全世界都相通的内容题材。虽然中国和非洲国家看上去文化背景差异很大，但很多理念是相通的，如尊老爱幼、维护家庭、注重友情等。[③]不过总体看来，中国文化资源开掘不透、挖掘不深、产业化程度不强、国际视野不广等因素，都使文化资源向文化资本转化方面存在着不小的问题，也阻碍着中国文化影响力的进一步扩大。

三是以孔子学院为代表的中华文化推广机构在中华文化传播方面还存在着一些问题。

就孔子学院的合作方式来看，与歌德学院、英国文化协会、法语联盟以及塞万提斯学院等对外语言和文化推广机构不同的是，孔子学院最大的特点是采取中外合作的方式，绝大多数是采取中外高校合作的方式。这种孔子学院设在所在国高校的方式应该说是在海外进行汉语推广和文化交流的创举。许琳女士在谈及2012年5月孔子学院在美国的“签证风波”时说，当时孔子学院总部和国家汉办面临这一突发事件，就是通过向合办孔子学院的美国高校校长写信的方式进行危机公关的。因为按照孔子学院章程第九条的规定，“中

---

① 傅才武，岳楠．论中国传统文化创新性发展的实现路径——以当代文化资本理论为视角［J］．同济大学学报（社会科学版），2018（1）：34.

② 郑焕钊，孟繁泽．文化资源创意开发的价值原则及其误区［J］．杭州师范大学学报（社会科学版），2018（1）：110.

③ 程洋．中国影视走进非洲：《媳妇的美好时代》是怎么火的［EB/OL］．（2017-09-20）［2018-04-05］．http://news.sina.com.cn/c/2017-09-20/doc-ifykynia8450576.shtml.

国境外具有从事语言教学和教育文化交流活动能力且符合本章程规定申办者条件的法人机构，可以向孔子学院总部申办孔子学院”，既然当时是美国的高校主动向孔子学院总部申办孔子学院，作为法人机构，美国高校当然有责任和有义务维护并保证孔子学院的正常运行。后来，多所设有孔子学院的美国大学校长就此事与国务院进行联系和交涉，对推动签证事件的妥善解决发挥了重要作用。①当然，这种合作模式也面临着一系列挑战：中外方院长的交流合作是否融洽顺畅、孔子学院制度与所在大学制度的衔接问题、汉语教师的跨文化交际难题，以及中方合作院校的对接和有效支撑是否到位，等等。以中外方院长合作为例，如果双方相处融洽，合作默契，对于扩大中华文化在全球的吸引力和影响力无疑会起到积极的推进作用。

其实，中外方院长合作出现或多或少、或大或小的问题也是在意料之中的事情。我们既不能无视其中存在的问题，又不能无限夸大矛盾和冲突。当然，中外方院长在推进中华文化传播等工作中之所以出现这样或那样的问题，原因是多方面的：既有双方个性、为人处世和办事风格等方面的原因，又有制度设计方面存在的问题；既有不同历史、社会、文化等造成的跨文化交际障碍，又有各自固守成见造成的合作不畅问题。美国著名政治学者罗伯特·D.帕特南关于“社会资本”的理论很能说明上述问题。在他看来，“社会资本”指的是社会上个人之间的相互联系——社会关系网络，以及由此产生的互利互惠和互相信赖的规范。帕特南认为，怎样使社会资本的积极效应，如相互支持、合作、信任，在提高组织效率等方面达到最大化是非常重要的一个问题。②作为双方合作办学的孔子学院也面临着同样的“社会资本”问题，在制度框架下加强中外方院长之间的相互信任和协作，减少或避免双方之间的猜疑、矛盾和冲突，是推进中华文化异域传播的前提和基础。

就传播的内容来看，孔子学院的中华文化传播往往集中于剪纸、中国结、书法、绘画、舞蹈、武术等层面，深层次的涉及文化价值观和精神层面的内容还有待进一步挖掘。这一方面源于在国家汉办的志愿者选拔面试中，绝大多数志愿者的“中华才艺”都只局限于这几样，而且属于初级水平。例如，关于“中国结”的涵义，面试中几乎所有志愿者都说它象征团圆，但却没有人谈到它的“无始无终”“处处是圆”“迂回曲折”“彼此处在紧密联系中”这些更进一步的文化内涵。③法国汉学家白乐桑对此也深有感触，他指出，中国文化传播中的孔子学院模式常常推广一些具体的活动，比如包饺子，但缺乏对饮食文化的提炼，没有展现出其真正丰富的一面。西方人尤其是法国人对中国饮食文化兴趣浓厚，但他们更愿意了解饺子中蕴含的中国文化。应该把中国饮食文化作为与佛学、易经相同的文化点，培养饮食文化方面的博士生导师，在大学里开设饮食文化专业，这太有必要了。④

① 许琳．2012年孔子学院院长岗前培训结业典礼讲话［R］．(2012-09-05) 大连外国语大学．

② 帕特南．独自打保龄：美国社区的衰落与复兴［M］．刘波，等，译．北京：北京大学出版社，2011：7-11.

③ 张春燕．中华文化海外传播的路径和内容选择［J］．云南师范大学学报（对外汉语教学与研究版），2014（1）：7.

④ 桂涛．法国汉学家白乐桑：中文在欧洲的未来是基础教育［EB/OL］．(2017-05-31)［2017-07-12］．http://www.guancha.cn/bailesang/2017_05_31_410947_s.shtml.

而且这也会让人产生一种错误印象，即博大精深、源远流长的中华文化就是剪纸、中国结、太极拳等。另一方面也可归结为所有的受众都具有较高的中华文化修养和认知水平，因此如果深入中华文化的纵深层面，我们从接受程度上往往难以达到预期的效果，这也是在孔子学院中中华文化传播偏向于物质与行为层面，而难以触及精神和价值观层面的客观原因。另一个具有普遍性的问题是，对于中华文化构成的复杂性、发展态势及其对当代中国人思想观念、生活方式、行为模式的影响等方面的对话与沟通比较薄弱和缺乏。客观而论，这其中包含着丰富多彩且引人入胜的中国好故事，如果不将这些内容纳入孔子学院的主题叙事框架，并以所在国民众喜闻乐见的形式加以呈现和展示，必将损害中华文化的丰富性及其当代活力，使中华文化传播窄化为单一化、扁平化的叙事。

就传播的受众来看，孔子学院的中华文化传播在受众细分层面亟须改进。受众细分涉及不同族群、年龄、阶层、职业等层面，以及受众对中华文化的了解和认知程度。限于孔子学院中华文化传播者自身的结构及认知水平，根据不同的指标，对受众进行细分的工作还未深入开展起来。这就造成受众对中华文化的了解和认知普遍把握不准或不足，直接影响了孔子学院文化活动的可持续发展。

就传播的效果来看，由于每年孔子学院总部均有量化考核的要求，中外方合作单位对孔子学院也负有管理、考核和监督职责，这就造成孔子学院在中华文化传播方面常常追求数量、规模、参加者的层级和报道效应，对传播效果与质量的考量反而被遮蔽了。正如有学者指出："诚然，在一个文化机构刚刚开始立足和发展的时候，这些硬性的数字确实能够起到量化成果、振奋人心的作用，但是孔子学院作为语言文化的教学机构，其衡量标准绝不能仅限于数量的增长，那些不可量化的功绩也更应值得关注，因为软实力本身就不像硬实力那样可以计算。从文化的本质来看，它的传播应该是一个循序渐进、润物细无声的过程，强调速度而忽视质量其实是得不偿失的，并不能提高文化传播以及接受的效率。"① 马达莱娜·普罗科皮奥认为："计算注册学员的人数常常被认为是评估孔子学院或孔子课堂成效的好方法，特别是这种评估效果与支撑中国崛起相关的时候。实际上，学习中国语言课程的注册学生的人数多并不能在总体上保证他们对中国持有正面观点，进而支持中国的崛起。尽管这样，数量测量能够作为总体软实力来源如何有效的一个指标，这一指标能够提高人们开始学习中国语言和文化的吸引力。这些来源从艺术到商业、从语言到中医，不一而足。"② 当然，笔者在此并不是要一概否定数量、规模等因素，而是要强调中华文化的传播不仅仅是数量、规模的问题，也是一个讲求质量和后续效应的问题；同样，中华文化的传播不能仅仅"闻达于诸侯"，而是要更多地担负起公共外交的职能，架起中华文化与所在国民众沟通的桥梁。另外，就目前的整体状况来看，相对于华文媒体和国内主流媒体来说，所在国主流媒体对孔子学院中华文化传播的报道量偏少，主流媒体与孔子学院的

① 周璐铭. 孔子学院十年发展统计、成果分析与战略建议［J］. 西南交通大学学报（社会科学版），2015（1）：43.

② MADDALENA.The effectiveness of Confucius Institutes as a tool of China's soft power in South Africa［EB/OL］.（2017-04-28）［2017-07-12］. https://www.research gate.net/publication/282840886.

交往与合作还有待加强。这既涉及传播语言的问题，也与孔子学院自身的传播理念有关：传播对象主要局限于华文圈，而没有将视野投向更广阔的当地主流媒体。这对于孔子学院中华文化传播的延伸效应和扩散效应显然有着不利的影响。

总体看来，随着中国的国力与国际地位的提升，中华文化在全世界范围特别是主要发达国家中的地位日益提高，但无论以历史的眼光审视还是以现实的标准衡量，中华文化在海外华人主要聚居国家和地区仍然是外来文化、非主流文化，在很多国家和地区作为少数族裔文化尚未走出唐人街，在当地的社会文化生活中声音不大。

四、面临着以美国为代表的西方强势媒体的挑战

长期以来，西方国家主导着国际传播领域，以美国为代表的西方发达国家无论在传播内容的生产还是在传播技术的使用方面都处于领先地位，由此形成了强势舆论和话语霸权。从20世纪90年代起，西方传媒形成了高度垄断的国际话语体系，维亚康姆、美国在线等六大传媒公司掌控了国际媒体市场，美联社、合众国际社、路透社、法新社四大通讯社更成为亚非拉发展中国家媒体的主要信源。其中，美属传媒集团控制着全球超过90%的新闻和75%的视频节目制作；BBC、CNN裹挟着西方意识形态在全球范围内无孔不入；好莱坞用“铁匣子中的美国价值观”攻城略地。西方传播机构在不断吞噬全球传播商业利润的同时，推行西方思想文化和价值观，其政治影响力弥漫全球。在国际传播格局和传播语境中，中国话语的影响力显得不足。最新的调查显示，当代国际受众借助西方媒体了解中国的信息获取率高达68%，经过其他国家了解中国的有10%，仅有22%的受众通过中国媒体了解中国。①而使用华语者占世界总人口的1/4，但国际上以华语为传播符号的信息量只占信息总量的5%左右，华语的影响力和话语权还明显偏弱，这与目前中国大国的国际地位和全球华人的政治经济地位都严重不相称。②

当前，随着中国国际影响力的不断提升，外部世界的猜疑、误读乃至敌意也在不断加剧和发酵，中国面对的是比以往任何时候都要复杂的国际局面和挑战。正如第六届世界华文传媒论坛主题报告中所指出的：“中国的持续发展是世界上最重要的新闻资源。西方媒体对中国事务的报道始终热情不减，大量的基本事实可以改变媒体人的部分偏见，西方媒体对中国的报道近年来趋于客观、平实，但仍经常发生严重误读。特别是在涉及中国发展对世界影响等重大问题上，西方依然用‘中国威胁论’的基调进行解读。西方媒体对许多涉及中国领土、主权等核心利益的报道，更是老调子不变。由于西方媒体对中国发展存在种种误读，加上西方一些政界人士的误导，客观上形成了一个对中国发展不利的‘舆论场’。这两种论调同时出现，且交替影响。”③

① 孟威．构建全球视野下中国话语体系［EB/OL］．（2014-09-24）［2016-12-08］．http://news.gmw.cn/2014-09/24/content_13350155.htm.

② 任传功．华文媒体如何在西方主流社会发声［G］//夏春平．国际话语体系中的海外华文媒体（第六届世界华文传媒论坛论文集）．香港：香港中国新闻出版社，2011：119.

③ 刘北宪国际话语体系中的海外华文媒体——第六届世界华文传媒论坛主题报告［R］．（2011-09-17）重庆．

以盛行于非洲的“新殖民主义”为例，众所周知，新殖民主义一般是指第二次世界大战后，旧的殖民统治体系瓦解，但是昔日的殖民国家与广大前殖民地国家的不平等关系依然在很大程度上存在于当代发达国家与发展中国家之间。新殖民主义不同于赤裸裸的旧殖民主义，它表面上承认国家主权的独立自主，实际上通过政治、经济、文化等间接方式来实现对他国的控制。据中国社会科学院西亚非洲研究所首席研究员贺文萍女士介绍，中国在非洲做了很多好事，中国的很多做法都是替非洲国家着想的，比如中国在苏丹开采石油的同时，也帮助苏丹培训技术和管理人员，把他们送到中国的石油大学学习，确保有一天中国人离开了，他们自己也可以独立运营；除了开采，中国还帮苏丹建设炼油厂，建立完整的石油产业链，苏丹现在可以出口汽油了。反观西方，他们在尼日利亚开采石油多年，却从来不在尼日利亚建炼油厂，以致尼日利亚虽然是非洲第一大产油国，但直到今天汽油还要靠进口。但中国做的这些好事，在非洲媒体上的报道却很少。中国人有一种“只做不说”的思维定势，不太好意思宣传自己，只知道埋头苦干，遇到误解也往往一笑置之，总觉得清者自清。这样的结果就是，在非洲听不到中国声音。我们做了西瓜大的事，却连芝麻大的反响都没有；西方则是反其道而行之，做了一点事就大肆宣扬，搞得尽人皆知。①

“新殖民主义”之所以在非洲有市场，这与西方媒体在非洲的话语权及其舆论引导力是密切相关的。一般来说，非洲本土媒体是非洲民众获取中国信息的第一渠道，西方媒体是第二渠道。但事实上，大部分非洲本土媒体也深受西方影响，主要体现在以下两点：一是非洲媒体自身采集能力有限，多转引西方媒体报道。截至目前，北京只有四家非洲常驻媒体。因此，非洲媒体有关中国的报道大部分都不是自己采集的，而是来自西方媒体。二是非洲主流媒体多为英文媒体，与西方媒体合作密切。由于长期遭受殖民统治，西方国家的语言在非洲占据了主导地位，大部分非洲媒体都受西方影响或有西方背景。而且这些媒体在节目制作、节目来源、技术引进和员工培训等方面和西方媒体集团有密切关系。比如M-NET是非洲最有影响力的收费电视频道之一，但节目多数是从西方引进的，只有少数是本地栏目。因此，虽然本土媒体是非洲民众获取中国信息的第一渠道，但西方媒体通过直接或间接的渠道仍然占据主导地位。②旅居非洲十几年的南庚戌先生认为，非洲人获得当地新闻主要以当地媒体为主，但获得国际新闻则并非如此，非洲不少国家领导人爱看BBC、CNN等西方主流媒体的节目。③法国资深外交官魏柳南（Lionel Vairon）则认为：“非洲和中东地区很大的一部分人，至少他们现在受到的影响大都来自西方媒体。为什么？因为比方说你在非洲，或是在中东，他们当地人大部分不看当地的报纸，他们大多会看BBC、美国的CNN，或是看法国的报纸。所以在非洲，最有影响力的媒体是西方的媒体，而不是非洲

---

① 贺文萍. 中国在非洲要重视讲好自己的故事［EB/OL］.（2017-09-14）［2017-12-08］. http://www.thepaper.cn/newsDetail_forward_1793928.

② 王眉. 当代世界：中国在非洲话语的构建与传播［EB/OL］.（2014-09-15）［2016-12-08］. http://world.people.com.cn/n/2014/0915/c187656-25663344.html.

③ 资料来源：笔者2017年4月27日对非洲华文传媒集团董事长、非洲环球广域传媒集团总裁南庚戌先生的访谈，访谈地点：厦门大学。

本地的。”[①]从上述观点可以得知，在非洲当地民众获取信息的第一渠道上，研究者们之间存在着明显的观点差异，但西方媒体在非洲的强大影响力是不容置疑的。有学者指出：“必须承认，在目前的国际关系中，西方还占据着国际正义和道德优势的高地，西方的舆论还主导和影响着世界。从某种意义上说，‘新殖民主义’正是西方利用自己的话语权优势，把中国塑造成一个只重利润、只会‘索取’而不关心非洲民主和人权的国家的。”[②]

有学者对非洲部分国家媒体对中国的负面报道进行统计后认为，这类负面报道与西方国家对中国的指责可谓完全一致，这绝非全然的巧合。西方的舆论界早已为非洲的媒体做好了铺垫。比如，尼日利亚《抨击报》刊载新闻的引用来源包括美国的彭博新闻社、《环球金融》以及英国的《金融时报》等；南非iafrica.com的引用来源有彭博新闻社、《纽约时报》、道琼斯通讯社等；赞比亚《邮报》的主要来源是美国《经济学家》；津巴布韦《布拉瓦约》的引用来源包括《纽约先驱报》和英国《卫报》。[③]

当前，在非洲的不少华文传媒已经开始客观、全面地报道中国政府对非洲的政策，以及中国企业在非洲的投资、贸易等。不过从实际情况来看，非洲华文传媒也面临着发展、经营和销售等现实问题，受众还是以当地华人及华侨为主，其对非洲主流社会的影响力比较有限。我们以“彩虹之国”南非为例，南非既是非洲经济的领头羊和非洲大陆的桥头堡，又是非洲华人、华侨最集中，数量最多的国家。政治相对稳定的南非，是目前最吸引华人移民的非洲国家。目前南非华人总数约30万，来自福建、广东、台湾的人口分别占35% 、20%、20%。尤其是近年来，南非平均每年增加中国新移民1万人，新移民占南非华人、华侨总数的80%，总数已经超过20万人。他们大都集中居住在商业中心约翰内斯堡、比勒陀利亚、开普敦、布隆方丹、德班、伊丽莎白港等地，其中又以约翰内斯堡最多。[④]虽然南非的3家中文报纸（《华侨新闻报》《南非华人报》和《非洲时报》）是整个非洲大陆发展最好的媒体，但报纸的发行却受到很大的限制。南非的报纸无法通过订阅送达，大部分只能堆放在华人超市中出售。而在南非，出行基本都要靠开车，出行成本的增加也决定了购买报纸很多时候只能是顺路而为。因为这种限制，报纸的发行主要集中在3家报纸所在的约翰内斯堡市，外地发行数量较少，一些偏远的城市更是极少送达。而且，通讯手段与网络的发达，也必然冲击非洲华文报刊的生存与发展。年轻一代更多依靠手机或互联网获取国内外的资讯，懂外语的还可以从当地的主流媒体中获得第一手资讯，非洲的华文媒体只能在夹缝中报道一些当地的侨社新闻。[⑤]尽管目前南非出现了一些微信公共号，如南非侨网、南非365等，这些新媒体平台既有自己的网站，又有公众号，可以在第

---

① 马文生．有效的传播对中国公共外交的重要性——专访法国资深外交官魏柳南（Lionel Vairon）[J]．公共外交季刊，2016（3）：86.

② 邓聿文：中国如何打破“新殖民主义”魔咒[EB/OL]．（2013-04-01）[2016-12-15]．http://opinion.huanqiu.c om/opinion_world/2013-04/3784660.html.

③ 陈雪飞．非洲人眼中的中国形象：基于非洲本地媒体视角的考察[J]．国外理论动态，2014（3）：70.

④ 南非华人、华侨概况[EB/OL]．（2014-04-21）[2016-12-15]．http://www.chinaqw.com/hqhr/2014/04-21/1146.shtml.

⑤ 夏春平．2015世界华文传媒年鉴[M]．北京：中国新闻社，世界华文传媒年鉴社，2015：60.

一时间发布相关侨社和当地的重要新闻，但也只是吸引了大量的侨民关注，对当地主流社会的影响不大。当然，也有一些非洲华文传媒坚决维护中国国家形象，遵守华文媒体的基本守则，积极维护和捍卫中国的国家利益，不做有损国家形象的失实报道，不做西方媒体指责中国、抹黑中国形象的传声筒。针对西方媒体的不实报道，华文媒体积极转载国家主流媒体发出的报道，播发、转载新华社、国际台发出的大量报道，在华人社区传播来自中国的声音。①上述华文传媒在传播来自中国的声音方面可谓不遗余力，但令人遗憾的是，它们放弃了自身的本地化优势，只是转载、播发中国官方主流媒体的报道，在无形中也成为西方媒体和当地媒体眼中中国政府和媒体的“传声筒”“扩音器”，能否达到应有的传播效果还值得探究。

面对非洲当地人的偏见以及当地媒体的不实批评，非洲华文传媒集团董事长、非洲环球广域传媒集团总裁南庚戌深有体会：近年来，由于移居非洲的华人、华侨增加，非洲当地人对华人、华侨产生了偏见，认为华人、华侨带走了资源，抢走了就业机会。博茨瓦纳当地英文媒体不断刊发对华人、华侨的批评性文章，甚至有主流媒体发表言论说，博茨瓦纳经济主导权已旁落外国人之手。与前述思路不同的是，南庚戌认为，要想有力地回击这些失实报道，只靠中文媒体是不够的。2009年年末，南庚戌创立了面向整个非洲的英文报纸《环球邮报》，记者、编辑全部聘请博茨瓦纳当地人。②非洲华文传媒和环球广域旗下的媒体，除个别媒体聘用华人高管之外，几乎全部启用了当地管理人员或普通员工，借助他们的声音，讲述中国故事。据笔者的访谈，中国员工有30位，而当地员工则有300多位，分布在不同的岗位上。③南庚戌的实践为公平报道华人及华侨对当地社会的贡献，驳斥西方媒体的不公正报道，以及促进当地社会对中国的了解、理解等起到了重要的推动作用，打开了另一条维护祖籍国形象和保护当地华人及华侨合法权益之路。但从总体来看，西方发达国家话语强势所形成的舆论压力显然已成为华文传媒必须面对的挑战，这也是在提升中国国家软实力进程中的不利因素。

值得注意的是，非洲不同国家的媒体对所谓的“新殖民主义”的看法也是存在差异的，即使是同一个国家，不同阶层、群体、职位的人的观点都有区别，同一阶层的个体有时也会出现观点的交锋。例如，在曾被称为“黄金海岸”的加纳，关于中国投资就有截然不同的两种看法，支持者多以加纳学者和官员为主，认为中国投资驱动了非洲的经济增长；反对者多以媒体为代表。加纳政府对中国投资持赞赏态度，有加纳官员曾引用塞拉利昂驻华大使的话说：“如果一个八国集团国家要在非洲建体育馆，我们可能还在这里开会，中国人干脆利落地就来了，并把体育馆给我们建好了。”但也有加纳官员对中国投资抱有疑虑。据加纳学者对加纳大学生的一项调查表明，绝大多数学生对中国公司在加纳发挥的

① 韩军. 东部非洲华文媒体在中非合作时代背景下的新角色［G］// 夏春平. 中国梦：世界变局与华文媒体的新使命（第七届世界华文传媒论坛论文集）. 香港：香港中国新闻出版社，2013：304.

② 许小年. 非洲办报的“苦”与“乐”——访非洲华文传媒集团董事长南庚戌［EB/OL］.（2013-07-05）［2016-11-10］. http://www.rmlt.com.cn/2013/0705/86908.shtml.

③ 资料来源：笔者2017年4月27日对南庚戌先生的访谈，访谈地点：厦门大学。

作用的评价都是积极的。[①]除此之外，非洲当地媒体对中国的态度也并不总是随西方媒体而动的，在疑虑、质疑和批评之外，非洲主流媒体对中国在非洲的投资、贸易和建设也有积极肯定的评价，对此我们需要辩证地予以分析。即便是西方主流媒体和调查机构对中国在非洲活动持有不同意见或批评，我们也要审慎地予以辨析，而不能一概以“抹黑论”“阴谋论”进行处置。如果确实存在问题，必须正视并促进问题向良性方向发展；如果是无中生有的诽谤、诬蔑，也不能听之任之，必须制定行之有效的措施主动应对。这不仅对中国媒体，也对海外华文传媒提出了更高的要求和挑战。

① 崔守军．中外对话：中国在非洲的错位形象［EB/OL］．（2013-05-17）［2016-12-20］．http://www.ftchinese.com/story/001050471?full=y.

第四章 海外华文传媒提升中国国家软实力的战略

第一节 明确角色定位，发挥提升中国软实力作用

应该说，长期以来，中国政府重视海外华文传媒主要出于外宣工作的需要和“统一战线”工作的需要，然而，上述双重需要却往往遭到外界的误读、质疑乃至否定。这就促使我们深入思考以下几个相互关联的问题：海外华文传媒的自我期待与中国的他者期待之间是否具有冲突性？形成上述角色冲突的原因何在？如何对海外华文传媒进行符合实际的角色定位？只有对上述问题予以认真的思考和有效应对，才能使我们对海外华文传媒的角色定位跳出模糊和偏差的状态，才能在新形势下更好地发挥其作用，推进中国国家软实力建设。

一、角色理论概述

角色，原指演员在戏剧舞台上按照剧本的规定所扮演的某一特定人物。一般认为，是人类学家拉尔夫·林顿最先明确使用角色（role）这个概念的。他认为，角色是指“与某一身份相联系的文化模式的总和，因此，它指的是社会赋予任何一个占有这一身份的人所拥有的态度、价值和行为，甚至进一步说，包括在相同体系中其他身份的个人及对他的合法期望”[①]。在《关键概念：传播与文化研究辞典》一书中，编撰者指出，角色是“由社会给予界定的，以一系列特定的规则、准则及期待赋予特征的，用于对社会情景下个体的互动、行为与活动加以定位与管制的身份与行为模式”[②]。上述研究者从各自的视角对“角色”予以界定，对深入研究“角色理论”无疑具有很好的借鉴意义。在我们看来，角色是由社会和团体制定的处于某种地位的人的行为规范。它是人们社会地位的外在表现和动态

① 林顿．人格的文化背景：文化、社会与个体关系之研究［M］．于闽梅，陈学晶，译．桂林：广西师范大学出版社，2007：63.

② 费斯克，等．关键概念——传播与文化研究辞典（第二版）［M］．李彬，译注．北京：新华出版社，2004：246.

形态，是不同个体之间、个体与团体之间的衔接点。“当个体根据他在社会中所处的地位而实现自己的权利和义务时，他就扮演着相应的角色。”①

在角色理论研究中一个重要的关键词是“角色期待（role expectation）”。角色期待又称“角色期望”，是指群体或个人对某种角色应该表现出的特定行为的期望，它是形成社会结构与角色行为之间关系的桥梁。“它意味着个人所处的社会群体对他所期望的一系列行为，这些行为是被社会规范化了的行为，表现为希望他这样做而不是那样做。”②按照美国政治学家艾伦·C. 艾萨克（Alan C. Isaak）的划分，存在着两种角色期望：第一类为“局外人”所有的期望，这一类角色期望的影响源于局外人对该角色的期望和角色充当者对这些期望的感受之间的关系；第二种是角色充当者——当事人解释他们的角色的方法，即他们对自己应做什么、不应做什么，什么能够做、什么不能够做的期望。③艾萨克的角色期望分类可以概括为“他者期待”和“自我期待”，前者导致角色的社会规范化，从而影响行为体的行为过程；后者是角色所有者对于自己“应该做什么”和“怎样做”的一种要求和设计，两者相互影响，密不可分。

从以上论述可以发现，角色是关系性的，角色的实质暗含着同一种系统中不同行为体的关系。也就是说，“角色总是存在于相对其他角色的关系之中：比如，医生的职业角色就隐含并指涉病人、护士与会诊医师（consultant）的角色，不同的角色带有人们不同的期待以及不同程度的权力与地位”④。由此引发的一个问题是，社会成员占据了某一社会地位，是只获得了一个角色，还是获得了一系列相关角色呢？与林顿认为每一个地位都有其明确的角色的判定不同的是，美国社会学家罗伯特·默顿（Robert Merton）指出，社会结构的一个基本特性是，每一个特殊的社会地位不仅有单一相关的角色，而且还有一系列相关的角色，即占据了一个角色丛，它是指“人们由于占有某一特殊的社会地位而具有的角色关系的全部”⑤。在《社会理论和社会结构》一书中，默顿强调，干扰角色丛稳定的基本原因在于“占据某一地位的任何人都有处于社会结构中不同位置的角色相关者存在的结构特征，结果，这些角色相关者会以某种方式具有不同于上面所说的地位占有者的价值和道德期望”⑥。也就是说，角色相关者由于处于不同的社会地位，从而拥有不同的价值利益诉求，会对角色当事人提出不同的角色期待。当个体的角色行为与角色认知或角色期待产生不协调乃至矛盾时，就会导致角色冲突。角色冲突一般分为两类：角色内冲突和角色间冲突。前者“在他本人的角色总体之内”，后者“在他本人的角色与其他行动者的角色之间”⑦。

① 全国13所高等院校《社会心理学》编写组. 社会心理学［M］. 天津：南开大学出版社，1995：66.
② 秦启文，周永康. 角色学导论［M］. 北京：中国社会科学出版社，2011：91.
③ 艾萨克. 政治学：范围与方法［M］. 郑永年，胡谆，唐亮，译. 杭州：浙江人民出版社，1987：303-304.
④ 费斯克，等. 关键概念——传播与文化研究辞典（第二版）［M］. 李彬，译注. 北京：新华出版社，2004：246.
⑤ 默顿. 社会理论和社会结构［M］. 唐少杰，齐心，等，译. 南京：译林出版社，2006：567.
⑥ 默顿. 社会理论和社会结构［M］. 唐少杰，齐心，等，译. 南京：译林出版社，2006：568.
⑦ 米切尔. 新社会学词典［M］. 蔡振扬，等，译. 上海：上海译文出版社，1987：270.

值得注意的是，角色理论中所指的角色主体不仅包括单个行为者，也包括以集体形式出现的组织。两者的主要区别在于“以单个行为者为角色扮演主体的角色理论强调个人与社会的互动，以组织为角色扮演主体的角色理论则强调组织在社会中的作用及其拥有的权利与义务”。①

二、海外华文传媒在中国对外宣传与“统一战线”中发挥着积极作用

作为海外华文传媒的祖籍国，近些年来，我国政府高度重视海外华文传媒在全球传播中的作用。归结起来，海外华文传媒在中国对外宣传与“统一战线”中扮演着重要角色，发挥着积极作用。

就对外宣传来看，根据《宣传舆论学大辞典》的定义，对外宣传“即面向国际社会的宣传。包括向外国宣传本国的方针政策、国内情况和本国对国际问题的立场。对外宣传是外交活动的有力补充，有助于扩大本国的影响，争取更多的国际朋友”②。原国务院新闻办公室原主任曾建徽认为，“外宣就是整体外交的一部分。外宣有种独特的作用，就是舆论先导的作用。外交工作也有外宣，但是外宣又要服务于外交”③。从当代对外宣传的历史来看，由于受改革开放前冷战对抗格局和国际共产主义运动的影响，中国的外交工作常常以意识形态画线。1978年十一届三中全会召开之后，上述情况得到了明显的改变，诚如有学者所概括的：“20世纪70年代开始的意识形态主导下的中国外交向务实方向转化的趋势在改革开放后得到进一步加强，改革开放以来，意识形态的影响开始慢慢减退，国家利益逐渐成为中国外交考虑的首要标准。”④党和国家工作的重心向经济建设的转变对对外宣传的整个基调和格局产生了重要影响，对外宣传也将其使命定位为“增进各国人民对中国的了解和友谊，创造有利于社会主义建设的国际环境”⑤。但对外宣传的现实并不乐观，为应对这种迫切紧急的需要，1980年，中央对外宣传小组成立，对外宣传被上升到事关全局的战略高度，“对外宣传工作不是一件局部的、临时性的、事务性的小事，而是对党和国家整个社会主义建设事业起着重要作用的政治性大事”⑥。

在此进程中，“大外宣”这一理念的产生及其实践分外值得关注。根据在中国知网的搜索结果，最早一篇关于“大外宣”的论文发表在《中国广播电视学刊》上，作者论述的是外语频道在电视“大外宣”中的战略地位。文中对“大外宣”作出了解释：“一般意义上讲，对外宣传之大首先是指我国当前大规模的经济发展须佐之以强大的对外舆论”；“‘大外宣’既是大市场的要求与结果，则对外宣传之大必然受制于市场供求上的盈亏与涨落。因此，‘大外宣’的‘大’是相对的。它的政治意图与投资行为的双重角色都离不

① 任志峰．角色理论及其对集体行为者的可行性分析［J］．华中科技大学学报（社会科学版），2016（4）：127.
② 刘建明．宣传舆论学大辞典［M］．北京：经济日报出版社，1993：54.
③ 申宏磊，崔斌箴．聆听历史的回声——访国务院新闻办公室原主任曾建徽［J］．对外大传播，2006（8）：14.
④ 朱艳华．从意识形态看中国的外交战略［J］．新疆师范大学学报（哲学社会科学版），2004（2）：74.
⑤ 张桂珍，等．中国对外传播［M］．北京：中国传媒大学出版社，2006：58.
⑥ 中央宣传部办公厅编．党的宣传工作文件选编（1976—1982）［M］．北京：中共中央党校出版社，1994：711.

开大市场的现实制约。‘大外宣’的手段决定了它是打入他国市场的经济行为，是一种投资，既然是投资，就得见效益，也就是说，投资者必须重视节目的落地程度和收视率的高低。”①《大外宣大家办》一文强调“广播大外宣”要靠大家来办，“所谓大家办，并非随心所欲，各行其是，而是要齐心协力，就是我们常说的大协作”②。在《建立大外宣格局》一文中，作者认为“大外宣”是在国际舆论力量“西强我弱”的总体格局下，发展中国家冲破西方国家对世界舆论的垄断和封锁，让世界能够听到自己客观真实的声音的重要对策。“所谓‘大外宣’格局可概括为两个字，一是‘大’，二是‘统’。‘大，博也’，要求国民有强烈的外宣意识；‘统，束也’，要求各路队伍能在职能部门的统筹、协调下，拧成一股力量。只有建立起‘大外宣’格局，把有限的人力、物力集中起来，打全局或局部的总体战，也就是打有统一指挥的对外宣传的‘人民战争’，才能以小胜大，以弱胜强。”③题为《发展大外宣的工作格局，努力提高对外宣传实效》的文章指出：“所谓‘大外宣’，就是适应不断发展的形势，拓宽工作眼界，动员各方面更广泛的力量，运用形式更为多样的载体，面向更宽的领域，以获取更大的外宣效果。”④

上述对“大外宣”的界定概括起来主要有以下三点：一是“大外宣”突破了以前“外宣”的狭小格局，它将国内外的各方力量作为外宣工作不可或缺的丰富资源予以运用；二是“大外宣”是在“西强我弱”的总体格局下提出来的应对之策，在总体格局依然不变的态势下，“大外宣”这一理念和战略会长期存在；三是“大外宣”讲求总体部署，协同作战，而不是一盘散沙，各自为政。

由此出发，海外华人、华侨及其创办的华文传媒自然而然地被纳入“大外宣”的总体战略和布局中。在实践中，“借船出海”成为我国中央和地方媒体与海外华文传媒进行合作的主要模式，也是实施“大外宣”的重要路径之一。在借力海外华文传媒进行“大外宣”的同时，中国也在大力推进自身的国际传播能力建设。从2009年6月起，中央下发《2009—2020年我国重点媒体国际传播力建设总体规划》，明确提出增强国际传播能力、打造国际一流媒体是中国媒体今后发展的方向。中央外宣办还于同年向《人民日报》、新华社、中央电视台、中国国际广播电台、中国新闻社、《中国日报》等主要媒体投入了一笔专项资金，用于国际传播能力建设。不可否认，国际传播能力建设规划启动以来，我国国际传播整体实力取得了明显的提升。以广播影视领域为例，截至2015年年初，中央电视台开办了中文、英语、法语、西班牙语、俄语、阿拉伯语和英语纪录7个频道，在171个国家和地区播出，在全球建立了2个海外分台、5个中心站和63个记者站。中国国际广播电台在56个国家开办了102家海外落地分台，播出频率134个；在海外建成了8个地区总站、32个记者站和23个海外节目制作室。中国电视长城平台已经建成了美国、亚洲等

---

① 杨锐. 试论外语频道在电视大外宣中的战略地位［J］. 中国广播电视学刊，1994（5）：26-27.

② 胡江银. 大外宣大家办——从办《中国之窗》谈起［J］. 声屏世界，1995（10）：10.

③ 王健全. 建立大外宣格局［J］. 对外大传播，1999（5）：23.

④ 杜江. 发展大外宣的工作格局，努力提高对外宣传实效［J］. 四川行政学院学报，2000（3）：6.

9个平台，全球付费用户总数为17万人。中国网络电视台建成了7个海外本土化网站，以英、西、法、阿、俄、韩6种语言播出，各类客户端全球用户安装量超过了3.2亿次。①从各方面的数字来看，目前，新华社海外分社已达170多个，驻外机构数量居世界首位。中央电视台成为全球唯一用中、英、法、西班牙、俄、阿拉伯6种联合国工作语言播出的电视机构。中国国际广播电台使用64种语言对外播出，是全球语种最多的媒体机构。②但其国际传播能力建设的效果并不尽如人意。国际传播能力建设之所以迄今没有发挥应有的功效，没有取得预期的效果，这其中的原因确实非常复杂。但这也从另一个层面证明了推进国际传播能力建设不能仅靠一己之力，还必须从“大外宣”的视野进行审视。正如中国新闻社原社长郭招金所指出的，中国媒体走向国际市场经过了很长时间的探索与努力，但要真正进入主流社会尚需时日，华文媒体可以成为中国媒体进入当地主流社会的桥梁和中转站。华文媒体的媒体人一般精通中西两种文化，熟悉当地政治、经济、社会、环境，洞悉当地的市场人脉。如果将中国媒体的办报经验、经济实力和海外华文媒体的市场网络、人际关系等优势结合起来，定能在海外打造一批具有影响力的“中国概念”的强势媒体。③

由此看来，中国对海外华文传媒的一个重要的角色预期是将其视作推进对外宣传工作、加强国际传播能力建设不可或缺的组成部分。这一方面基于我国国际传播能力建设方面不尽如人意的现实，另一方面也基于我们已充分认识到海外华文传媒在国际舆论格局和话语权争夺方面不可替代的角色。正是基于上述认识，无论从国家还是地方层面，有关海外华文传媒的各种层次、各种内容的会议、论坛与合作交流等越来越多，这显然与切实推进对外宣传工作有着密不可分的关系。

二是出于“统一战线”的需要。统一战线是中国共产党夺取革命、建设、改革事业胜利的重要法宝，也是在新形势下全面建成小康社会、加快推进社会主义现代化、实现中华民族伟大复兴的重要法宝。从历史上来看，党的历届领导人都十分重视统一战线工作。毛泽东在1939年10月发表的《〈共产党人〉发刊词》中指出，统一战线是中国共产党在中国革命中战胜敌人的三大法宝之一。④邓小平明确指出了统一战线的精髓：“统一战线是马列主义战略策略原则的具体运用，它的本质就是团结大多数，孤立敌人。”⑤他十分重视新时期统一战线的广泛性，多次在重要谈话、讲话中予以强调。比如，1990年9月15日，他在会见马来西亚郭氏兄弟集团董事长郭鹤年的谈话中指出：“大陆同胞，台湾、香港、澳门的同胞，还有海外华侨，大家都是中华民族子孙，我们要共同奋斗，实现祖国统一和民族振兴。”⑥2015年5月，习近平在中央统战工作会议上指出：“做好新形势下统战工作，必须正确处理一致性和多样性关系，不断巩固共同思想政治基础，同时要充分发扬民主、尊

---

① 李宇．我国国际传播能力建设的反思与展望［J］．对外传播，2015（2）：35.
② 程曼丽．以中国的全球战略思维重新审视海外华文传媒［J］．对外传播，2015（10）：5.
③ 郭招金．海外华文媒体在加强国际传播力建设中的作用［J］．对外传播，2009（11）：15.
④ 毛泽东选集（第二卷）［M］．北京：人民出版社，1991：602-614.
⑤ 邓小平文选（第1卷）［M］．北京：人民出版社，1994：155.
⑥ 邓小平文选（第3卷）［M］．北京：人民出版社，1993：362.

重包容差异，尽可能通过耐心细致的工作找到最大公约数。做好新形势下统战工作，必须善于联谊交友，统一战线是做人的工作，搞统一战线是为了壮大共同奋斗的力量。”[①] 2016年1月，习近平总书记再次强调，发挥统一战线的法宝作用，人心向背、力量对比决定事业成败。我们提出坚持正确处理一致性和多样性关系的方针，就是着眼于形成最大公约数，画出最大的同心圆。[②]2015年5月，中共中央正式颁发《中国共产党统一战线工作条例（试行）》。这是我们党关于统一战线工作的第一部党内法规，它第一次将“致力于中华民族伟大复兴”写入统一战线的内容，鲜明地反映了统一战线大团结大联合的本质特征。

前述的由国侨办、中新社举办的“世界华文传媒论坛”，可谓是统一战线大团结大联合的重要表征。“世界华文传媒论坛”已成为海外华文媒体的“首脑峰会”，它以其开放性、国际性、高层次，为世界各地的各类华文媒体探讨自身在海外的生存发展，促进海外华文媒体之间及它们与中国内地传媒界的沟通和交流，提升海外华文媒体的整体素质和水平，表达海外华文媒体的心声搭建了平台。[③]新西兰中华新闻通讯社社长景曦参加完“第五届世界华文传媒论坛”后说：“世界华文传媒论坛堪称全世界华文传媒的盛会，数百家华文媒体高层相聚一堂，共同研讨发展大计。我们的祖籍国如此高度重视海外华文传媒，这在全世界都是仅有的。无论会议规模还是接待规格，方方面面的确令我们感动。”[④]美国芝加哥华语论坛报社社长张大卫说：“从2001年第一届论坛开始，之后的每一届论坛无论我多忙都来参加，我们这群人被叫作‘老八届’，这个称呼凝聚着一种很自豪的情结。”俄罗斯龙报社社长李双杰甚至把参加论坛当成“过节”，平日里华文媒体人都在各自的所在国家和地区打拼，论坛提供了一个开阔眼界和交流对话的平台。“在这儿能见到很多新老朋友，在丰富自己的同时，也会在交流中擦出火花，达成合作意向。”[⑤]同为“老八届”的纽约商务传媒集团董事长、香港《华人》杂志总编辑冰凌也深有感触，“我们出国后往往是单打独斗，没有依靠。而世界华文传媒论坛不仅为广大华文传媒人提供了学术上交流的机会，也成了海外华文传媒从业者在祖籍国的‘精神靠山’，在这里有一种回家的感觉。你可以感觉到家，感觉到你有五洲四海的华文传媒兄弟姐妹。祖国变得非常具体，国与家融为一体……我深切地感到论坛为全世界范围内的华文媒体提供了一个集中交流的机会，参会代表的规模越来越大，涉及的国家越来越多，充分说明了华文传媒论坛在世界上的影响力。而我们很期待来参加论坛，因为在这里，海外华文媒体代表找到了归属感。论坛是海

① 习近平出席中央统战工作会议并发表重要讲话［EB/OL］.（2015-05-21）［2016-12-30］. http://www.mod.gov.cn/leader/2015-05/21/cont ent_4585963.htm.

② 习近平：人心向背力量对比决定事业成败［EB/OL］.（2016-01-30）［2016-12-30］. http://news.youth.cn/sz/201601/t20160130 7588733.htm.

③ “世界华文传媒论坛”简介［EB/OL］.（2013-08-19）［2016-12-30］. http://www.chinanews.com/zgqj/2013/08-19/5179916.shtml.

④ 景曦. 海外华媒在中国崛起历史时期的特殊使命［G］//夏春平. 国际话语体系中的海外华文媒体（第六届世界华文传媒论坛论文集）. 香港：香港中国新闻出版社，2011：155-156.

⑤ 杨凯淇，郝爽. 论坛“老八届”：华文媒体论坛与海外华媒共成长［EB/OL］.（2015-08-23）［2017-01-05］. http://finance.chinanews.com/hr/2015/08-23/7483718.shtml.

外华文传媒的‘精神家园’。在这里，海外华文媒体传播中华文化的角色获得认同。通过参会，海外华文媒体会更加明确肩负的责任和使命，继续为促进祖籍国和所在国的交流沟通贡献力量”①。

三、海外华文传媒面临的角色冲突及其原因分析

（一）海外华文传媒面临的角色冲突

海外华文传媒面临的角色冲突可以从角色内冲突和角色间冲突这两个层面着手进行分析。就角色内冲突来看，海外华文传媒面临着“实然”与“应然”之间的张力与冲突。“实然”就是实际存在着的状态，海外华文传媒角色的“实然”，就是海外华文传媒角色“现在是什么样”的状态，是一种客观存在的事实状态；“应然”即“应该”或“应当”，是一种理想的价值取向状态。两者之间往往存在着一定的差距，“应然”如果脱离了“实然”这个参照标准，就会脱离实际而实现不了自身。就海外华文传媒来看，一方面，其在扮演一个角色时常常会产生新旧角色冲突。在早期阶段，海外华文传媒一般由当地华侨或华侨社团组织创办，在后来的发展中，华侨入籍住在国和新移民不断创办华文传媒的新格局使得海外华文传媒产生了新旧角色之间的冲突。另一方面，与上述论述相关的是，海外华文传媒既要在住在国扎根，履行当地少数族裔媒体的角色，又要承担与祖（籍）国沟通的桥梁纽带角色，发挥对外宣传和“统战”的功能，在“实然”与“应然”之间往往存在着不可忽视的矛盾和冲突。

就角色间冲突来看，不同社会地位的占有者对特定角色缺乏一致意见就容易引发相应的冲突。海外华文传媒作为华文资讯的传播渠道，架设起了中外互联互通的桥梁，充当着中华文化传承的载体，扮演着华人形象代言，提供着华裔族群的精神食粮，是各国华人、华侨社会的一面旗帜，是一支独具特色的国际舆论力量。②

（二）形成角色冲突的原因分析

在我们看来，作为主要由海外华人、华侨创办的华文传媒，它们与祖国或祖籍国有千丝万缕的关系，始终是我国政府对外宣传与“统战”的重点对象。这是中国对海外华文传媒的角色期待与热望。之所以会出现误读、偏见、质疑、否定等不同的声音，一方面是评论者基于不同的政治立场和意识形态进行解读的结果，另一方面是漠视、忽略甚至否定中国与海外华文传媒之间互生共荣、合作共赢的关系的结果。

其实，不同的国家和地区尽管在政治制度、意识形态等方面存在差异，但无论是对外宣传还是“统战”都是其重要工作。正如有学者指出的，“这不应转移人们对那些已经发生并继续发生在民主语境中的宣传活动的注意力”③“当宣传作为一个能指成为禁忌时，带

① 冰凌．我与华文传媒论坛［EB/OL］．（2016-08-30）［2017-01-05］．http://blog.sina.com.cn/s/blog_4b676f940102wjmy.html.

② 周乾宪．裘援平鼓励华媒将共商、共建、共享的“丝路故事”传之四海［EB/OL］．（2017-09-10）［2017-10-08］．http://www.chinaqw.com/hwmt/2017/09-10/160945.shtml.

③ 费斯克，等．关键概念——传播与文化研究辞典（第二版）［M］．李彬，译注．北京：新华出版社，2004：226.

来的却是作为所指的宣传的解放与话语的增殖”①。西方国家既然要污名化、妖魔化“宣传”一词，“自然便是他们的宣传不再叫‘宣传’了，而是将其粉饰成‘公关’‘大众传播’‘公共信息’等新名词，他们的‘宣传部’也改换成了‘公共关系委员会’‘公共信息委员会’等五花八门的新招牌”“西方国家不是没有宣传，只是他们千方百计掩盖，做‘看不见的宣传’。他们的策略是，上乘的宣传看起来要像从未进行过一样，最好的宣传要让被宣传对象沿着你希望的方向走，却认为是自己在选择方向”②。从历史发展脉络来看，“统一战线”首先是为了完成在革命时期夺取和巩固政权这一历史任务的时代产物。在新的历史时期下，一方面，通过不断争取同盟者，扩大与巩固中国共产党的执政基础和领导核心地位的主题仍在延续；另一方面，在改革转型的关键时期，为了最大限度地减少社会进步和国家发展的阻力，寻求各民族各阶层群众的认同，投身实现国家富强共同事业的价值共识，也有必要在完善统一战线既有制度的基础上，赋予其新的时代内涵与机制载体。③国际新媒体合作组织执行主席、《世界华人周刊》社长、华人网络电视台总裁张辉针对某些海外媒体质疑华文传媒的声音在接受访谈时指出：“在海外弘扬中华文化，不要断了华人孩子的华夏血脉，是每一位炎黄子孙的责任，更是海外华文媒体人义不容辞的义务。至于宣传推介中国风景旅游区，报道国内各级政府的招商引资政策，充其量只能算是一种等价交换的商业行为，非要往国家收购媒体上扯，是对国内外宣体制不了解造成的误读。”④上述说法对于污名化对外宣传“统战”实践的各类质疑与否定无疑具有释疑和澄清作用。

另外，海外华文传媒毕竟生存于住在国的政治、经济、社会、文化等多重语境之下，其角色的自我期待与中国的他者期待之间并不总是处于统一协调的关系之中，因此，尊重海外华文传媒的自主性和独立性自然在情理之中。同时，自我期待与他者期待之间也存在交集重叠之处，重合度越大，中国与海外华文传媒之间的互动与交流就越协调和平顺，就越能实现双方之间的互利共赢，所谓“最大公约数”“最大同心圆”即是此意。

海外华文传媒的自我期待与中国的他者期待之间形成角色冲突的原因归纳起来，主要有以下三个方面：

一是从历史上看，海外华文传媒在中国革命、建设和改革的不同历史时期确实起到过十分重要的作用，而且在新的历史条件下也会继续发挥不可或缺的作用。但我们也必须认识到海外华文传媒在历史的进程中已经发生了变化，作为当地的族群媒体，它们在住在国面临政治、经济、社会、文化等方方面面的问题，如果不深刻认识上述问题，我们往往

① 刘海龙．宣传：观念、话语及其正当化［M］．北京：中国大百科全书出版社，2013：7.

② 伍皓．理直气壮地开展中国宣传学研究［EB/OL］．（2015-12-24）［2018-03-12］．http://www.qstheory.cn/dukan/hqwg/2015-12/24/c_1117567279.htm.

③ 毛莉．我们为什么还需要统一战线？——访清华大学马克思主义副院长韩冬雪［EB/OL］．（2015-05-27）［2018-03-12］．http://www.cssn.cn/zf/zf_dh/201505/t20150527_2012497.shtml.

④ 常晖．解读海外华文媒体抱团取暖新方式——访国际新媒体合作组织执行主席张辉［EB/OL］．（2015-05-07）［2016-11-18］．http://www.worldchinesemedia.com/ss/?action-viewnews-itemid-69.

就会一厢情愿地得出“海外华文传媒是我国国内媒体在国外的延伸，对祖国始终具有向心力，有助于中华民族传统的发扬光大和中国影响的扩大”“尽管海外华人分布于世界各个地方，有些已经融入当地社会，但是他们对中国同宗同源的亲近感和与生俱来的民族性是无法改变的”[①]等类似的结论。这种结论的出场既反映了对海外华文传媒抱持的过于美好的期冀，仿佛祖籍国与海外华文传媒之间始终亲密无间、水乳交融，而没有考虑到他者的情感与感受，也是对海外华文传媒由早先的华侨媒体向华人媒体乃至当地媒体转变这一进程的忽视。卓南生先生对此进行了深入阐发，尽管论及的是东南亚华文传媒，也同样适用于其他区域的华文传媒，他指出：“今日在东南亚各国‘落地生根’的华人及其华文媒体的效忠对象已不是中国。尽管东南亚的主流华文报纸仍然十分关注或格外关注中国，但认真而言，这些报纸只是将中国当作‘远亲’来看待”“直到今天，中国的变化对于东南亚华人社会、华文报的生存与发展仍会有直接、间接的微妙互动与影响。中国的一举一动，仍然受到东南亚各国华人社会与华文报的密切关注。但这种关注，总体而言（以新老华侨为对象或主要对象的华文媒体例外），已和侨报时代以中国为效忠对象、‘心系祖国’的心境与意识截然不同。”[②]只有认识到这一点，我们才能客观、全面地把握海外华文传媒的角色定位，才能更好地认识海外华文传媒在中国软实力建设中的地位与功能。

二是两者的媒体体制不同，决定了它们在自我角色认同方面的定位差异。一般来说，中国的媒体体制的特点如下：所有权完全国有，实行社会主义公有制；新闻媒体必须坚持党性原则。正如习近平总书记在党的新闻舆论工作座谈会上强调的：“党的新闻舆论工作坚持党性原则，最根本的是坚持党对新闻舆论工作的领导……党的新闻舆论媒体的所有工作，都要体现党的意志、反映党的主张，维护党中央权威、维护党的团结，做到爱党、护党、为党；都要增强看齐意识，在思想上政治上行动上同党中央保持高度一致；都要坚持党性和人民性相统一，把党的理论和路线方针政策变成人民群众的自觉行动，及时把人民群众创造的经验和面临的实际情况反映出来，丰富人民精神世界，增强人民精神力量。”[③]

应该说，中国当前的媒体体制是与中国特定的历史文化传统、政治经济制度等相适应的，具有历史的合法性和实践的合理性。随着时代的发展、阶层结构的变动以及日新月异的信息技术、数字技术等的推进，中国的媒体体制也在总的框架结构内发生着调整和变化。我们“有理由假定媒介体制本质上‘反映了’社会结构（如政党体制）的其他方面。但是有明显的证据显示，媒介公共机构对其他社会结构有其自身的冲击力”[④]。

相比之下，海外华文传媒多为私有制，其特点是采取商业化运行体制，独立运作，自

① 程曼丽．海外华文传媒研究［M］．北京：新华出版社，2001：322.

② 卓南生．东南亚华文报的过去、现在与未来——“华文传媒与海外华人社会”研讨会（马尼拉·2011）主题发言［J］．国际新闻界，2012（1）：117.

③ 中共中央宣传部新闻局．习近平总书记党的新闻舆论工作座谈会重要讲话精神学习辅助材料［M］．北京：学习出版社，2016：6-7.

④ 哈林，曼奇尼．比较媒介体制：媒介与政治的三种模式［M］．陈娟，展江，等，译．北京：中国人民大学出版社，2012：8.

主经营，自负盈亏，经费来源主要依靠广告收入和其他经营收入。美国《美中信使报》执行社长兼总编辑金鸣峰对中国媒体与海外华文传媒进行了比较，认为后者更强调商业行为和公司职能："国内新闻媒体更重视的是自身的社会舆论功能，而海外华文媒体，尤其是社区媒体，首要重视的是自身的生存和经济效益……海外华文传媒体现商业行为的第一个方面就是时常把广告的地位放在新闻之上，不少华文报纸在头版头条刊登的不是当时的全球热点新闻或本地社区的重大事件，而是某商家的广告。自我生存的需要使它们把广告放在首位，新闻放在次位。"①

三是两者的关注重点、报道角度和报道内容的差异，从而影响到自我角色的认知与定位。需要说明的是，尽管海外华文传媒与祖（籍）国有着或多或少的联系，它们属于住在国少数族群媒体的事实已经不可改变。随着中国经济的快速发展和国际影响力的日益提升，海外华文传媒对中国的关注在版面、时间段、篇幅等方面都体现了出来。但必须明确的是，海外华文传媒毕竟不同于国内媒体，其立足点主要是为海外华人提供新闻信息，包括所在国信息、国内信息、华人社区信息、生活服务信息等，这也反映出海外华文传媒总体上具有多元文化和多元视角的特性。例如，缅甸中文网就号称提供全面、实用、及时的缅甸中文信息，版块主要有新闻频道、商务信息、缅甸旅游、房产频道、求职招聘、论坛等。美国《世界日报》编辑部因中国跃升为国际舞台主角、中国经济对海外的影响加深、留学生增多等情势，成立了"中国新闻组"，增加对中国新闻的报道，解析中国、国际、海外华人和中华民族的现状与未来。但该报仍坚持"一份美国的中文报纸"的定位，特别明确不是中国的报纸，读者目标是长期居住在美国的华人，服务于在美国安身立命的中国人，为他们提供有用的信息。②澳大利亚的报纸《塔州华人》以塔州华人的文化、经济及社区各种活动信息为主要报道内容，栏目包括"塔州新闻""塔省华讯""澳洲新闻""移民故事""人物专访""服务台""留学和移民""字谜娱乐""健康生活""图片塔州""华社图片""专栏""广告"等。日本当代华人传媒中最早的一份中日双语报纸《留学生新闻》（半月报）内容涵盖最新的日本社会与文化信息、留学生政策、留学生活、日本学校介绍、中日企业的求职就业情报、归国就业信息等。2006年1月创办的"巴西侨网"，以反映华人、华侨在巴西的工作生活动态为主要特色，为侨胞提供各种资讯，为华人、华侨在巴西谋生和发展提供帮助。网站开辟了"新闻中心""巴西侨讯""华人社团""侨社活动""侨领名人"等栏目。成立于2009年12月的"巴西华人网"为首家巴西华人信息门户站点，目前基本建成以巴西中文资讯、巴西华人论坛、巴西华人实用信息为主的三大版块，兼顾巴西华人信息交流、商务服务、娱乐休闲的需求。③

因此，对于中国媒体来说，宣传党和国家的政策，维护国家形象，增强国际舆论话语

① 金鸣峰．简论海外华文媒体的外延功能［G］//夏春平．国际话语体系中的海外华文媒体（第六届世界华文传媒论坛论文集）．香港：香港中国新闻出版社，2011：212-213.

② 夏春平．世界华文传媒年鉴（2015）［M］．北京：中国新闻社，世界华文传媒年鉴社，2015：20.

③ 夏春平．世界华文传媒年鉴（2015）［M］．北京：中国新闻社，世界华文传媒年鉴社，2015：30.

权，服务国家整体战略目标，是其义不容辞的责任。而对于海外华文传媒来说，服务好所在国的华人、华侨，为其提供有用的信息和服务，经营并推动文化企业发展是其首先要考虑的问题。

从报道角度和内容来看，海外华文传媒与中国媒体也并不是完全相同的，一般都会存在差异。以缅甸联邦共和国国务资政昂山素季于2016年8月17日至21日对中国进行正式访问为例，中国媒体与缅甸华文媒体对此事件的报道呈现出差异性。我们再以中国网和缅甸中文网对李克强总理8月18日下午欢迎昂山素季访华报道为例（为论述方便，前者称“语篇一”，后者称“语篇二”），[①]经过比较后可以发现：语篇一是从中国的视角展开论述，中方是整个欢迎仪式的主角，昂山素季率领的缅方则是远道而来的贵宾，报道重点在于阐述中方对缅甸民盟执政后的立场。语篇二则从缅方的视角切入，核心人物和主角无疑是昂山素季。与2015年6月以缅甸民盟主席身份访华不同，此次昂山素季受邀访华是以仅次于总统的国务资政的身份首次来华进行正式访问，而中国则是昂山素季出访的第一个非东盟国家。因此，语篇二无论从报道的行程、欢迎仪式、会谈的内容乃至多幅图片的展示方面，都足以说明缅甸中文网作为缅甸的华文传媒对此次外交活动十分关注。尽管语篇二的标题是《昂山素季与中国总理在北京谈的事情还真不少》，但主体内容还涉及接机以及与缅使馆工作人员会面和用餐，特别是会面及用餐部分还配发了5幅图片（占图片总量的1/4），凸显出昂山素季对驻华工作人员的关怀和亲民形象。从两国领导人讲话的篇幅也可看出其中差异，语篇一强调的是中方的立场和态度，故而在篇幅以中方为主；语篇二则将双方讲话的篇幅做了平衡，体量大致相当。

综上所述，我国将海外华文传媒纳入对外宣传与“统战”的重点对象，以此来“凝聚侨心、汇聚侨智、发挥侨力”，加强和提升国际传播能力建设，改善和塑造国际形象，提升中国软实力。应该说，这样的出发点与落脚点自有其历史上的合理性和现实需要的迫切性。但同时，我们必须清醒地认识到，海外华文传媒的角色定位并不是完全由外部推动、促进和确定的，还要考虑到海外华文传媒在历史发展进程中自身的变化，以及媒体体制、关注重点、报道视角和内容等方面的差异。

在我们看来，海外华文传媒角色的自我预期应该符合其自身的传播规律与传播特点，应该以是否有利于自身健康发展，是否有利于促进和谐侨社建设，是否有利于建立起海外华人、华侨与祖（籍）国相互沟通的桥梁，是否有利于维护华人、华侨的权益，促进华人、华侨的发展作为重要的参考基准。在此基础上，我们才能更好地“展示中国历史底蕴深厚、各民族多元一体、文化多样和谐的文明大国形象，政治清明、经济发展、文化繁荣、社会稳定、人民团结、山河秀美的东方大国形象，坚持和平发展、促进共同发展、维护国际公平正义、为人类作出贡献的负责任大国形象，对外更加开放、更加具有亲和力、

① 李克强举行仪式欢迎昂山素季访华［EB/OL］.（2016-08-19）［2017-02-06］. http://www.china.com. cn/v/news/2016-08/19/content_39122480.htm；昂山素季与中国总理在北京谈的事情还真不少［EB/OL］.（2016-08-19）［2017-02-06］. http://www.md-zw.com/thread-232664-1-1.html.

充满希望、充满活力的社会主义大国形象”[①]，才能促进中国与所在国经济社会共同发展。

四、海外华文传媒的角色分析——以2014年泰国批准高铁项目的新闻报道为例

2014年11月18日，泰国内阁通过了“中国投资泰国铁路”的合作项目。2014年12月4日，泰国国家立法议会就《中泰铁路合作谅解备忘录草案》进行表决，中泰铁路的合作框架基本确定。2015年12月，中泰铁路合作项目启动仪式在泰国大城府举行，暂定采用泰国财政拨款、泰国国内贷款和中方贷款等合资方式。由于中泰双方对高铁项目的融资方案存在分歧，合作尚未进入正式动工阶段。2016年3月，泰国政府表示将自筹资金建设中泰铁路，并缩短总里程，只修建曼谷—呵叻段。中泰铁路合作项目定于2016年9月开工，后开工时间延至2017年3月。2017年8月15日至17日，中泰铁路合作联合委员会第20次会议在曼谷召开，双方在会上完成了中泰铁路合作项目一期工程（曼谷—呵叻段）设计合同的谈判，确定了监理合同价格，并拟于9月初签框架协议，10月底开工。2017年12月21日，中泰铁路合作项目一期工程曼谷至呵叻段开工仪式在呵叻府巴冲县举行。

（一）研究方法

当代的批评语篇分析的研究是20世纪70年代末期由在英国和澳大利亚开创的批评语言学（Critical Linguistics）发展起来的。1979年，《语言和控制》（*Language and Control*）一书出版，书中提出批评语言学的语篇分析方法，主张对语篇的分析应当将重点放在语法结构和社会之间的关系，特别是语篇、权力、意识形态之间的互动关系。在费尔克劳（Fairclough）的《语言与权力》一书中，批评性话语分析（critical discourse analysis）作为一个新概念被提及。在不同的研究中，这两个概念被学者交替使用。

费尔克劳为建构CDA的分析框架进行了不懈努力。他视语篇为生成者在形式结构和意识形态两方面进行选择的结果，认为语篇是一种社会空间，在其中同时出现了两种基本的社会过程：对世界的认知与表述和社会交往互动。因而，对语篇的分析离不开对话语实践过程及其发生的社会语境的分析。他提出了话语分析的三个层面：“语篇”（text）、“话语实践”（discoursive practice）和“社会实践”（social practice）。语篇是交际过程的产物，话语实践包括语篇的“生成”（production）、“传播”（distribution）和“消费”（consumption），所有这些都是由特定的社会实践条件决定的。因此，批评话语分析应分成三个步骤：（1）“描写”（describe）语篇的形式结构特征；（2）“阐释”（interpret）语篇与生成、传播和消费它的交际过程的关系；（3）“解释”（explain）交际过程和其社会语境之间的关系。批评性语言分析的理论方法还建立在韩礼德的系统功能语言学的基础上。韩礼德认为，语言表达必须实现三大元功能：反映人类各种经历的概念功能；反映人与人之间

① 习近平：注重塑造我国的国家形象［EB/OL］.（2014-09-02）［2017-02-10］. http://www.wenming.cn/djw/specials/djwwpt/wxgx/201409/t20140902_2153937.shtml.

关系的人际功能；把语篇各个部分组成连贯的整体，并使其与语境产生联系的语篇功能。[①]

下面让我们基于批评性话语分析方法来揭示新闻报道中隐含的倾向性，选择的分析维度为：分类（词汇选择与使用）、信源和引语（直接引语、间接引语），以及社会背景分析。

（二）语篇选择

我们分别选取英国主流媒体《卫报》（*The Guardian*）（网站）和泰国华文媒体《星暹日报》上关于同一新闻事件的新闻报道：泰国维和委员会2014年7月29日批准了连接中国南方的两个高速铁路项目。选择这两家媒体的理由：首先，《卫报》是英国三大高级报纸之一（另两家为《泰晤士报》和《每日电讯报》），也是发行量最大的日报之一；《星暹日报》是现存泰国历史最长的华文报刊之一，也是泰国最具影响力的主流华文媒体之一。一方面，该报有意识地加强关于中国的新闻报道；另一方面，在泰国局势的报道上，《星暹日报》更是报道规模最大、形式最多样的泰国华文媒体，基本形成了全面超越泰国华文报纸的态势。其次，与其他媒体相比，两家媒体对这一新闻事件均给予了较为翔实的报道。最后，两家媒体都自称是中立性报纸，但在对高铁项目的报道中却呈现出不同的报道视角和方式，具有对比价值。

《卫报》（2014年8月1日）这篇报道的页面最上方是主标题："Thailand's ruling junta approves China rail links worth ＄23bn"，并配有副标题"Transport project further consolidates China's power in the region and will be finished by 2021"。标题下方配有一张照片，照片中身着军装的泰国陆军总司令、代理总理巴育面对话筒，目光没有正面面对观众，而是朝向左方。下方指明图片来源于路透社，说明文字是"泰国陆军总司令巴育·占奥差公布连接北部边境与东南地区的计划"。图片下方为新闻正文，第六自然段下方为铁路线地图，虚线为已存在的铁路线，实线为计划修建的铁路线（下文称该报道为"语篇一"）。

《星暹日报》2014年7月31日以《维和委批准"准高铁"项目》（副标题为"耗资7 414亿铢最高时速160公里，分两条线连通中国"）为题进行了报道。从版面位置来看，该新闻置于头版头条，新闻标题下方左侧配发了高铁图片，右侧则刊登了泰国旧铁路线路和高铁线路的示意图。8月7日，《星暹日报》又对该事件进行了重点报道。报道分为两部分，一部分放在头版右侧的新闻导读第二条，题为"泰国高铁项目引领时代大潮"。题目下方用红色提示语注明新闻位置——热点新闻A3。关于该事件的另外一部分报道被置于A3热点新闻全版，以大号黑体字置于版面最上方中央位置，题目为"泰国高铁项目开启东南亚交通新时代"，题目下方是关于新闻的内容提要，正文包括四个小标题："缅甸不通泰国通""将来有钱再提速""高铁将由谁来建？""高铁能为泰国带来什么？"。内容提要下方置入"中国高铁和谐号"的图片。该图片下方右侧是"2013年10月李克强向仁乐（即泰国前总理英拉）推荐中国高铁"的图片。紧接着，上述图片的下方又以醒目的大图"高铁地图"勾画了老式铁路线（黑色虚线）和高速铁路线（红色实线）。"高铁地图"左

① 辛斌．批评话语分析：批评与反思［J］．外语学刊，2008（6）：63-70.

侧配发了两张小图，分别配文“中国高铁已是世界一流水准”（上图）和“泰国铁路水准亟待提升”（下图）加以说明。该版的最右侧是关于高铁的新闻背景材料，标题为“什么叫作‘高铁’？”，下面分为四个小标题：“高铁的历史”“中国标准”“日本标准”“美国标准”，并自上而下依次配发了三张小图，标题分别是“中国高铁的驾驶室”“中国高铁图片”“最早的高铁——日本新干线”。尽管两部分报道围绕同一事件展开，但侧重点不同，我们选择更具代表性的8月7日报道展开，下文称作“语篇二”。

（三）批评性话语分析

1. 分类：词汇选择和使用

动词的使用在两个语篇中具有代表性，所以我们着重分析两个语篇针对2014年泰国批准高铁项目这一事件的动词选择，如表4-1、表4-1所示：

表4-1 《卫报》的动词使用分析（括号内数字表示动词使用次数）

语篇一（《卫报》）

泰国军方政府	中国方面	《曼谷邮报》	澳大利亚国立大学亚太学院 Geoff Wade
approved（2），unveiled	接受《中国日报》采访的前铁道部部长：told（2），is looking to，increase，接受《中国日报》采访的中国铁路总公司Yang Yong：adding，were（directly）helping to 中国铁路总公司：appears 中国官员：described；struck（a deal）；rejected	reported，planned	says，wrote，change，find，（gradually）emerge，（eventually）become

表4-2 《星暹日报》动词使用分析（括号内数字表示动词使用次数）

语篇二（《星暹日报》）

泰国官员	泰国工作组	中外媒体、中国网友们	叙述者
交通部常任秘书梭贴：说，表示；泰国外交部常任秘书西哈萨克庞凯考：称，继续（这一项目）；时任泰国副首相素贴：盛赞	由维和委员会副主席、皇家空军主管、空军上尉Prajin Jantong领导的工作小组：（将于下周）做出（更详细的计划），（未来一个月内）完成	质疑，陷入（困境），（一边倒地）站到（那些媒体的反面），成为	推动，带来（巨大利益），受益匪浅，受益于，照耀，（也将）带来（一些压力与挑战），（将、将会）受

不难看出，两家媒体在动词选择方面存在差异。语篇一在描述泰国军方政府的态度时，使用的动词“approved”表示“批准、通过”，是对新闻事件的客观陈述，本身不带鲜明的感情色彩。第二次“approved”的施动者是较为中性的“military government”。在展现中国方面对高铁建设的态度时，语篇一从三个视角予以描述：第一个是中国国家英文日报《中国日报》的视角，使用了“told”“is looking to”“increase”这些动词，其

中“told”不带任何感情色彩，“is looking to”显示了中国方面正力图推动建设从昆明至新加坡的高铁计划，而使用“increase”则表明这一计划不仅有利于中国，也将造福高铁途经的东南亚国家（老挝、泰国、马来西亚），促进其GDP增长，是互利共赢的项目。“adding”是来自中国铁路总公司的Yang Yong接受《中国日报》采访时补充的话，表明受访者对之前说的话感到意犹未尽，需要加以补充。“were（directly）helping to”是指中国公司正在提供直接的帮助，实现泰国铁路系统的现代化，显示出中国方面的积极态度和实际行动。第二个是“中国铁路总公司”视角，使用了“appears”这一动词，在句中表示“看来、似乎、好像”之意，主要承接上文中国力推的高铁计划，说明“昆明—新加坡”高铁项目将分作四个阶段来建设，即从昆明到万象，然后从万象到曼谷，曼谷到吉隆坡，最后是吉隆坡到新加坡。值得注意的是，“appear”在英语表达中多指从外表判断，它所涉及的可能是一种错误的表象，常含有“实际上并非如此”之意。因此，语篇一通过对中国铁路总公司话语的转述，表达的是对中国修建从昆明至新加坡高铁计划的委婉质疑和否定，认为这个项目难以实现。第三个是中国官员的视角，文中所述的中国官员没有明确的姓名称谓，仅仅提到是涉及该高铁项目的中国官员，所用动词“described”不带任何感情色彩，“struck”是指与泰国前总理英拉政府达成对双方都有利的高铁协议，与上面《中国日报》的视角一致，强调修建高铁项目不是零和博弈，而是互惠共赢。“rejected”使用了被动语态，强调英拉执政时期的高铁协议被后来掌权的军政府摈弃、不采用。“reject”多用于较正式的场合，否定意义较为强烈。

作为泰国主流英文报纸，《曼谷邮报》对高铁项目的报道成为语篇一所关注的重点。从用词来看，“reported”属于中性词，没有感情好恶；“planned”使用了被动语态，表明作为2015年至2022年泰国8年基础设施发展规划一部分的高铁项目建设计划从明年开始。总体上看，引述《曼谷邮报》关于高铁项目的语气平和，未掺杂报道者的主观色彩。

在表明澳大利亚国立大学亚太学院的Geoff Wade的观点时，语篇一使用了“says”“wrote”“change”“find”“emerge”“become”这些动词，其中“says”“wrote”不带任何感情色彩，“change”“find”从语义上看表示“改变”“发现”，如果仅就单个词而言没有褒贬之分，但就上下文的语境来看，改变的趋向和发现的结果是Geoff Wade所不愿意看到的。“emerge”意为“露头、显现、显露”，“become”表示“成为”。

语篇二中动词的感情色彩更为鲜明，变化也更为丰富。“说”“表示”等词的使用显示出说话者梭贴作为泰国交通部常任秘书对高铁项目的重视。“继续”显示出高铁项目并不会随着泰国政权的更迭而中断，体现出泰国军方政府的坚定态度。“盛赞”的说话主体是2010年时任泰国副首相、2012年成为反政府集会领导人的素贴，使用该词是为了强调不论不同政治派别领导人的主张、观点如何迥异，但他们对中国高铁的高度评价是一致的。“做出”与前面的时间限定词“将于下周”以及“（未来一个月中）‘完成’”项目投资方的选择工作等词共同彰显出由负责监督国家经济事务的维和会副主席空总巴真领导的工作小组的务实工作精神，也体现出泰方对高铁项目的期盼。

与语篇一不同的是，语篇二回溯了中国高铁在发展过程中遭遇的挫折（如“7·23”动车事故），使用“质疑”“陷入（困境）”展现了彼时中外媒体对中国高铁的批评态度以及中国高铁发展的低迷状态，呈现出较浓的负面评判色彩。“（一边倒地）站到（那些媒体的反面）”反映出3年后中国网友对中国高铁利国利民作用的充分肯定，充满积极正面的评价色彩。“成为”展示出经过多年的发展，中国高铁无论从技术水准（“世界一流的”）、施工经验（“娴熟的”）、运营里程（“最长”）还是在建规模（最大的）都领跑于世界高铁界，由此“中国最有实力的出口产品”的美誉也是实至名归。另外一个不同点是，在语篇二“高铁能为泰国带来什么”的设问中，新闻报道的叙述者具体分析了泰国高铁项目将会对泰国产生的影响。从所使用的动词“推动”“受益匪浅”“受益于”“带来（巨大利益）”“照耀”来看，对高铁项目推动泰国经济发展的作用是极力肯定的。负面影响在语篇二中主要体现在“（也将）带来（一些压力与挑战）”“（将）受到（制造业发达的中、日、韩等国的严峻挑战）”，以及“（将会）受到（更直接的影响）”等话语表述中，但从用词、文本所占篇幅等因素来看，语篇二对泰国高铁项目持积极肯定态度，认为利远远大于弊，维和委批准的包括高铁项目在内的“八年交通基建规划”是一个历史的必然，也是推动历史向前发展的契机。

从新闻标题的词汇选择来看，语篇一和语篇二凸显出截然不同的情感色彩和价值立场。语篇一标题分为两部分，主标题指明泰国执政的军政府批准连接中国的铁路项目，耗资约233亿美元。该标题初看只是陈述了一个新闻事件，似乎没有言外之意，但如果结合全文来看，便可以发现主标题蕴含的题外之旨。一是“junta”的中文翻译是“军人集团”“军政府”，似乎与后来文中出现的“military government”可以互换使用，但它还含有“武力夺取政权”之意，存在明显的贬义色彩；二是英拉政府与中国达成的“大米换高铁”协议曾经被维和委判决违宪，现在又峰回路转，得到批准，此中令人困惑之处耐人寻味。副标题使用了“（further）consolidates”“power”这些词，强调高铁项目会“进一步加强中国在该地区的权力存在”，表露出对中国的高铁外交不乏警惕和忧虑之意。语篇二的标题为“泰国高铁项目开启东南亚交通新时代”，“开启”“新时代”这些富有正面积极色彩的词汇传达出记者或编者对该事件的价值判断，展现出一幅满怀希望、欣欣向荣的未来图景。标题与正文之间的提要部分没有用“ruling junta”这样的表述，而是使用了不含感情色彩的“泰国维和委”。用“最为引人注目”形容高铁项目的通过，用“赞许、肯定”这些饱含褒奖之意的词语对泰国高铁项目进行了正面、积极的评价。

2. *信源和引语*

在信源方面，语篇一和语篇二的相同点在于都包含泰方的言论、行为，但有所不同的是，语篇一泰方的信息来源较为单一，主要为泰方执政军方/“全国维持和平秩序委员会”（简称“维和委员会”）。中国方面的信源包括接受《中国日报》采访的前铁道部部长、接受《中国日报》采访的中国铁路总公司的Yang Yong，以及与项目有关的中国官员。语篇二泰方信源则较为多样，有交通部常任秘书棱贴、外交部常任秘书西哈萨克庞凯考、泰国副首相素贴、负责监督国家经济事务的维和委员会副主席空总巴真领导的工作小组等。语篇一对来自中国方面的信源比较重视。除此之外，还引用了泰国主流英语媒体和澳大利亚国立大学学者的话，这是语篇二所没有的。语篇二对泰国方面的信源比较重视，中国方面的信源一般都是模糊信源，以泛指的形式出现，且篇幅较小。与语篇一截然不同的是，语篇二在题为“高铁能为泰国带来什么”的小标题中，新闻报道的叙述者具体分析了高铁项目将会对泰国带来的利弊，其价值立场明确鲜明。

从引语形式来看，可以按照间接引语和直接引语的使用次数将语篇一和语篇二进行对比。从表中可以看出，语篇一间接引语使用次数总和为8次，直接引语使用次数总和为2次；语篇二间接引语使用次数总和为6次，直接引语使用次数总和为4次。一般而言，直接引语引用新闻中人物原话，可以增强报道的可信度、接近性、色彩和情感；间接引语转述原话的命题内容，而不拘泥于其措辞，更多地体现了报道者的观点而非原话。语篇一和语篇二在间接引语方面数量相当，但在直接引语使用次数上则相差较大，后者使用次数是前者的2倍。从直接引语的信息类型、内容表达和篇幅上来看，语篇一两个直接引语都属于评价性引语，中国铁路总公司的Yang Yong从正面、积极的角度认为中泰在高铁建设上有着巨大的合作空间，不过他的话仅有11个单词；澳大利亚国立大学亚太学院的Geoff Wade则从负面、消极的角度认为昆明成了东南亚大陆国家只有几个小时车程的“最近邻居”后，其在大湄公河地区的战略地位将会日益凸显。该句单词量为52个，大约是前者的5倍。在此，记者利用直接引语的形式表达出希望表达但又不便直接表达的立场和观点。而从语篇结构上看，也与导语中强调的将与中国铁路连接起来的两条高速铁路是进一步加强中国在东南亚地区的影响力这一论断遥相呼应。语篇二的4个直接引语中，其中直接引语引用泰国交通部常任秘书棱贴的话，主要属于事实性和解释性话语，对高铁及其他双轨铁路线的具体情况进行了叙述和相关解释。泰国副首相素贴及中国网友的直接引语是对中国高铁质量和推进中国高铁建设的肯定与积极评价。值得注意的是，在中国网友捍卫中国高铁的直接引语后，语篇二紧接着用数字叙述了2013年中国高铁取得的举世瞩目的成就，并以下面一段话作为总结：“世界一流的技术水准，娴熟的施工经验，已经让中国高铁成为中国最有实力的出口产品。如果要问，今日的中国高铁质量如何？一言以蔽之，没问题。”这段话显示出记者或编者的判断，是新闻报道中的关键转折段落（表4–3）。

表4–3　信源和引语分析（数字表示使用次数）

	语篇一			语篇二	
信源	间接引语	直接引语	信源	间接引语	直接引语
执政军方/维和委员会	2	0	交通部常任秘书棱贴	2	1
中国前铁道部部长	1	0	泰国外交部常任秘书西哈萨克庞凯	1	0
中国铁路总公司	1	0	时任泰国副首相素贴	0	1

续表

	语篇一			语篇二	
中国铁路总公司的Yang Yong	1	1	负责监督国家经济事务的维和委员会副主席空总巴真领导的工作小组	2	0
与项目有关的中国官员	1	0	中外媒体	1	1
《曼谷邮报》	1	0	中国网友	0	1
澳大利亚国立大学亚太学院的Geoff Wade	1	1			

3. 社会背景分析

“高铁外交”是中国经济“走出去”的一部分，也是提升中国“智造”品牌效应的一次有益尝试。特别是随着“一带一路”倡议的提出并步入务实合作阶段，中国高铁已成为这一倡议的强大助推器。近年来，习近平、李克强等党和国家领导人积极向世界各国介绍中国高铁技术，高铁已成为中国外交的一张新名片。从2013年10月开始，李克强总理就积极运用“高铁外交”，向泰国、澳大利亚等国家介绍“中国高铁”，引发了国际社会的持续关注和热议。

2012年中国与东盟的贸易额为4,000亿美元，若要实现在2020年达到1万亿美元的目标，作为经济贸易的重要载体，基础设施和交通运输的“互联互通”必须先行。中泰加强铁路合作，不仅将促进泰国基础设施建设和经济社会发展，也有利于两国实现互利共赢，进而造福两国人民，并为地区互联互通建设做出贡献。中国推进“高铁外交”，既是国家战略需要，也是发展转型需要。泰国在整个中南半岛中处于地理上的中心位置，泰国需要利用好这个中心优势，连接南北，贯通东西。中国正好位于泰国的北部，位置十分重要，铁路从中国的云南省经老挝就可以连通泰国，对于泰国的互联互通意义重大。

2013年10月，李克强在泰国访问期间亲自介绍了中国高铁，中方与泰国总理英拉签署了被称为“高铁换大米”的协议。之后因为泰国政局变动，英拉下台，中泰高铁项目也被搁置。2014年7月29日，泰国维和委员会批准了将耗资7,414亿铢的两个高铁项目，作为2015—2022年8年基础设施发展计划的一部分。

与中国政府、媒体对中国高铁大力倡导和热情推介不同的是，西方一些主流媒体存在着疑虑、担忧乃至强烈批评。长期以来，全球高铁市场被日本的川崎重工、德国的西门子、法国的阿尔斯通、加拿大的庞巴迪垄断。面对后来居上的中国高铁，西方高铁大国难免心理失衡，西方舆论不断抹黑中国高铁。[①]正如有媒体所指出的：“在中国和平崛起的过

① 杨达卿. 中国高铁后来居上 西方心态失衡抹黑中国［EB/OL］.（2014-11-11）［2017-02-10］. http://mil.huanqiu.com/observation/2014-11/5197868.html.

程中，西方总会有一些质疑的声音，甚至恶意诋毁和攻击，中国高铁自然也不例外。西方一些人对中国高铁的诬蔑攻击，有吃不到葡萄酸溜溜的成分，也别有用心，他们害怕中国先进的高铁技术抢走他们的生意，于是千方百计恶言中伤，损害中国高铁的形象，阻碍中国高铁技术及产品出口。”①不仅如此，中国高铁“走出去”已成为“一带一路”海外基建投资的“排头兵”，②而西方主流媒体对于“一带一路”的警惕与担忧自然包括对中国高铁“走出去”的地缘政治、军事目的和争夺区域领导权的忧虑和质疑。

在泰国国内，对中泰铁路也不是一片叫好之声，相反，质疑和批评之声是我们需要注意的方面。2015年12月23日，一篇题为《中泰铁路问题》的报道颇具代表性，文章认为，据对中泰铁路曼谷—廊开线和北标—罗勇线的初步考察，这两条铁路线全程共计873公里，投资金额高达5,300亿泰铢，这与泰方当初4,000亿泰铢的预算出入较大，中国可以让出更多的经济利益。③民主党代表反对政府对泰国铁路项目的决定。这一决定称政府将全额投资曼谷至呵叻府铁路项目的费用，并雇用中国人员进行建设。承载整个财政负担会对泰国政府造成风险：政府可能会亏钱，除非它有一个共同的项目投资者。

（四）《星暹日报》报道的角色反思

首先，《星暹日报》关于泰国批准高铁项目的报道存在着“角色混同”的问题。角色混同是指“在社会角色扮演中出现的角色颠倒或混淆现象，指角色承担者不遵从特定角色规范的要求，将某一角色的行为方式用于充当其他角色，从而混淆或颠倒了角色间的行为准则和要求”④。众所周知，2013年11月5日，《星暹日报》与中国南方报业传媒集团举行了战略合作签约仪式，此举首开泰国华文报纸与中国报业深度合作之先例。联合办报后，《星暹日报》的编辑方针明显向中国方面转移，在此次报道中，无论是叙述的语言，还是版面设计和相关配图，都显现出《星暹日报》浓烈的宣传味。按照《星暹日报》的自我定位，该报首先是一份泰国本地的华文报纸，尽管其具有一定的倾向性，但在进行具体报道时应该秉持相对客观的立场，而不能任由主观的情绪流淌在字里行间和图片配置上。其实，日本在泰国高铁项目上带来的竞争和影响，给中国高铁“走出去”带来了严峻的考验。⑤《星暹日报》显然将代表中国方面的主观意图嵌入了中泰铁路的叙事之中，角色混同使其难以对自身进行符合实际的定位。其实，2014年巴育政府批准高铁项目只是个开始，后面还有很多复杂的事务要去处理，况且当时也没有批准将两条线路交给中国施工，这种急于求成的心理在中国方面可以理解，但正如之前所述，泰国政界、媒体和民众的声音并

① 澳门日报：西方诋毁中国高铁“抄袭论”别有用心［EB/OL］.（2010-11-24）［2017-02-10］. http://www.chinanews.com/hb/2010/11-24/2677235.shtml.

② 中国高铁走出去：“一带一路”海外基建投资“排头兵”［EB/OL］.（2016-06-16）［2017-02-10］. http://www.scio.gov.cn/ztk/wh/slxy/31215/Document/1480418/1480418.htm.

③ สมิหลา. ปัญหารถไฟไทย-จีน［EB/OL］.（2015-12-23）［2017-02-10］. http://www.dailynews.co.th/article/368568.

④ 秦启文，周永康. 角色学导论［M］. 北京：中国社会科学出版社，2011：122.

⑤ 据报道，2016年8月6日，泰国与日本就曼谷至清迈高速铁路项目签订合作备忘录，泰国将正式采用日本新干线技术，全长700公里的高铁线路预计在2018年动工。参见：宋宇. 日本夺泰国高铁项目 英媒：日本对中国“扳回一局”［EB/OL］.（2016-08-08）［2017-02-15］. http://news.qq.com/a/20160808/027011.htm.

不是统一的，而是多元的，其中不乏担忧、警惕、质疑和批评之声。此后，中泰铁路建设的曲折进程验证了这一判断。①

其次，《星暹日报》的报道虽然翔实厚重，但缺乏“风险社会”的理念和意识。众所周知，现代社会已经由工业社会转向了风险社会，社会问题的核心议题和焦点也从财富分配转移到了风险分配，“不平等的”社会价值体系已为“不安全的”社会价值体系所取代。由于能够应对现代风险的自然科学和人文科学尚未获得充分发展，现有专家理性、科学理性均不足以提供行之有效的对策，从而使科学和理性都面临着极大的挑战。《星暹日报》的报道尽管对2011年“7·23”事故采取不回避和直面现实的态度，但在后面的陈述中认定中国高铁的质量绝对没问题，以后大可高枕无忧了，这显然是过于乐观的预测和判断，不符合风险社会的实际情况。

最后，《星暹日报》在中泰铁路报道中可以有效地担负起“沟通泰中、增信释疑”的角色功能。比如，有关中泰铁路的优势和吸引力等事宜，如果不进行深入采访，便很难提供具有说服力的数据和信息，从而解除泰国媒体、精英人士和民众心中的疑问。再比如，语篇二对高铁项目推动泰国经济发展作用的极力肯定并来有效说明中国在此中获取的利益，而泰方是否能够从中获益或获益多少在报道中成为不证自明的常识，这反而更激起他者的争辩、怀疑和批评。故而，没有利益共同体的连接，命运共同体的构建就无处落实。这也是后来泰方党派、媒体和民众感觉自己“吃亏”的症结所在。作为“一带一路”建设的重要组成部分，中泰铁路建设无疑具有标志性的价值和意义。但为何“好事多磨”，其中的原因错综复杂。作为当地华文传媒，该报应该摆正自己的角色定位，淡化商业或经济合作中的政治因素，增强中泰铁路的地缘经济色彩，积极向当地社会和民众说明中泰铁路为两国带来的经济效益与社会效益。唯有有效担负起“沟通中外、增信释疑”的角色功能，包括《星暹日报》在内的海外华文传媒才能在“一带一路”建设中更好地发挥其作用。

① 2014年11月18日，泰国内阁通过了“中国投资泰国铁路”的合作项目。2014年12月4日，泰国国家立法议会就《中泰铁路合作谅解备忘录草案》进行表决，中泰铁路的合作框架基本确定。2015年12月，中泰铁路合作项目启动仪式在泰国大城府举行，暂定采用泰国财政拨款、泰国国内贷款和中方贷款等合资方式。由于中泰双方对高铁项目的融资方案存在分歧，合作尚未进入正式动工阶段。2016年3月，泰国政府表示将决定自筹资金建设，并缩短总里程，只修建曼谷—呵叻段。中泰铁路合作项目定在2016年9月开工，后开工时间延至2017年3月。2017年8月15日至17日，中泰铁路合作联合委员会第20次会议在曼谷召开，双方在会上完成了中泰铁路合作项目一期工程（曼谷—呵叻段）设计合同的谈判，确定了监理合同价格，并拟于9月初签框架协议，10月底开工。2017年12月21日，中泰铁路合作项目一期工程曼谷—呵叻段开工仪式在呵叻府巴冲县举行。

第二节　突破华人圈，加强与当地主流媒体交往与合作

一、海外华文传媒突破华人圈的必要性

谈及华人圈，我们自然会联想到分布在世界众多国家和地区的唐人街（即“中国城”）。作为一个独特的社会、经济与文化景观，唐人街一直吸引了众多研究者的目光。关于唐人街形成的原因，一直有不同的说法。一种说法是华人聚集唐人街，首先是由于移民在异国他乡时能守望相助、互通乡情，也是当地政府为了管理方便的刻意安排。19世纪以前的唐人街主要在日本和东南亚，当地统治者通常划地为界，让能为当地工商业繁荣做贡献的华商华工集中居住，自我管理，以华治华。[①]还有一种说法是唐人街的存在不是由于中国人本身的喜好而出现的，而是美国以及其他国家政府和民众排华所引起的，这并不是一个积极的反应，而是消极的应对。“海外早期华侨史研究存在着误解，20世纪的华侨史研究有相当一部分学者认为中国移民与其他国家移民不一样，中国人不懂融合，喜欢聚族而居，住在唐人街，保持原有的生活方式。所以从这个假设出发，学者就尽力去理解中国人为什么是这样子。实际上我们现在很清楚，华人这样做主要不是他们自身的选择，而是住在国排华的结果，这是他们对住在国排华适应的结果，就像美国的唐人街。”[②]这种理解并非个案，亚裔美国研究学者谭雅伦（Marlon K.Hom）也持这一观点：

> 旧金山唐人街的形成并不是华人移民不愿融入美国主流社会的结果，也不仅仅源于华人移民渴望保持他们独特的生活方式。唐人街的出现，从历史的角度来讲，是华人面对种族主义的回应。在那段种族迫害疯狂蔓延的年代，华人被迫从融入主流的生存退却到脱离主流的生存，而唐人街作为一种生存手段应运而生。唐人街内部独立的社会结构源于外部社会的不公。华人无法依靠当地法律得到正义的保护，反而备受歧视，在苦难中继续忍受煎熬。为了保护华裔居民，唐人街逐渐形成并在发展中走向昌盛。[③]

美国华裔学者令狐萍在研究芝加哥华人时也有类似的论述：“19世纪末20世纪初，城镇化、商业化的美国社会开始出现，同时，种族、族群关系等一系列问题与现代化不断交融，使美国社会更为复杂……在这个过渡时期，华人作为一支安静且具异国风情的族群在芝加哥最先受到欢迎。他们和芝加哥商业区的其他种族和平相处，并发展了自己的商业——主要是杂货店、中餐馆和洗衣店。但是，他们很快受到歧视，被市区的白人赶出了

① 庄国土．唐人街：中国在海外的文化“飞地”［EB/OL］．（2013-07-10）［2017-02-15］．http://www.360doc.com/content/13/0710/14/11567645_298935273.shtml.

② 张梅．宋怡明：唐人街是排华的结果，并非华人移民热衷聚居［EB/OL］．（2016-08-02）［2017-02-15］．http://www.thepaper.cn/newsDetail_forward_1502565.

③ MARLON Songs of Gold Mountain：Cantonese Rhymes from San Francisco Chinatown［M］．Berkeley：University of California Press，1987：12.

他们最初定居的地方，而后在曾经是芝加哥最贫困的区域之一的市区南部重新安顿下来。在那里，他们与意大利人、爱尔兰人、黑人以及其他少数族群为邻，后来此处成为芝加哥的新唐人街。”[①]美国传播学者詹姆斯·罗尔也认为，过去两个世纪以来，从中国大陆、台湾、香港和其他地方移民到旧金山、洛杉矶、伦敦、纽约、悉尼及其他城市的中国人，圈出土地修建的唐人街，每一个都有自己的政治文化结构和等级。他们这样做的部分原因是受到了歧视。[②]在我们看来，上述对唐人街形成原因的解释是从不同的视角进行分析的结果，都有一定的道理，但也不能一概而论。比如有200年历史的泰国曼谷唐人街是在1782年暹罗国迁都曼谷后，居住在大王宫现址附近的华人迁移到现在耀华力路和石龙军路一带后经营发展而成的，由于历史上华人深度融入泰国主流社会，泰国没有排斥和压迫华人的传统，因此，建立唐人街更多的是主体选择的结果，而不是华人受到压制排斥后迁移聚集的结果。一般来说，既有“实体的唐人街”，如堪称亚洲之外最大华人社区的旧金山唐人街、号称日本及亚洲最大的横滨中华街、马来西亚的茨厂街等，这里有中国传统的牌楼和建筑，具有鲜明的中国文化的符号标记和外观，折射着中华文化的凝聚力和影响力；也有“精神的唐人街”，如在法国、拉美或中东，没有一条具有鲜明标识的传统意义上的唐人街，那里一般没有牌楼和中国式建筑，但是，却有中国人用勤劳和智慧打造和凝聚了一条条“精神的唐人街”，如巴西的25街、迪拜的龙城等。[③]无论形式如何，唐人街是中国人最先认识世界的眼睛，也是中国人最先走向世界的脚印；唐人街是初出国门者的栖身地和庇护所，也是海外侨胞与故土联系的纽带；唐人街是商铺林立、经贸往来之地，也是中华传统文化异地再生之所。当然，历史上的唐人街与唐人街华人在他者特别是西方他者的观照下并不总是正面的形象，唐人街往往成为东方异国情调的猎奇呈现，被标记为犯罪猖獗与藏污纳垢的异国“贫民窟”，而唐人街存在的现实问题则统统归咎于华人社会自身的弊端与陋习。加州大学终身教授陈勇认为，实际上，19世纪美国开始出现的大量的排华文献，在不少领域成功地“污染”了历史资料和历史真实性，其目的是丑化华人。[④]客观而论，唐人街的华人们凭借着自身不懈的努力，在生存和发展中维系与传承着中华传统文化。唐人街也因此成为中华传统文化传承的重镇和象征，成为海内外华文传媒争相报道和宣传的对象。不过从另一个角度来看，唐人街又是一个抵抗外来歧视的堡垒，其自身的相对独立性使之成为所在国及其原住民猜疑窥测的异类奇观。因此，走出“唐人街”不仅对华人、华侨是十分必要的，对海外华文传媒的可持续发展来说也是十分重要的大事。我们在批判上述问题的同时，也应该反思一下唐人街之所以成为异类奇观，是否也与唐人街本身的封闭性具有一定的关联性？我们经常看到或听到这样的新闻报道，初出国门的国人到了唐人街后，发现只要用汉语普通话或地方方言（如广东话、闽南话、客家话、潮州话等）就可以

① 令狐萍．芝加哥的华人：1870年以来的种族、跨国移民和社区［M］．何家伟，等，译．广州：世界图书出版广东有限公司，2015：21.

② 罗尔．媒介、传播、文化——一个全球性的途径［M］．北京：商务印书馆，2005：293-294.

③ 杜志红．中华文化影响力的符号呈现与传播创新——《行走唐人街》解读［J］．现代传播，2011（4）：49.

④ 陈勇．华人的旧金山：一个跨太平洋的族群的故事，1850-1943［M］．北京：北京大学出版社，2009：前言，5-6.

与人交流，并且畅通无阻。一方面，我们承认唐人街在语言文化等方面保存、传承的完好性和有效性，另一方面，我们又必须反思保守和封闭的华人社区在不断自我强化成员认同的同时，是否会加剧主流文化既已存在的偏见。有媒体人以在美的中国留学生为例，认为中国留学生要走出封闭的小圈子，积极融入当地社区，致力于加强中国与当地的文化交流，消除双方的隔阂和偏见。“在美国（社群），你极少见到有人因为批评美国而被认为是‘卖国贼’，或者被人要求‘滚出美国’。反而美国主流社会（文化）会对公民不积极融入主流社会、当地社区、社会秩序和推动社区建设的行为比较反感。”①

海外华人圈是在祖籍国外团结互助，相濡以沫，以地缘、宗亲、行业、宗教为基础建立起来的华人团体，形成了一个个星罗棋布的“华人世界”，或“华人圈”。②华人圈超越了唐人街地理空间的局限，但在精神内核上有可能还未超越唐人街与主流社会之间的区隔。特别是近年来，遍布世界各地的华文媒体，在传承中华文明、增进同胞感情、促进友谊合作等方面发挥了巨大的作用，这已成为不争的事实。但是，“华文媒体自成系统，自我封闭，只限于在华人圈里转，对所在国主流媒体没有任何影响，或者说与所在国媒体没有任何交流，也是不争的事实”③。上述判断显然过于绝对化，近些年来，不少华文传媒已经意识到与主流媒体交流与合作的重要性，有的华文传媒已经付诸行动，并取得了可喜的成绩。但不可否认的是，如何从顶层设计和战略层面确立与主流媒体交流与合作的原则、如何采取和灵活运用多种方式进行合作，进而使主流社会更加重视华人意见，更好地为中国国家软实力建设服务，仍值得我们深入思考。

二、海外华文传媒加强与所在国主流媒体交往与合作

（一）海外华文传媒与所在国主流媒体合作的理念

从顶层设计和战略层面来看，应正确理解海外华文传媒与所在国主流媒体之间的关系，以交往与对话思维作为海外华文传媒发展的基本理念。

在当今世界，关注文化之间的交流、对话已是大势所趋。特别是在经历了血与火的两次世界大战及长期的冷战之后，人们已经不满于亨廷顿式的过分强调文明的冲突必然导致未来世界的冲突的后冷战思维，也不满于福山所谓的苏联解体之后，两个超级大国的对立归于消失，人类意识形态的斗争已经结束，全球只有西方世界一枝独秀，历史已走向终结的观点，而是更注重不同主体之间的交往与对话。交往与对话的理论可谓源远流长，从古希腊苏格拉底与弟子的对话直至对话理论的集大成者巴赫金的观点，我们可以从中看出这一理论发展的脉络。这种交往与对话的关系其实归结起来就是所谓的“主体间性”理论。主体间性的概念来源于胡塞尔的现象学哲学，指的是在自我和经验意识之间的本质

---

① 李江．中国留学生为什么更爱国［EB/OL］．（2016-08-24）［2017-02-18］．http://www.ftchinese.com/story/001069047?full=y.

② 孙国栋，金帆．中华民族的凝聚力和华人圈［J］．浙江社会科学，1992（1）：9.

③ 刘成：华文报与主流媒体的关系［EB/OL］．（2003-09-22）［2017-02-18］．http://media.news.sohu.com/19/85/news213508519.shtml.

结构中，自我同他人是联系在一起的，因此世界不仅是为我个人的，也是为他人的，是我与他人共同构成的。[①]主体间性理论把人与人之间的关系看作一种平等的对话和交流关系，认为每个个体都是一个独立的、无法替代的主体，都具有自我意识和自由意志，个体之间的差异是无法消除也不应消除的。由此可见，主体间性基于交互主体的概念，力图避免“单向度”的主体，强调不同理解主体之间的互相理解。交互主体的双方同时又构成彼此的“他者”，在交往实践中，主体的一方确证为主体性的存在，而对交往对话的另一主体而言又是一个“他者”存在。德国柏林自由大学政治学系教授克劳斯·泽格伯斯（Klaus Segbers）认为“他者”是一个哲学概念，比如，我们两个有不同的背景，我对于你来说是“他者”。对我来说，你是来自于其他国家，有“他者”的经历，这就是“他者”的意思。他强调，在全球化时代，最关键的是我们要理解“他者”的作用。[②]泽格伯斯对“他者”的界定其实并不全面、准确，他将“他者”囿限于民族国家之间，而没有关注到在一个民族或国家内部其实也存在“他者”。相对来说，意大利学者安娜·特里安达菲利多（Anna Triandafyllidou）的论述就比较切合实际。在她看来，“他者”既可指“外部他者”（external other），即另一个民族或族群集团；也可指“内部他者”（internal other），即处于民族共同体内部，威胁或被认为威胁自己的族群或文化纯洁性。[③]一般说来，“内部他者”可能是一个少数族群，也可能是一个移民共同体。当一个少数族群或移民群体迥异的语言、宗教和习俗被认为威胁了主导族群的文化与种族纯洁性的时候，它也就成了一个“他者”。[④]例如，在马来西亚这个多元种族、多元宗教的国家，除了种族和宗教，语文也是高度敏感的课题。作为华文媒体，《星洲日报》理所当然要维护华语、华文教育和中华文化，联邦宪法赋予各族人民应用母语及受母语教育的权利，但是马来文作为国家语文的法定地位和尊严不能受到挑战。因此，华文媒体在国家语文教育政策与维护母语教育权利的夹缝中举步维艰。近半个世纪以来一直是《星洲日报》编辑部领航人的资深报人刘鉴铨经常提醒同仁：“无论头顶的压力多重，维护华文是我们的最后防线，绝不能退后半步。”1987年，《星洲日报》就是因为坚决维护华文教育而被禁止出版五个半月。[⑤]

一般来说，我们对于“他者”的界定往往强调其差异性和多样性，“他者”被放在“我们”与“他者”二元对立的关系中去思考，“‘他者’就是避开了我们意识和认知的东西，就是位于‘我们的’文化和社群以外的东西。‘他者’就是非自我和非我们”[⑥]。在学者廖炳惠看来，“针对性别和地理方面的差异‘他者’，在人类学和文学中，都假设了自身与‘他者’间的对立，特别是面对无法真正理解的对象时，包括在性别、肤色、年龄、性取向乃

① 倪梁康．胡塞尔现象学概念通释［M］．北京：三联书店，1999：255.

② 岳春颖，王大鹏．全球化时代，最关键是理解“他者”——专访德国柏林自由大学政治学系教授克劳斯·泽格伯斯（Klaus Segbers）［J］．南风窗，2016（11）：85.

③ ANNA.National Identity and the “other”［J］．Ethnic and Racial Studies，1998（4）：594.

④ 王立新．在龙的映衬下：对中国的想象与美国国家身份的建构［J］．中国社会科学，2008（3）：158.

⑤ 萧依钊．星洲日报：历史写在大马的土地上［M］．吉隆坡：星洲日报社，2008：293.

⑥ 周宪．文化研究关键词［M］．北京：北京师范大学出版社，2007：290.

至于身体外貌，或行为规范上无法理解的方式等方面，都以‘他者化’的方式来建构‘他者’”[①]。有学者认为，“他者”的确立对于共同体内部认同的形成和发展也具有近乎决定性的作用，其逻辑的展开主要表现为以下三个步骤：首先，通过寻找和制造“他者”来框定“我们”，并以各种名义继续扩大差异来强调“我们”；其次，以非友即敌的二元思维引导人们作出孰敌孰友的本质性判断，继而将人们团结在某一面共同的旗帜之下；最后，随着时间的推移和意识的无意识过程，“他者”与“我们”之间的某些文化特征被描述为天然给定的。[②]这种“他者意识”，就是视“他者”为一种异己的、陌生的、危险的存在者。

作为所在国家的少数族群媒体，海外华文传媒与主流媒体之间很容易形成一种彼此“他者化”的二元对立局面。一方面，海外华文传媒因其自身的非主流族群地位，以及维护华人社群合法权益以及传播中华文化的使命，使主流媒体在看待华文传媒时往往带着异样的、另类的眼光，在涉及种族、宗教、犯罪等问题时更是如此。2007年，马来西亚南部柔佛州首府新山市在两天内一连发生了3起抢劫轮奸案，歹徒的残暴震惊全国，新山市民人人自危，甚至夜不出门，生怕自己会成为歹徒的下一个目标。作为新山市最有影响力的华文报（每10个华文读者中约8个是《星洲日报》的读者），《星洲日报》深感罪案事件严重影响民生，应该挺身为民请命。尽管官方希望媒体不要突出社会犯罪活动，以防在马来西亚欢庆50周年国庆又适逢旅游年之际，吓坏外国游客。不过，《星洲日报》仍以头版大篇幅报道了这几起犯罪事件。相形之下，马来文和英文报纸却只以小篇幅简单报道，甚至出现了漏失新闻现象。此时手机简讯广泛流传，内容大意是指受害者是华人，嫌犯是马来人，而警察部队（多为马来人）也显得不够积极。事实上，案件的受害者不分种族，罪犯也不分种族。然而，此时却传出了“华人的激烈反应已引起马来群众怀疑华人群起反马来人政权”的说法。事件开始政治化、种族化。为避免事件越演越烈，政治领袖与警方纷纷呼吁，不要单纯地将犯罪事件政治化。实际情况是，没有媒体的报道，读者无法了解治安的全貌。作为人民的喉舌，也基于民众的知情权，人们要求改善治安，《星洲日报》翔实地报道了这一犯罪事件，试图反映民情，不回避责任，扮演好警民沟通桥梁的重要角色。令人遗憾的是，《星洲日报》，却因此被安上了“渲染种族化课题”的原罪。而失责的媒体反倒成了维护种族和谐的模范。[③]正如马来西亚世华媒体集团执行主席张晓卿爵士所指出的，新闻报道本来不可能讨好每个人，更不应该讨好任何人。特别是在目前大马社会政治化倾向强烈及政治结构发生激烈变动时，报纸要公平客观地报道，但报纸却总被极端化，甚至被贴上政治和派别标签。[④]当然，上述“二元对立”的他者化困境也有可能在与主流媒体的持续交流和对话中获得消解，使所在国民众对华人社会的印象不再停留在传统的刻板印象中，而是有所改观甚至提升。南非《华侨新闻报》发行人冯荣生举了下面的例子予

① 廖炳惠．关键词200：文学与批评研究的通用词汇编［M］．南京：江苏教育出版社，2006：177.

② 薛秀军，赵栋．中国梦：“他者”语境下现代性认同的新探索［J］．东南学术，2015（3）：12.

③ 萧依钊．星洲日报：历史写在大马的土地上［M］．吉隆坡：星洲日报社，2008：281-283.

④ 夏春平．世界华文传媒年鉴（2015）［M］．北京：中国新闻社，世界华文传媒年鉴社，2015：644.

以说明，颇有说服力："两名华人在约翰内斯堡机场出境时，被几名警员抢走了大量美金，警员将他们押上车，带到荒郊野外洗劫一空之后弃之不顾；另有一名华人在路上被假移民警察拦住，假警察为了夺走华人身上的现金，出手重殴这名华人使他血流如注；此外，还有许许多多的匪徒打劫、伤害，以及警员索贿的案例，这些案件的受害人都在事件发生后联络我们，经我们联络本地主流媒体联合采访后，以英文报道的形式出现在本地电视、电台或报纸上，引起了社会的不平之声和政府的高度重视。如此一来，本地社会更加了解，华人社会并不是压榨劳工、忽视人权的，他们也是有血有肉，和所有南非人民一样的社会犯罪牺牲品。"①

此外，主流媒体的强势地位又常常使海外华文传媒倍感压抑，无形的距离感促使后者往往自耕华人这片"田地"，或者偏安一隅，难以跻身主流社会，发挥华文传媒的影响力；当然，也有个别华文媒体苦心经营，奋起搏击，跻身所在国的主流媒体。新西兰《中文先驱报》总编辑文扬直呼华文媒体处于主流媒体强权之下，"一家海外华文媒体即便具备良好的扩张条件，如充足的资本、优秀的人才、卓越的经营等，但只要脱离不了华文语言和华人社会这两大弱势因素的桎梏，就难有大的发展，难成大的气候，充其量做成当地华文媒体中的龙头老大，或当地华社的一面文化旗帜，也就到头了。然而，真正的媒体，其本质精神一定是进攻性和扩张性的。历数当今全球性主流媒体，其强权地位无一不是伴随着英语强权和盎格鲁—撒克逊族群强权的建立一起建立起来的，无一不是近代以来西方人宏伟的征服叙事之一部分，它们过去一直承担着征服和统治的使命，今天也依然如此，甚至尤甚"②。马来西亚星洲媒体集团总编辑萧依钊这样回首自己身为记者时的一段遭遇：

> 20多年前，当我还是一名记者的时候，华文报在马来西亚被排除主流之外。华文报的报道和评论不受官方的重视，华文报记者的地位也比较低微。当年，马来西亚政府最重视通过英文报 *The New Strait Times*（《新海峡时报》）和 *The Star*（《星报》）来传播信息，所以官方的记者招待会通常都得等到英文报记者抵场后才开始。
>
> 我记得有好几次，《星洲日报》记者做足功课后专访了某些政府首长，且取得了重要的信息，但受访的首长觉得华文报的传播力不够，很快地就在其他公开场合主动把信息透露给英文和马来文媒体的记者。在当时的环境下，处于弱势的华文报记者不容易发掘到独家新闻。③

所幸的是，20年后，以《星洲日报》为代表的马来西亚华文传媒的地位大大提升，晋级主流媒体，华文报代表华人所发出的声音也越来越受到政府领导人的重视。但对于当前

① 冯荣生．沟通合作发展——华文媒体和所在国主流媒体的关系［EB/OL］．（2003-09-22）［2017-02-23］．http://media.news.sohu.com/08/83/news213508308.shtml.

② 文扬．主流媒体强权之下的华文媒体［G］//夏春平．华文传媒与和谐世界（第四届世界华文传媒论坛论文集）．香港：香港中国新闻出版社，2007：137.

③ 萧依钊．华文媒体须先树立公信力，才能强化话语权［G］//夏春平．全球金融危机下的华文媒体（第五届世界华文传媒论坛论文集）．香港：香港中国新闻出版社，2009：41-42.

不少海外华文传媒来说，主流/非主流、强势/弱势所形成的非均衡性对海外华文传媒跳脱出“他者化”的困境确实构成了不小的阻力。但如果海外华文传媒依然固守本身的“华人圈”立场，不主动破除横亘于主流媒体之间的藩篱，那么，华文传媒自身的发展及其影响力的扩散都会受到延缓和阻碍。因此，我们必须“回到主体间、文化间平等交流的意义上，建立人类交流共同体”“批评他者化表征，并不是批评权力，而是批评支配性的权力，因为它以排他性的自我认同为基础，每一种认同都在追求‘我们’的最大权力，而非考虑如何寻求平等交往和互惠性合作。对他者化的抵抗并不只是抵抗权力，更重要的是抵抗每一个文化群体成员心中的排他性认同。对他者化的抵抗也并不只是站在道义层面保护他者，更重要的是保护人类的交流，没有对他者化的抵抗，人类的交流亦难以为继”[①]。

（二）海外华文传媒与所在国主流媒体合作的路径

从交往主体来看，我们可以灵活采取多元主体的方式与主流媒体展开交流和对话。从目前的总体情况来看，交往主体的组织形式主要包括三个方面。

一是海外华文传媒通过个体或协会的形式与主流媒体建立交流和对话机制。相对来讲，因为海外华文传媒在各个国家和地区的分布并不均衡，不少分布也比较分散，因此，通过华文传媒个体的形式与主流媒体建立交流和对话机制的比较常见。如《欧华报》与西班牙主流媒体的交流和合作就比较密切，“先是加入他们主流媒体的协会，几乎大大小小的活动经常会和他们在一起，这就让我们拥有了许多别人无法拥有的资源，利用这些资源，我们可以被邀请参加包括电视台、电台、报刊等主流媒体的访谈。每次在我们为当地华人在西班牙组织举办大大小小活动时，我们也邀请他们参加。由于当地主流媒体同样非常需要这方面的信息，我们就把这当作和他们交换的本钱”[②]。2008年，广东、香港、澳门的政府官员带领300多人的商务代表来西班牙招商，《欧华报》负责整个推介会所有的当地媒体单位的邀请、组织和协调等全部工作，西班牙主要媒体的100多位记者云集推介会。几年下来，《欧华报》已经为国内几十个省市在西班牙举办过许多论坛、推介会和记者招待会，由于当地主流媒体的朋友们从中尝到过甜头，现在他们已经习惯参加这些活动，有请必到。南非《华侨新闻报》特别聘用了本地的记者，专门负责采访华人社区新闻，撰写成“英文报导”之后利用电子联络网传递给主流媒体，供他们参考或使用。这样既省下了主流媒体大量的时间、人力和金钱，又对适时反映华人社区的心声有极大助益。

二是通过华文传媒协会的形式与主流媒体建立联系。根据《世界华文传媒年鉴》（2015）的统计，当前海外华文传媒协会按照地域主体可以分为国家、区域和全球（世界/海外）三类。国家性的华文传媒协会有泰华报人公益基金会、泰华通讯记者协会、泰华通讯记者联谊会、马来西亚华文报刊编辑人协会、澳大利亚中华广播理事会、澳大利亚昆士兰华语广播协会、美国北加州华人传媒协会、多伦多华文传媒工作者协会等；区域性的华

① 单波，张腾方. 跨文化传播视野中的他者化难题［J］. 学术研究，2016（6）：44.

② 王绍基. 从“融入’入手 赢得华人话语权［G］//夏春平. 全球金融危机下的华文媒体（第五届世界华文传媒论坛论文集）. 香港：香港中国新闻出版社，2009：342-343.

文传媒协会有欧洲华文传媒协会、东非华文传媒联盟等；全球性的华文传媒协会有海外华文传媒协会、世界华文媒体合作联盟、海外浙江华文媒体联合会等。[①]以下主要以欧洲华文传媒协会为例予以探讨。

欧洲华文传媒协会前身为“欧洲华文报刊协会”，由欧洲8国16家华文报刊作为发起会员，于1997年10月在法国巴黎宣告成立。之后，根据华文媒体发展形势以及大多数媒体的要求，“欧洲华文报刊协会”于1998年8月更名为“欧洲华文传媒协会”。协会在巴黎注册，常务秘书处设在欧洲时报报社，由欧洲时报报社负责协会的日常事务和联络工作。欧洲华文传媒协会的会员单位已经超过80家，主要分布在法国、荷兰、德国、比利时、奥地利、瑞典、意大利、西班牙、葡萄牙、英国、匈牙利、罗马尼亚、俄罗斯、塞尔维亚、波兰等国，媒体形态也由最开始的以报刊为主，发展成现在的报纸、杂志、广播电台、电视台、网站和出版社等多种不同形式的新闻机构。截至2016年7月，协会成功举办了12届研讨会，欧洲华文媒体同仁在研讨会期间畅所欲言，为欧洲华文传媒协会和欧洲各国华文媒体的发展献计献策，共同促进欧洲华文媒体的健康成长。而欧洲华文传媒协会研讨会也成为欧洲华人社会中极具影响力的传媒盛会。参加欧洲华文传媒协会研讨会的华文传媒数量不断攀升，特别是到了第七届研讨会，欧洲华文传媒由十几家增加到近四十家。从召开时间来看，研讨会进一步走向定期化、常规化。从协会第五届研讨会开始，协会研讨会改为每两年举行一次。从研讨的主题来看，研讨会呈现出与时俱进、丰富多元的特色，从早期主要关注欧洲华文传媒的自身发展以及相互合作，到如何应对金融危机，再到在媒介融合的背景下如何突破困境，展现出鲜明的时代特色和问题意识。从所邀请的参会单位和人员来看，欧洲华文传媒协会愈发认识到研讨会不是华文传媒的“独唱”，而是包括主流媒体和主流社会在内的“合唱”。这个转变从2004年第六届研讨会开始，直至2016年第十二届研讨会为止。当然，研讨会一般持续的时间短、讨论的问题多，很难在这样的情况下与主流媒体进行深入交流和对话。但华文传媒协会本身毕竟是一个整合的媒体平台，制定制度化的交流与对话机制、加深与主流媒体之间的相互了解、促进两者之间的合作，也是协会责无旁贷的使命。正如欧洲时报文化传媒集团总裁张晓贝提出，今后除了媒体和文化两方面，还将花更多的精力组织更多双方论坛式的活动，把（欧洲）主流媒体和中国媒体、主流机构与中国机构结合起来做论坛，大家通过讨论、对话来达成共识、增加共识。[②]

三是通过中国政府、媒体、企业、非政府组织、社会团体等促进海外华文传媒与所在国主流媒体展开交流和对话。

就目前情况来看，发起和组织方主要以中国政府与媒体为主。值得注意的是，一些全球性的华文传媒盛会并没有海外主流媒体的身影。比如，“世界华文传媒论坛”，截至

① 夏春平. 世界华文传媒年鉴（2015）[M]. 北京：中国新闻社，世界华文传媒年鉴社，2015：681-683.

②《欧洲时报》全方位报道中国 促进中欧对话和民间外交 [EB/OL].（2012-10-09）[2017-02-23]. http://gb.cri.cn/27824/2012/10/09/6651s3878568_2.htm.

2017年9月，已在南京、长沙、武汉、成都、上海、重庆、青岛、贵阳和福州等地举办了9届，各届主题不同。令人遗憾的是，如此宏大高层次的“盛会”竟然没有海外华文传媒所在国主流媒体的面孔和声音，这是一个值得思索的问题。或许有人会说，论坛的定位就是包括海外华文传媒在内的世界华文传媒，与所在国主流媒体关系不大。在我们看来，如此观点未免显得视野比较狭窄，心态也不够开放。我们只要看看其中探讨的问题，其实不仅涉及海外华文传媒的生存与发展；还关涉到所在国主流媒体如何看待海外华文传媒，如何认识中国崛起及其对世界产生的影响等问题。比如，在金融危机和环境下华文传媒如何生存与发展这一议题，海外主流媒体是否也面临着同样的困境？它们应对的方法和途径是否也能够对华文传媒有所启迪？在金融危机的环境下华文传媒与主流媒体是否有合作的可能与空间？再比如，“中国梦”这一议题，客观而论，这是党的“十八大”以来，以习近平总书记为核心的党中央提出的崭新理念，成为新一代领导集体对于实现中国发展梦、民族复兴梦、人民幸福梦的庄严承诺。如何充分发挥世界华文传媒论坛公共外交的作用，提供中国媒体、海外华文传媒与国外主流媒体的多方对话平台，扭转在国际话语权的博弈中所呈现的被动式反应姿态，更加积极主动，提高“中国梦”的国际传播能力，应该是值得我们思考和行动的方向与路径。

当然，中国方面已经认识到这一点。例如，在“一带一路”国际传播方面既邀请了国外主流媒体，又邀请了海外华文传媒，共同探讨问题，形成话语交流、思想碰撞、达成共识的良好局面。自2014年开始，由《人民日报》主办的“一带一路”媒体合作论坛得到了越来越多国家的响应和支持，形成了巨大的“磁场效应”，目前已成为由中国主流媒体主办的规模最大、参与国家和国际组织最多、参会外媒最多、最具代表性和影响力的全球媒体盛会。在2016年7月26日举行的“一带一路”媒体合作论坛上，来自世界101个国家的212家国际主流传媒和海外华文传媒巨头，围绕“命运共同体，合作新格局”的主题进行了深入探讨，并就媒体如何在“一带一路”建设中发挥信息传播、增进互信、凝聚共识的重要作用各抒己见。在观点碰撞、思维激荡中，推进全媒体合作成为一致愿望，携手多声部合奏成为共同心声。媒体合作论坛催生了跨越国家、种族、文化的“北京共识”，形成了六大成果。①

中国驻外使馆在组织海外华文传媒与所在国主流媒体交流对话方面也可以发挥作用。2016年4月13日，中国驻阿尔巴尼亚使馆举办了以“加强媒体合作，助力中阿关系”为主题的欧洲华文媒体与阿尔巴尼亚媒体见面会。由《欧洲时报》牵头的欧洲六国华文媒体记者团同阿尔巴尼亚通讯社、《阿尔巴尼亚日报》、阿尔巴尼亚国家电视台等九家阿尔巴尼亚主流媒体代表座谈交流。《欧洲时报》中欧·东欧版社长王敢指出，此次阿尔巴尼亚之行有机会以记者的角度，用手中的笔记录中阿关系新进展以及阿方参与“一带一路”建设的情况，亲身感受中阿友好和山鹰之国的秀丽风光，要将此行所见所闻传播给广大旅欧华

① 汪晓东，等. 唱响丝路“同一首歌”——写在二〇一六“一带一路”媒体合作论坛召开之际［EB/OL］.（2016-07-24）［2017-02-23］. http://www.scio.gov.cn/zhzc/1/32763/Document/1484787/1484787.htm.

人、华侨，为中阿关系发展增砖添瓦。《阿尔巴尼亚日报》总编姆洛亚认为，近年来，中阿关系快速发展，越来越多的中国公司来阿尔巴尼亚投资合作，双方在基础设施建设、旅游、人文等领域的合作潜力巨大。阿尔巴尼亚各界均希望全面加强对华合作，分享“一带一路”倡议带来的发展红利。阿尔巴尼亚媒体愿同中国同行一道，在传递中阿友好声音、促进务实合作方面发挥独特作用，为两国关系发展创造更好的氛围。①

首先，值得注意的是，促成海外华文传媒与所在国主流媒体展开交流和对话的往往是中国政府及官方媒体，企业、非政府组织、社会团体等所起的作用还不够显著。一方面，我们考虑问题的出发点往往是追求数量、规模和规格，相对来讲，政府和官方媒体在人力、财力、物力等方面均具有优势，在举办各类会议、论坛等活动方面能够形成规模效应，并使其具有层级高、范围广等特点，但从另一方面来看，如果过分注重政府和官方媒体的作用，而不充分利用企业、非政府组织和社会团体的作用，就会凸显政治性传播功能，而不能充分发挥民间外交推进海外华文传媒与所在国主流媒体之间的相互了解、交流和对话的作用。因为软实力并非单靠政府一己之力就能完成，需要社会和民间长期积累，它是一个潜移默化的过程。

其次，海外华文传媒应该在心理上、行动上认定自己就是主流社会的一分子，加强新闻策划，寻找并确定与主流媒体的“最大同心圆”。只有积极参与到主流社会中，主动关心并贴近主流社会的民众，才能在主流社会发出自己的自信声音。

一方面，应该说，在世界上任何国家，主流媒体都是以主流价值观为支柱，面向主流社会的。作为所在国的非主流媒体，海外华文传媒要想获得话语权，就要具有公信力、传播力和影响力，也必须要面向主流社会。面向华人、为华人服务当然是海外华文传媒立足的基点，也是其不可推卸的责任，但如果仅仅满足于此，就会无形中使自身边缘化。在澳大利亚，大陆华人经营的媒体以报纸为主，广播，尤其是电视尚处于起步阶段。广播的主要功能是服务于华人的日常生活，例如，提供各种商品、就业、交友信息，播放点播歌曲，交流居家过日子的小窍门和拿手菜，提供倾诉热线等。对此，受访华人的评价是，“（整体看来）电台扮演着全心全意为墨尔本华人过日子服务的角色，像是居委会”②。上述情况在海外华文传媒当中并不算少数，“居委会”功能突出的是华文传媒对当地华人贴心的服务性，这种服务性在一定程度上适应了当地华人的实际需要，对于贴近受众、聚拢人气、实现华文传媒自身的在地性发展具有不可忽视的意义。很多留学生和新移民在中餐馆或是中国超市拿到一份华文报纸，会从第一版读到最后一版，甚至连一则小广告都不会落下。但是，仔细阅读新闻，读者会发现，这些新闻很多都来自国内各大知名网站，广告也是关于中餐馆的自助餐、代买回中国的机票、留学中介、华人旅行社等。西班牙欧华报集团董事长王绍基对此深有感触，“争取当地主流社会的认同，这是我们海外媒体自身在融

① 中国驻阿尔巴尼亚使馆．加强媒体合作助力中阿关系驻阿尔巴尼亚使馆举办欧洲华文媒体与阿媒体见面会［EB/OL］（2016-04-14）［2017-02-26］．http://www.fmprc.gov.cn/web/zwbd_673032/gzhd_673042/t1355351.shtml.

② 刘琛．澳大利亚华文媒体与主流媒体传播中国文化的对比分析［J］．对外传播，2011（3）：40-41.

入方面必须做到、必须做好的头等大事……首先，我们不把自己当作另类，和他们一起担负对当地社会的责任，和他们一起分担苦痛、分享快乐。”在这方面，《欧华报》有着许多切身的体会，“2002年，在西班牙发生了威望号邮轮漏油事件，我们出面组织华人志愿者清污队到沿海地区协助清污；2003年，马德里发生‘3·11’火车爆炸事件，我们动员组织华人参加示威，抗议恐怖活动；在纪念《堂吉诃德》出版400周年的时候，我们报社组织了华人读书会；马德里要申办2016年奥运会时，我们报社竭力宣传，动员全体华人支持；当西班牙的足球队取得了世界杯冠军的时候，我们和他们一起欢呼；在北京举办奥运会期间，我们为中国健儿喝彩，也为西班牙健儿喝彩”①。创办于2002年2月的加拿大《枫华之声》杂志已经走出了纯媒体的框子，走向社会，关注社区，被众多读者称为“精神家园”。《枫华之声》为国内的地震和民间组织筹款，也为温尼伯当地的医院和公益事业捐款；义工们帮助领事馆为同胞办理护照更换、为留学生举办迎新和各项文体活动，也参加当地抗洪救灾和流浪站的志愿服务。其独特的定位和风格在主流社会得到了应有的尊重，议员会写稿子与华人读者沟通，政府部长常来询问有什么社区的事情他们可以参与，主流机构以及商家也积极赞助杂志的出版和活动。②

另一方面，海外华文传媒也应当有充分的自信融入主流社会，与主流媒体展开交往和对话。这主要缘于随着中国国际地位的日益提升和国际影响力的日益扩大，所在国的主流媒体和主流社会都越来越关注中国的发展，愿意了解中国文化，感受中国故事，这无疑为华文传媒融入主流社会提供了难得的契机。早在2001年，《欧洲时报》就与法国发行量最大的周刊《巴黎竞赛周刊》合作，开始出版《巴黎竞赛周刊中国特刊》，每期发行量超过10万册，用法文向法国、瑞士、比利时等法语国家和地区介绍改革开放后中国的变化，受到欧洲主流社会的欢迎。2008年《欧洲时报》成立25周年之际，法国总统萨科齐在贺信中表示这25年是发扬中国文化的25年，他认为《欧洲时报》身处欧洲与中国交流的中心，在国际对话中扮演着重要的角色。法国时报传媒集团总裁张晓贝在分析其中的原因时，既指出了《欧洲时报》的努力以及敞开胸怀去了解国外的文化、社会以讲述我们自己的故事等内因；又特别强调了一个很重要的外因，“中国这30多年不断地发展和强大。随着中国的发展，外国人对中国人、对华人更加尊重了；另外，华商的经济地位也是随着中国的经济地位向上走的，他们在法国的社会地位也在发生很大变化……随着中国国际地位的提升，西方人慢慢对中国文化有更多的了解以后，开始对中国文化更加包容，所以他们也愿意了解中国的故事，倾听中国的声音”。③从这个方面来说，海外华文传媒完全有充分的自信融入主流社会、进入主流社会，关键是通过何种方式和渠道达成这个目标。

① 王绍基. 从“融入”入手 赢得华人话语权［G］//夏春平. 全球金融危机下的华文媒体（第五届世界华文传媒论坛论文集）. 香港：香港中国新闻出版社，2009：342.

② 赖海隆. 王虹：把中华文化介绍给主流社会［EB/OL］.（2013-08-26）［2017-02-26］. http://www.chinanews.com/zg qj/2013/08-26/5204389.shtml.

③《欧洲时报》全方位报道中国促进中欧对话和民间外交［EB/OL］.（2012-10-09）［2017-02-26］. http://gb.cri.cn/27824/2012/10/09/6651s3878568_2.htm.

我们认为，加强新闻策划无疑是海外华文媒体吸引主流媒体关注、加强与主流媒体合作、融入主流社会的有效方式。《新闻传播学辞典》指出，新闻策划有广义和狭义之分。广义的新闻策划是指新闻传媒的形象策划，它包括传媒发展战略策划、传媒营销策划、内部管理机制策划、广告策划以及媒体的风格和定位策划等。狭义的新闻策划是指新闻采访报道策划，指新闻传播工作者在一定时期内为了达到某种传播效果，对具体的新闻事实的报道所做的设计与规划。[①]新闻策划在新闻媒体行业已是“热门词汇”，“新闻策划中心”“新闻策划机制”“新闻策划项目组”等广泛存在于新闻媒体内部。一般来说，新闻策划有利于媒体更好地进行“议程设置”和发挥导向作用；有助于发挥新闻工作人员的主动性和创造性，使传播达到最佳效果；有利于挖掘独家新闻，形成媒体特色，提升媒体形象和提高媒体竞争力；有利于最大化满足受众需求。正如美国华文文艺界协会会长、《红杉林》杂志总编吕红所说：“经验告诉我们，媒体无论大小，如果不做活动就无法吸引公众，而不能吸引公众也就意味着缺乏影响力、号召力，将导致读者订户、广告客户及经济收入日渐萎缩，甚至有可能在竞争中自生自灭。”《红杉林》杂志联合多媒体及跨文化社团举办交流活动、新书发布会、作品研讨会以及大型国际论坛，吸引了主流及亚裔人群的关注；《红杉林》杂志还与亚裔公共事务联盟（APAPA）联合举办了两届中美青少年大赛，并与多家媒体强强联手，推动教育文化发展，开辟了华文校园和小作家园地，培养下一代写作人才。[②]

美国鹰龙传媒旗下的洛城广播电台和《城市杂志周刊》在美国“9·11”事件发生后，加强新闻策划，以美国华文媒体的身份率先发起了为在这次恐怖袭击中殉职的警察和消防员家属募捐的活动。在美国遭遇卡特里娜飓风灾难时，鹰龙传媒通过美国红十字会再次举办了捐款活动。这些活动在当地引起了相当大的反响，从而也使鹰龙传媒以华文媒体的身份获得了当地主流社会的广泛支持和肯定。这种认同和肯定也很快得到印证。四川汶川地震发生后，美国当地的ABC电视台和CBS广播电台等主流媒体主动联络鹰龙传媒，并且专访了这家华文媒体，并在报道中国灾情的同时及时地把鹰龙传媒举办赈灾活动的消息发布了出去。之后鹰龙传媒以华文媒体的身份联合了莱姆利电影院线和鲁迪摩根电影集团，举办了电影慈善专场，仅一场200多个座位的电影慈善放映会就募得5万美元的善款，这笔善款全部通过中国驻洛杉矶总领事馆送去了灾区。在之后的慈善捐款活动中，仅美国南加州各大华文媒体就募集了超过百万美元的善款，其中不乏美国当地主流民众的捐款。由此可见，美国华文媒体只要加强与美国主流社会的互动，作为主流的一分子，在倾听各族裔包括主流社会声音的同时，发出自信的声音，就一定可以获得认同和支持。[③]

创办于1996年的日本侨报社，自1998年开始书籍出版业务，截至2015年8月，日本

① 程曼丽，乔云霞. 新闻传播学辞典［M］. 北京：新华出版社，2012：167.

② 吕红：华文传媒的文化传承及流播嬗变［EB/OL］.（2015-08-17）［2017-03-05］. http://www.chinanews.com/kong/2015/08-17/7472541.shtml.

③ 苏彦韬. 美国华文媒体如何在主流社会发声［J］. 中国记者，2011（11）：96.

侨报社已经出版了介绍中国社会、经济、文化以及中日交流的书籍290余种。日本侨报社出版的第一本书《在日中国人大全》，收录了上万名活跃在日本的中国人数据，第一次全面展示了在日本的中国人的活跃情况。此书出版后，在日本主流社会产生了很大的反响。日本《朝日新闻》在第二版人物专栏刊登了对该社总编辑段跃中的专访，NHK电视台拍摄了20分钟的专题纪录片。发行1,000多万份的《读卖新闻》在第一版评论栏目里通篇介绍了《在日中国人大全》。在促进中日两国人民的相互理解、介绍中国改革开放成果方面，日本侨报社着重推出了以日本作者为主的一系列著作。从2007年开始，日本侨报社每年推出一本《必读！有趣的中国》，该书由日本丽泽大学教授三潴正道主持的翻译集团“而立会”精心翻译，每年从《人民日报》刊登的大量文章里选译美文60篇，加上图片、短评，向日本读者介绍一年来中国的发展变化，这为那些戴着有色眼镜、持有偏见，或者隔靴搔痒的日本人提供了最好的读物。该系列图书出版发行以后，一些日本企业在培训员工时，把该书作为辅助教材。日本《朝日新闻》曾专文介绍了2008年版《必读！有趣的中国》;《每日新闻》在书评栏撰文介绍了该系列的2012年版，指出该系列不仅提供了丰富多彩的中国最新信息，对了解中国人现在关心的问题、中国媒体又是如何报道这些问题也很有帮助。日本NHK广播电台深夜谈话节目用40分钟的时间播出了对三潴教授的访谈，2013年1月17日该访谈首次播出以后，在日本全国引起反响，一个月以后的2月28日又进行了重播。日本侨报社还通过举办中日关系好书展，为中日交流提供优秀的精神食粮；通过创办星期日汉语角，为中日公共外交创造崭新的形式；通过创办翻译学院，为中日文化交流培养优秀的翻译人才；通过举办“中国人日语作文大赛”，为中日青年献身公共外交提供舞台。[①]日本侨报社通过策划上述丰富多彩的活动，不仅树立了自身融入主流社会的良好形象，拓展了影响力，还通过这些活动吸引了日本主流媒体的大量报道。

最后，采用主流社会语言与主流媒体沟通，为华文传媒融入主流社会奠定了坚实的基础。

一般来说，海外华文传媒主要以汉语为传播语言，受众以当地华人、华侨为主，影响范围也限于当地华人社会。而华人移民的第二、三代，大部分接受的是所在国的教育，中文反而成为第二语言，甚至很多出生在国外的华裔只会使用当地语言。

荷兰《华侨新天地》副总编卢雅娟认为：“很多华文媒体总是自诩为架起中国和所在国沟通的桥梁，却不知道‘华文’正是我们的哑巴亏，因为所在国的人民根本不懂中文，这所谓的沟通又从何而来？而客观的真相是，海外华文媒体只是在所在国的华人之中自产自销的产业，而且受众面渐行渐窄，随着传统读者的老去，所在国华裔二代对中文报纸又难以形成阅读的情结和习惯。”[②]美国《国际日报》执行社长朱易指出，理解障碍使华

① 段跃中. 借力当地主流社会推广中日公共外交——日本侨报社出版日语图书、推进汉语角的实践报告［G］// 夏春平. 中国梦：世界变局与华文媒体的新使命（第七届世界华文传媒论坛论文集）. 香港：香港中国新闻出版社，2013：63-69.

② 卢雅娟. “落”阳纸贵 纸上谈“兵”：寻找传统纸媒的核心竞争力［G］// 夏春平. 华文媒体200年——薪火传承与时代担当（第八届世界华文传媒论坛论文集）. 香港：香港中国新闻出版社，2015：225.

文传媒的传播陷入困境，“中国与海外华侨、留学生联系是用中文，而要真正实现广泛传播、真正发展壮大媒体，还是需要用英文”①。据澳洲《新市场报》总编、《澳华电视传媒》创办人任传功考察，自澳大利亚第一份华文报纸创办至今，其中的内容几乎清一色用中文印刷发行，似乎与主流社会“隔绝”。而悉尼的意大利、土耳其等移民社区报纸都或多或少用英文发行。②据澳洲中文电视台负责人反映，目前电视台制作的节目都以中文为主，因此，对于讲英文的当地人而言存在一定的传播障碍，这使得澳洲的中文电视台很难融入到当地主流群体当中。③西班牙欧华传媒社社长兼总编辑陶辛夷指出，在西班牙一些互联网社交平台上，当地民众对中国事件十分关注，如，“义新欧”中欧铁路通车、中国“一带一路”倡议实施、“西班牙加入亚投行”、王健林收购西班牙大厦、王健林购买马竞股份、王健林要在马德里建万达广场等。但当地民众对这些新闻事件的评论常常是毁多于誉，许多网友的态度是猜测、质疑，甚至误读、歪曲。因此，华文媒体需要用当地语言而不能仅仅局限于用中文“讲好中国故事”，引导民众正确解读今日中国之变化和中国文化之内涵。④意大利《世界中国》杂志社社长胡兰波对此也深有体会，“自2007年起，《世界中国》由一个完全用中文发行的杂志变为双语版，这个改变过程非常艰辛，也因此失去了很多中国读者，而意大利读者又不认识我们的杂志。但是，经过8年的努力，我们开始用意大利人能够读懂的语言解释中国，效果令人满意”⑤。法国资深外交官魏柳南（Lionel Vairon）强调，“在对外传播方面，对西方社会产生影响力的，不是中文文章，而是纯正的法语文章、英语文章、西班牙语文章。外国人的表达方式有其独特的语言环境，外国一般的民众都能认可。大多数的英国人、法国人自己写文章，可以加入自己主观的一些看法，更符合老百姓阅读理解的习惯”⑥。

令人欣喜的是，不少海外华文传媒已经开始用当地语言或多种语言与主流媒体和主流社会对话。《欧洲时报》建立了法语、英语和德语网站，意大利语和西班牙语网站也计划在两年内推出，以此打造多语种的网上新闻和资讯平台。为了使报纸符合西方人的阅读习惯，《欧华报》西语版*EL MANDARIN*的记者和编辑都是西班牙新闻学院毕业，并在西班牙媒体工作的兼职人员。为使报纸的内容更容易被西方人所接受，西语版将报纸的内容定为：“中国经济”“中国旅游”“中国文化”“当地华人”4大版块。同时，开设“国际热点”

① 张帅，吴志奇，陈勇．海外华文传媒为中国文化传播搭桥［EB/OL］．（2014-12-03）［2017-03-05］．http://xw.hnist.cn/Article/ShowArticle.asp?ArticleID=1515.

② 任传功．华文媒体如何在西方主流社会发声［G］//夏春平．国际话语体系中的海外华文媒体（第六届世界华文传媒论坛论文集）．香港：香港中国新闻出版社，2011：121.

③ 郑屹，宋婧宇．用媒体融合形式讲“中国故事”［G］//夏春平．华文媒体200年——薪火传承与时代担当（第八届世界华文传媒论坛论文集）．香港：香港中国新闻出版社，2015：62.

④ 陶辛夷．构建贯通中外的国际话语体系——浅析华文媒体如何在海外讲好“中国故事”［G］//夏春平．华文媒体200年——薪火传承与时代担当（第八届世界华文传媒论坛论文集）．香港：香港中国新闻出版社，2015：82.

⑤ 胡兰波．华文媒体是“中国故事”的最好叙述者［G］//夏春平．华文媒体200年——薪火传承与时代担当（第八届世界华文传媒论坛论文集）．香港：香港中国新闻出版社，2015：97.

⑥ 马文生．有效的传播对中国公共外交的重要性——专访法国资深外交官魏柳南（Lionel Vairon）［J］．公共外交季刊，2016（3）：83.

分析专栏、刊登“人物访谈”和“中国服务信息”等。[①]《日本新华侨报》不仅与《人民日报·海外版》合作推出日语版的《人民日报·海外版》（日本月刊），同时也建立了日语版本的网站。非洲华文传媒集团以《非洲华侨周报》为起点，将媒体业务拓展至非洲多国，传播的语种也涵盖了汉语、英语，以及茨瓦纳语、斯瓦希里语等非洲语言。事实证明，海外华文传媒用当地语言或多种语言与主流媒体交流对话，能够突破华人社区的局限，将声音传播到主流社会中去，既能提升自身的影响力，也为更好地讲好中国故事扫除了语言障碍，争取了更大的国际话语权。

总之，加强与当地主流媒体对话和合作是海外华文传媒突破华人圈，融入主流社会的必由之路。需要说明的是，海外华文传媒突破华人圈，并不是要离开华人圈，而是要更好地为华人圈服务，维护华人的合法权益，塑造华人形象。突破华人圈，意味着海外华文传媒不能局限于华人圈，“不仅关注华人问题，而且关注与华人密切相关的课题；不仅关注华人的族群认同，而且关注华人的国家认同；不仅关注华人的利益，而且关注整个社会的公平与公正”[②]。唯有如此，海外华文传媒才能在所在国获得更多的话语权，更好地提升中国国家软实力。

第三节　整合资源，增强海外华文传媒实力

一、海外华文传媒整合资源的必要性和紧迫性

当前，一个必须重视的问题是，海外华文传媒在资源整合方面还面临着诸多问题，这些问题严重制约了海外华文传媒做大做强，对提升中国国家软实力也造成了不利的影响。我们谈及海外华文传媒的发展时，往往过多地强调华文传媒的数量增长之快，而没有认真地思考各国的华文传媒在资源整合方面的成效如何。实际情况是，不少华文传媒各自为政，造成了资源无法共享和统筹规划的困难，分散了人力、物力与资金的投入，有时甚至恶性竞争和相互掣肘，影响了自身的成长和壮大。2013年，《法国侨报》总编钱海芬指出，尽管《法国侨报》在当地获得了很大的认可，取得了一定的传播效果，但总体而言，华文传媒的传播效果还不是很理想。其中一个重要原因就是资源没有整合，“目前法国的几家华文媒体，都是各自为政。《法国侨报》从采访、内容、编辑、排版、校对到印刷、发行

① 陶辛夷. 浅析文化传播德润物细无声——兼论海外华文媒体在中华文化对外宣传中的作用［G］//夏春平. 国际话语体系中的海外华文媒体（第六届世界华文传媒论坛论文集）. 香港：香港中国新闻出版社，2011：392.

② 郭彦，陈宏昌，彭伟步. 传承与超越——海外华文传媒历史与现状分析［M］. 北京：中国国际广播出版社，2012：161.

等，全部是自己投资自己做。我们目前是月报，希望能出版周报，因为读者需要更快频率的报纸，但是出版周报，我们的广告量和经济实力不够。我本人大部分精力用在广告经营上，因为这是我们民间媒体的生存之本。没有很好的整合，各自为政，就不会有很好的传播效果”[①]。其实早在2001年，刚从英国一所大学毕业进入伦敦某华文报社工作的传播系硕士郑慧就发现，“整个报社只有30多名工作人员，整天从英文媒体那里翻译摘抄东西。虽然报纸在整个欧洲发行，但由于华人居住分散，发行量也不少。那时候有同事说，就算把报社所在的伦敦市中心的办公楼租出去，也比我们在这里办报纸赚钱”。2003年9月，已经是北京一家报纸的编辑的郑慧用了9个字来概括她印象中的英国华文媒体——“规模小、质量差、非主流”[②]。

海外华文传媒仅仅靠自身力量单打独斗的结果是造成内部竞争惨烈，很难形成具有地区影响力的传媒集团。竞争惨烈的一个重要表征是各大华文传媒纷纷争夺广告市场。而华文传媒往往分布在华人集中的地区和城市，存在扎堆现象。以加拿大的华文传媒为例，分布在多伦多的华文传媒有《51周报》《大中报》《世界日报》（加东版）、《北辰时报》《北美生活报》《北美时报》《北美周末》《号角月报》（加东版）、《加中时报》《加华新闻》《多伦多周报》、加拿大中文电台（多伦多）、加拿大环球华语电视台、多伦多网上电视等，分布在温哥华的华文传媒有《大华商报》《中华时报》《世界日报》（加西版）、《加西周末》《环球华报》、加拿大中文电台（温哥华）等，分布在其他城市的华文传媒占比较少。早在20世纪80年代，纽约有30多万华人，华文报的市场不是很大，但已有《世界日报》《中报》《星岛日报》《华语快报》《华侨日报》《北美日报》《联合日报》《华美日报》8家当地印刷的华文报在发行。如此众多的华文传媒集中在少数地区和城市，而广告客户的有限致使华文传媒的竞争日趋白热化。新华社北美分社特约记者李大玖指出：海外华文传媒的主要广告来源于华人客户，很难吸引居住国大公司广告客户。除了台港报系的报纸和极少数华文网站有一定的盈利外，多数华文传媒和网站利润极其微薄，有的甚至在无利或者亏损的状况下勉强维持。尽管过去30年海外华人的经济实力不断增长，人均购买力不断上升，但是海外华文传媒的广告来源一直未能突破传统的华人商业范畴——始终局限在区域性、生活服务性广告方面：餐馆、医生、律师、会计师、旅行社等。北美地区的广告大户，如汽车、全球知名品牌服装等基本不在华文传媒做广告。能够与专业广告公司签约，有稳定的广告来源的华文传媒屈指可数。与传统报业相比，网络媒体的广告经营更加困难，由于受众覆盖面广泛，人口分散，在华文报业集中的大城市，网络媒体缺乏与传统报业竞争的能力，很难获得针对特定区域性受众的广告。[③]美国芝加哥华语论坛报社社长张大卫从性价比上比

① 钱海芬. 海外华文媒体对民间公共外交的积极意义——以法国泛欧国际文化传媒公司为研究案例［G］//夏春平. 中国梦：世界变局与华文媒体的新使命（第七届世界华文传媒论坛论文集）. 香港：香港中国新闻出版社，2013：319.

② 时捷. 加强资源的整合 全世界华文媒体联合起来［EB/OL］.（2003-09-27）［2017-03-10］. http://medianet.qianlong.com/7692/2003/09/27/33@1621401.htm.

③ 李大玖：海外华文媒体的地位与作用［EB/OL］.（2014-01-16）［2017-03-10］. http://www.cssn.cn/xwcbx/201401/t20140116_944995.shtml.

较了海外华文传媒与主流英文媒体的广告价格，“可以做一个这样的比喻，在英文媒体上做一次广告的费用，大约可以在华文媒体上登一个月甚至更久。一般的华文媒体，特别是免费的媒体，一个全版的彩色广告大约只需要400到800美元”①。

就在这样惨淡的环境下，华文传媒还得在促狭的广告市场中分一杯羹，恶性竞争的出现和盛行也就在意料之中了。奥地利《欧洲联合周报》总编辑王敢指出：“华文同业媒体广告价格的恶性竞争，使得广告报价逐渐缩水，难以支撑印刷、发行、编辑等方面的费用。特别是一些报纸本着‘我不挣钱也不能让你舒服’的思想，将广告价格搞得非常混乱，有的报纸甚至赔钱刊登广告。这些报纸之所以采取这种‘自杀’式的行动，是本着将竞争对手打垮后再将广告价格提起来的思想而这种思路本身就是不科学的。任何企业只要经营对头，再加上良好的人脉关系，不是那么容易被他人置于死地的，反倒是降价方往往是搬起石头砸了自己的脚，长期下去可能将报纸经营成破产结束。”②澳大利亚华厦传媒集团董事长项翔直言：“大多数媒体还停留在需要老板亲自办报，既当记者，又当编辑，还要当广告员的阶段。在业内有个公开的潜规则，就是先把报纸做厚，给一点钱的或不给钱的广告铺天盖地，造成表面繁荣的假象，争取从被‘引诱’而来的客户中获取利润。除降价外，就是竞争对手进行恶意打击，甚至以‘谣言惑众’，毫无职业道德标准。我不否认这是一种市场经济的竞争方式。但这种情况带来两个海外华文传媒发展的致命缺点：一是破坏了整个媒体发展的大环境，恶意竞争，以降价打击对手，将媒体运营所必需的基础摧毁了；二是给媒体自身的积累发展带来了相当大的困难。”③该集团记者乔治认为，海外华文传媒市场恶性竞争导致利润滑坡，“除了那些移民公司、会计师等少数华企非华人不行，其他像华人超市、餐厅、中医甚至中文学校都在想尽办法做主流市场，因为洋人的钱好挣。所以，很多有实力的华商情愿做主流媒体广告，也不做华文媒体广告。在这种情况下，僧多粥少的华文媒体市场呈现恶性竞争局面，一些媒体以行贿、吃回扣等不法手段使市场规则呈现灰色且充满危机”④。《加中时报》发行人林蔡亮亮指出，近10年来，平均每年有1万名中国新移民定居多伦多，扩大了华文媒体的受众面。但很多新办媒体都是家庭式经营，办报质量良莠不齐，有的报纸几乎所有新闻内容都摘自中文互联网。媒体数量增加，广告市场有限，华文传媒开始竞相降低广告价格争取客户，必然造成恶性竞争。⑤旅美华侨方旭坦言，由于办免费报的经济来源全部依靠广告收入，而华人商家经济实力有限，

① 张大卫．一个解决华文传媒财政困境的出路——谈谈海外华媒与中国企业的互利合作［G］//夏春平．中国梦：世界变局与华文媒体的新使命（第七届世界华文传媒论坛论文集）．香港：香港中国新闻出版社，2013：219．

② 王敢．联合合作与发展——对海外华文媒体协会和媒体共同发展的思考［G］//夏春平．全球金融危机下的华文媒体（第五届世界华文传媒论坛论文集）．香港：香港中国新闻出版社，2009：370-371．

③ 项翔．努力促进海外华文媒体和谐发展环境［G］//夏春平．华文媒体与和谐社会（第四届世界华文传媒论坛论文集）．香港：香港中国新闻出版社，2007：100-101．

④ 乔治．海外非主流华文媒体发展难以逾越的障碍［G］//夏春平．中国梦：世界变局与华文媒体的新使命（第七届世界华文传媒论坛论文集）．香港：香港中国新闻出版社，2013：169．

⑤ 华媒生存现状：创办容易生存难 存在恶性竞争［EB/OL］．（2013-10-11）［2017-03-10］．http://huaren.haiwainet.cn/n/2013/1011/c232657-19787943.html．

投放华文报纸的广告费也就有限。有时，有的华人商家一天之内要应付多家报纸的广告业务代表。十几年来，已有十多家免费中文报纸因经费困难而关门倒闭。[①]在日本，华文媒体间相互攻讦、互挖墙脚的事时有发生，其中最为严重的是广告客户抢夺战。不少媒体反映，一旦一家媒体刊登了一个新的广告，马上就会有别的媒体与该广告客户联系，试图以压低价格、虚报发行量等方式将其占为己有。通过华人、华侨经营的餐馆、商店等免费发放是华文媒体的主要发行方式。因媒体数量多且相对集中，同一家餐馆或商店往往成为数家媒体的发行点。为增加发行量，一些媒体在送报纸时顺手牵羊把别家媒体的报纸悉数带走扔掉的事并不鲜见。[②]

哈佛大学商学院教授迈克尔·波特在《竞争战略》一书中指出："影响战略集团战争的最重要因素是他们市场的相互依赖性，亦即各战略集团为同一群顾客进行争夺，或者为争取不同细分市场中的顾客进行竞争的程度。当战略集团的市场交叠很强时，战略差异将导致极其剧烈的争夺。""在其他条件相同时，战略集团数目越多且各自规模（市场份额）越相近，则其战略的不对称性通常越能激起竞争。战略集团数量大意味着集团多样化，某一集团采取削价或其他战术攻击其他集团，从而激发战争的可能性就大。"[③]随着华文传媒数量的不断增加、竞争的不断激烈，同类型的华文传媒会越来越多，这就会使本就竞争激烈的华媒市场份额不断减少，它们之间的相互冲突乃至引发的恶性竞争也就难以避免。有些华文传媒为了生存与发展的需要，还刊登招聘小姐、提供性服务的风俗/色情广告，连日本历史悠久的《中文导报》《东方时报》等华文报纸都在其列。而号称"无论在影响上还是在效益上，都是澳大利亚最成功的华文传媒之一"[④]的《澳大利亚时报》也经常刊登色情广告。这从一个侧面说明华文传媒之间竞争的白热化程度，除了刊登传统的餐饮业、留学服务、房屋中介、律师楼等广告外，也将难以舍弃的风俗广告这块"肥肉"纳入其中。尽管在一些国家色情业是合法的，比如在日本，正规的风俗业在日本得到法律承认，刊登正规的风俗店广告并不违反日本的法律，但有非常多的风俗店并没有得到正规许可。况且，刊登风俗/色情广告，只能降低华文传媒自身的品位和格调，从短期来看可以获利，但并不利于华文传媒的可持续发展。创办于2005年的《日中商报》的办报理念就是"以商务经济信息为主，不涉政治、不涉宗教、不涉色情"，该报社社长程显齐在谈到报纸经营时，对此深有感触："为什么要抛弃色情广告？主要是我的定位不同，内容有了色情，报纸的整个格调就给人庸俗之感，得到所在国主流社会的承认就变得非常困难。而且大公司，特别是注重形象的公司，对这类报纸很难认可。色情广告价格虽贵，但很零碎，

① 方旭. 美国 百家争鸣［N］. 人民日报（海外版），2013-12-13（13）.

② 孙冉. 日本华文媒体与国际传播能力建设［G］//夏春平. 国际话语体系中的海外华文媒体（第六届世界华文传媒论坛论文集）. 香港：香港中国新闻出版社，2011：107.

③ 波特. 竞争战略［M］. 陈小悦，译. 北京：华夏出版社，2005：134-135.

④ 夏春平. 世界华文传媒年鉴（2015）［M］. 北京：中国新闻社，世界华文传媒年鉴社，2015：448.

100家色情店的广告费，可能抵不上一家日本500强公司的广告费。”[①] 与之相反，《日中商报》始终坚持走资源整合和品质发展之路，得到了日本大公司的垂青。比如，SEVEN银行在《日中商报》大规模投放了广告。最近几年由于收获了多家日本有名公司的广告业务，《日中商报》已经扭转亏损局面，效益不错。

当然，也有从业者和学者觉得整合资源之路并非海外华文传媒发展的必由之路，各自为政也可以生存和发展，特别是对于背后拥有雄厚实力的财团支持的华文传媒更是如此，其危机感和紧迫感并不是特别强烈。有学者更是细数了这一结构模式的益处：“报企联合有两个好处。对于经济实体，有报纸就有了免费的广告支持，能提高它们的知名度。而且它们能够通过报纸更快地获取各种信息、精细化市场导向、减少成本、增加利润。对于报纸来说，有经济实体作为后盾，便有了稳定的经济支持，拥有了各种必需的硬件环境，能保证报纸的生存和各项采编业务的进行。这样即使报社遇到经济困难，也能在经济实体或领导者的支持下生存。”[②] 尽管我们承认上述结构模式具有一定的互补性、抗风险性等优势，比如，日本《阳光导报》背后有经营物产店和中国食品批发的“阳光集团”，《网博周报》背后有在华人界运营“国际电话卡”数一数二的新时代电信公司，而《日中商报》的母体公司也是在日华人料理界和酒店界赫赫有名的长城协力有限公司。2014年，《日中商报》作为日本唯一一家纯商业性华文传媒被日本国立国会图书馆收藏。目前，英国发行量最大的华文报纸《英中时报》2003年由欧美嘉集团投资创办，欧美嘉集团是著名的华人旅游公司，报纸依托母公司的旅游优势，发行渠道覆盖英国境内的大型中餐馆和华人超市。2009年5月，《英中时报》成为大英图书馆首份指定收藏的伦敦华文周报。我们在强调华文传媒与母体公司“唇齿相依”一面的同时，也不能忽视母体公司经营不善或者倒闭给旗下华文传媒带来的“唇亡齿寒”甚至是“灭顶之灾”。比如，日本的《唐人报》在其物产店倒闭后停刊，还有停刊的《知音》也是如此。“《知音》的广告一向以贵著称，其广告数量之多，在华人报刊中曾没有报社能与之并肩，但后来也因为母体公司倒闭而关门。”[③] 即便是有母体公司支撑的《日中商报》也积极与中国商务部机关报《国际商报》加强资源整合，出版了《国际商报》(日本合作版)。2010年接手泰国华文媒体《星暹日报》的郑芷荪是泰国成功的企业家，现为泰国工商总会主席、泰国康蒂集团董事长。其集团辖下业务涉及房地产、信托、证券、投资顾问、媒体等多个行业。在泰集团拥有三家上市公司，其中证券公司在泰国证券市场名列前茅，并在全国设有50多个分部；国外投资从澳洲、美国、英国直至中国。郑芷荪35岁就荣登泰国房地产商富豪榜排名前30名，此后，他将房地产业务发展到澳洲，并被评选为澳大利亚前100名企业家。应该说，依托这样的身家和地位，《星暹日报》足以高枕无忧，根本不必担忧自身

① 做一份有“灵魂”的报纸——《日中商报》社长程显齐谈办报［EB/OL］.（2015-06-17）［2016-11-18］. http://www.worldchinesemedia.com/ss/?action-viewnews-itemid-228.

② 刘康杰，夏春平. 新媒体淘汰报纸？——五大洲31国59家海外华文报纸调查［J］. 新闻大学，2015（1）：28.

③ 张宏. 日本华文报纸的经营现状及展望［G］//夏春平. 国际话语体系中的海外华文媒体（第六届世界华文传媒论坛论文集）. 香港：香港中国新闻出版社，2011：87.

的生计问题。但郑芷荪没有满足于此，而是积极谋划和推动《星暹日报》的进一步发展。先是与南方报业合作，于2011年12月22日推出“今日广东”版，该版由南方报业提供版面，每周三出版，每期两个版面；双方经过商议，南方报业以资本入股和团队输出的方式与《星暹日报》合作。

综上所述，海外华文传媒应积极整合重组资源，选择抱团取暖、强强联合的方式，共同经营管理华文传媒。正如有论者指出的：“为什么我们要强调海外华文传媒抱团取暖？这并非是什么‘山头主义’，而是大势所趋：只有合作才能共赢。其实，我们每个人都可能是生意中的一个环节，可以提供一个环节里的核心功能，大家合作把生意做成，然后再分蛋糕。在当前的互联网世界，这种生意场的合作理论更加重要，因为即使你资源再强，人脉再广，你也不可能掌握一条产业链，你只可能是产业链上的一环或是一环的一部分。我们说华文传媒抱团取暖，并非我们都冻得不行了，非要挤在一起取暖，而是要聚在一块织毛衣，让每个人都暖和起来。怎么织毛衣？你有针，我有线，他会织，然后毛衣就成了。在这个组织里，大家都是协同合作的关系，你提供需求，他找来商品，我提供渠道，然后大家合作把事情做成。这样的组织真正运转起来后，再结合我们媒体各自的优势，我相信，我们在商业、文化、教育等多个领域肯定可以无往而不胜。”①

二、海外华文传媒整合资源的路径选择

海外华文传媒整合资源的路径选择可以从以下几个方面着手：

一是华文传媒之间整合资源，联手合作，成立新的华文传媒或华文传媒集团。例如，2010年1月，意大利《新华时报》《欧联时报》两家华文媒体宣布联手合作，共同出版面向意大利侨胞的华文报纸《新华联合时报》。《新华时报》是在意大利最早创刊的意大利华文媒体，十多年来坚持为侨民服务的办报理念，牢牢把握时代特色，深深地影响了意大利的华人社会。《欧联时报》创办于2004年12月，由中新社浙江分社与意大利欧联传媒集团联合出版发行，是《人民日报·海外版》在意大利的唯一合作伙伴，有着科学的经营理念、先进的运作模式、强劲的发展势头。面对日趋激烈的传媒业竞争，在中国驻意使馆的协调下，两报决策层决定顺应经济发展规律，实现“两报合一”，联合壮大，为意大利华文传媒的发展开辟了新路。②

二是海外华文传媒通过建立华文传媒集团或通过跨国、跨地区经营媒体集团的形式增强其核心竞争力。

在所在国家建立华文传媒集团已成为各大海外华文传媒整合人力、技术、资本等资源进行生产、流通、交换和分配的一种重要组织形式。以美国、加拿大和澳大利亚为例，我

① 常晖．解读海外华文媒体抱团取暖新方式——访国际新媒体合作组织执行主席张辉［EB/OL］．（2015-05-07）［2016-11-18］．http://www.worldchinesemedia.com/ss/?action-viewnews-itemid-69.

② 博源．中使馆牵线搭桥 意大利两华文媒体牵手合作［EB/OL］．（2010-01-08）［2017-03-16］．http://www.chinanews.com/hr/hr-ozhrxw/news/2010/01-08/2061884.shtml.

们可以列举出相关的华文传媒集团（如表4-4所示）：

表4-4 美国、加拿大和澳大利亚主要的华文传媒集团[①]

国家	在所在国建立的主要华文传媒集团
美国	侨报、美南报业传播公司、美中报系、中国之星媒体集团、美国多元文化传播集团、美国纽约商务传媒集团、美国鹰龙传媒有限公司、ICN电视联播网、美国新时代卫视传媒集团
加拿大	七云文化传媒、北辰新闻传媒集团、北美生活报业集团、加拿大商报传媒集团、华报集团、红枫林传媒、星星文化传媒集团、信报传媒集团、维多利亚传媒集团有限公司、蓝天传媒公司
澳大利亚	大华时代传媒集团、澳洲大洋传媒集团、澳大利亚华夏传媒集团、澳大利亚镜报传媒集团、澳中传媒集团、澳华国际传媒集团、澳视传媒集团、澳星国际传媒集团

通过跨国、跨地区形成的媒体集团以世界华文媒体集团和《国际日报》报业集团为代表。

成立于2008年4月30日的世界华文媒体集团在中国香港及马来西亚同时上市，也是一家领先的全球华文媒体平台，该集团由马来西亚星洲媒体集团、南洋报业集团及香港明报集团合并而成。世界华文媒体集团旗下拥有马来西亚的《星洲日报》《中国报》《光明日报》《南洋商报》以及中国香港的《明报》，总发行量超过100万份。该集团旗下还拥有中国香港的《亚洲周刊》、马来西亚的《亚洲眼》《风采》等30多种期刊及一些多媒体报刊和企业。该集团是在多家媒体企业合并基础上组建的，合并之后各家报刊的编辑业务相对独立，保持着各自的特色。世界华文传媒集团的上市不仅标志着一家大型国际华文报业的诞生，也预示着马来西亚华文媒体一个垄断时代的到来。[②]以下为马来西亚星洲媒体集团、南洋报业集团及香港明报集团的合并过程（下统一省略“集团”，如表4-5所示）：

表4-5 星洲媒体、南洋报业与明报企业的合并进程[③]

2007年	1月29日	星洲媒体与明报企业宣布合并，打造全球华文媒体集团，邀请南洋报业参与
	4月19日	南洋报业接受合并献议
	4月23日	星洲媒体、明报企业和南洋报业3方签署合并协议
	6月27日	明报企业股东大会通过换股合并
	11月27日	马来西亚证监会批准合并计划
	11月30日	马来西亚贸工部批准合并计划
	12月28日	明报企业申请改名为世界华文媒体有限公司

① 夏春平. 世界华文传媒年鉴（2015）[M]. 北京：中国新闻社，世界华文传媒年鉴社，2015：473-531,444-464.
② 夏春平. 世界华文传媒年鉴（2015）[M]. 北京：中国新闻社，世界华文传媒年鉴社，2015：413.
③ 萧依钊. 星洲日报：历史写在大马的土地上［M］. 吉隆坡：星洲日报社，2008：232.

续表

2008年	1月9日	星洲媒体与南洋报业分别举行股东大会，近100%赞成票通过合并计划
	4月30日	由星洲媒体、明报企业和南洋报业合并而成的世界华文媒体有限公司，在吉隆坡及中国香港双边上市

创刊于1981年11月的《国际日报》(日报)在1993年被美国熊氏集团收购后，逐渐发展成以《国际日报》为母报的、在海外有影响力的大型报业集团。集团旗下的《国际日报》及《中南快报》《华声报》《橙县早报》《棉兰早报》《坤甸日报》《泗水晨报》《万隆早报》《印度尼西亚日报》《国民日报》《今日商报》《国际周刊》《生活周刊》等12报2刊的发行范围遍及北美洲、东南亚及澳洲、欧亚地区。

总体来看，无论是在所在国建立华文传媒集团还是跨国、跨地区经营的媒体集团，一般来讲，都具有以下特点：第一，它仍是通过生产资料的占有来创造价值的普通劳动生产方式。对于基础设施的占有，等于对传播渠道和传媒市场的垄断。第二，因垄断形成了高收益，所以金融资本纷至沓来，助推产业资本创造更多的价值。通过获得更多的渠道和内容，进一步扩大自身的传媒市场。第三，对于一个寡头垄断的市场，资本具有支配权，拥有者只需考虑扩大生产规模、追求集约化的经济效益、降低成本、分散经营风险就可以了。第四，所谓创造产业价值链、选择相关多元化战略，均由核心内容生产所创造的价值作为原驱动力进行价值活动连接而成。①星洲媒体集团董事总经理刘鉴铨于2007年4月4日在接受《亚洲眼》月刊专访时指出："我们这项合并只能说是马来西亚社会和世界接轨的其中一条微小的纽带。资源整合是为了确保集团能够获取更多的优势和利好条件，增进收益以便为整个集团的股东和职员带来更多的利益。"②他简明扼要地将三个报业集团合并的目的归结为两条，一是将所有由张晓卿控制的媒体企业整合成单一旗舰，朝向国际化发展；二是整合资源，共享平台。刘鉴铨声明："资讯的流通是无远弗届的，没有任何一家媒体机构可以垄断或控制资讯。如果有任何一家媒体控制新闻，那么读者肯定会唾弃它。过去，我们一直尽力地突破各种限制，尽量从多种角度为读者提供全面和深入的新闻与资讯，因此，我们的报纸才成为受读者欢迎的报纸。未来，我们保证将继续朝这方面努力。"③对于上述"反垄断"的解释，也有人持不同的观点和意见。有论者认为，这是"鸟笼里的竞争"，即在同一个老板底下的竞争，是经过相互协调后的竞争，不会让各报相互抢夺市场，因为那将不利于老板的经济利益。而竞争的异质性则强调不是在共同集团内的竞争，而是不同老板、不同办报方与策略的竞争。④还有论者认为，对于以如此高的市场占有率所产生的议价能力，不是没有组织性的读者和广告客户所能匹敌的。读者和广告

① 孙莉. 新政后中国传媒集团的发展战略[J]. 编辑之友，2015(1)：13.
② 萧依钊. 星洲日报：历史写在大马的土地上[M]. 吉隆坡：星洲日报社，2008：267.
③ 萧依钊. 星洲日报：历史写在大马的土地上[M]. 吉隆坡：星洲日报社，2008：266.
④ 郭史光庆. 刘鉴铨指张晓卿没"垄断"评论人：鸟笼竞争非真正竞争[EB/OL].(2007-04-05)[2015-05-12]. http://www.malaysiakini.com/news/59017.

客户目前处于谈判弱势的一方：第一，他们没有多少报章可以替代；第二，对于资讯与宣传渠道的需求是读者和商家的基本需求；第三，没有任何组织能代表他们的意见，谈判将显得凌乱和没有组织性。市场无形的手在这里将无法和张晓卿孔武有力的报业手臂匹敌。①

从当前情况来看，世界华文媒体集团控制着马来西亚绝大部分的华文传媒，尽管还有2003年由砂捞越启德行投资创立的《东方日报》以及位于槟城的历史悠久的《光华日报》，但在这场实力悬殊的对抗中，这两份报纸还能支撑多久也一直为世人所关注。反对垄断的学者与业界人士的担忧和警惕不无道理，垄断所带来的多元声音的日益整齐划一以及对自由、民主的损害一直以来为人所诟病。加州大学伯克利分校新闻研究生院名誉院长本·H.贝戈蒂克安在其名著《媒体垄断》（第六版）中指出："当一家公司向不同的媒体企业扩张，他们总是向公众许诺提供更丰富的新闻和娱乐的选择。但一般的经验是，不同的媒体由一家公司控制，其结果经常是这些媒体间的差异越来越小。电影看上去更像电视连续剧。人们曾经期望有线电视能够提供与主流电视网不同的节目，如今，在同样的公司的支配下，有线电视只是商业电视网的简单模仿。有人说，大公司更有能力抵制政府对信息自由的干涉，这是没错，一些公司（不是全部）曾经这样做过。但是，如果让他们在两者之间选择，一边是许诺提供给公司税收优惠和减少政府监管的候选人，另一边是支持信息自由的候选人，他们的选择通常是令人失望的。"② 贝戈蒂克安的警告与担忧确实是包括世界华文媒体集团在内的华文传媒集团引以为戒之处，但从另一方面来看，集团化发展趋势已成为海外华文传媒必将出现的趋势之一，报业集团化也必将在资源配置等方面为海外华文传媒带来更多的益处。③ 正如有学者指出的："传媒公司之间通过收购、合并等手段，进行产权、营运、产品上的整合，形成规模庞大的多媒体集团，从事具有规模效益的多媒体业务。这样，报纸、电视台、电台、电影和互联网站的生产作业得以打破彼此的界限进行互动性融合，进而达到资源共享并衍生出不同形式的信息产品，然后互相推动、促销、造势，通过不同的平台传播给受众，从而取得事半功倍的经济效益。"④ 如果不按照现代企业制度构建华文传媒集团，海外华文传媒做大做强的梦想也只能停留在一厢情愿的无限憧憬中。众所周知，默多克新闻集团之所以能够成为一个庞大的传媒帝国，主要源于默多克通过积极并购和自我积累，使新闻集团的运营范围覆盖欧、美、亚、澳等几大洲，业务范围几乎涵盖了传统媒体与新媒体的所有方面，成为当今世界上规模最大、国际化程度最高的综合性传媒公司之一。如果华文传媒只立足于有限的华人市场，一窝蜂地甚至不择手段地进行争夺，赢利和壮大只能是痴人说梦。早在2004年11月第三十七届世界中文报业大会上，张晓卿就强调，境内外中文媒体本属一家，基于共同的文化诉求和建立中文媒体合作

① 王德齐. 反垄断是你的表面信念——回应刘鉴铨《反垄断是我们的信念》[EB/OL].（2007-04-05）[2015-05-12]. http://www.malaysiakini.com/letters/59018.

② 贝戈蒂克安. 媒体垄断（第六版）[M]. 吴靖，译. 石家庄：河北教育出版社，2004：54.

③ 程曼丽. 海外华文传媒研究［M］. 北京：新华出版社，2001：331.

④ 宋昭勋. 新闻传播学中Convergence一词溯源及内涵［J］. 现代传播，2006（1）：52.

的机制与交流平台，全球中文媒体加强交流与整合将成为必然趋势。中华民族要在国际论坛上拥有属于自己的强势媒体，并与西方媒体展开平等的对话和交流，这已经不再是一个遥不可及的梦想。我们应该在互动和合作中，建立起一个以全球华人为主体的网络世界。在这个网络世界中，有各种信息的互动，也有互相的关照，更有共同的愿景和美丽的梦想。[①]张晓卿的上述表白在很大程度上表示出他孜孜不倦追求的“华文传媒梦”，而实现这一梦想的路径无疑就是他四年后将其麾下的三大报业集团合并，分别在马来西亚和中国香港双边上市，通过资源整合建构了中国以外最大的中文媒体平台。当然，上述梦想的实现确实要经历一个长期的过程，但是“在路上”的跋涉和追求总比自闭与守成给人带来更大的希望。

从传媒经济学的角度来理解，建立海外华文传媒集团的初衷无疑是通过跨媒体的联合，实现媒体优势的互补，实现范围经济；而媒体的跨地域扩张，则可实现规模经济。但实际上，能否实现范围经济、规模经济，则受到各种因素的制约，有其内在的规律性。从华文传媒集团的实际情况来看，已经从初期的报业集团向跨媒体集团迈进。比如，创建于1994年的澳星国际传媒集团，通过20多年来的资源整合与业务拓展，已发展成为大洋洲规模最大、媒体平台最多、覆盖范围及影响力最广的综合媒体集团之一。其平台包括广播、电视、报纸、杂志、网络等所有媒体形式。该集团目前共拥有12个广播电台频率，包括悉尼的中文电台、墨尔本的3CW澳大利亚中文广播电台、珀斯的西澳华语广播电台、堪培拉的堪城之声广播电台以及布里斯班的中文广播电台。其中墨尔本的3CW澳大利亚中文广播电台是澳大利亚唯一一家实现24小时全天华语广播的海外电台。该集团在各地还拥有《OBQ东方北京青年周刊》《东方壹周刊》《东方先驱报》《东方邮报》《东方地产报》《东方生活报》《东方都市报》《澳华时报》《东方留学伴侣》9份华文报刊及1份中英文版发行的《矿业杂志》。在IPTV平台的基础上，澳星国际传媒集团在大力建设发展电视台的同时，更致力于网络新媒体的开发，已建成多家包括文字、在线广播收听、在线视频等的多功能网站。除此之外，集团先后成立了澳星文化中心、易公关会展公司、东方影视、东方艺术协会、华夏经典艺术学院及澳大利亚东方歌舞团等文化实体。[②]

对于不同类型的华文传媒集团，应该采取不同的发展策略。对于单一种类的华文传媒集团，适宜采取集中化的经营战略，通过市场细分将生产经营活动定位在某一特定的受众群体、某一特定风格的信息产品或某一地域市场上，以提高资源利用效率，避免成本的扩散，从而降低总成本，而不是四处撒网，没有重点，平均使力。对于跨媒体、跨地域的华文传媒集团，也不一定要求大、求全。从表象上来看，形式上整合在一起的华文传媒集团，看似可以节约资源，协调彼此关系，减少内部恶性竞争。实际结果是，当多个产业之间合并后产生的摩擦系数大于整合效应时，资源整合的协同效应被消解了。特别是依靠行

① 苏祥新．张晓卿吁中文媒体共创全球华人为主的网络世界［EB/OL］.（2014-11-11）［2017-03-20］. http://news.xinhuanet.com/overseas/2004-11/11/content_2202794.htm.

② 夏春平．世界华文传媒年鉴（2015）［M］．北京：中国新闻社，世界华文传媒年鉴社，2015：458.

政力量强行“大而全”的撮合往往并不能实现“大而强”的目标。早在2005年6月14日，维亚康姆集团董事会通过决议，批准将传媒集团一分为二。维亚康姆集团由此被拆分为两家独立的上市公司：其中一家上市公司旗下的资产包括MTV、派拉蒙电影公司以及有线频道等产业；另一家上市公司旗下的资产主要包括CBS、广播电视网络、无线广播网以及户外广告等产业。2013年5月24日，默多克新闻集团拆分后，负责出版业务的新兴新闻集团包括华尔街日报社、道琼斯通讯社、图书出版商哈珀·柯林斯（Harper Collins）和数家澳大利亚及英国的出版公司；而主管娱乐业务的21世纪福克斯则涵盖了福克斯广播公司、有线电视频道、20世纪福克斯影片公司以及其他娱乐产业。法国的维旺迪集团（Vivendi）股东于2013年11月26日批准了分拆其互联网及移动电话部门SFR的计划，从而将发展重点集中在媒体内容上。1990年，在影视和音乐产品领域享誉盛名的华纳传播公司与主营出版事业的时代公司宣布合并，以华纳传播公司为主体，成立时代华纳公司，时代公司则成为其子公司。2000年，当时美国最大的互联网服务提供商美国在线以1,640亿美元的价格并购了时代华纳公司，并将时代华纳公司改名为美国在线时代华纳，成为当时全世界最大的媒体财团之一。2003年，美国在线时代华纳宣布将公司名称改回“时代华纳”。2009年，时代华纳宣布分拆美国在线。2013年，时代华纳将旗下《时代》杂志拆分成独立的子公司。这其中的原因虽然复杂，但是时代公司的收入每况愈下却是不争的事实。2012年，时代公司的营收为34.3亿美元，低于此前一年的36.8亿美元。在时代华纳的总营收中，时代公司所占比例仅为12%，在其运营利润中所占比例更低。时代华纳首席执行官杰夫·比克斯（Jeff Bewkes）在一份声明中指出：“在考虑过一系列选择以后，我们认为，剥离（时代公司）将令时代华纳和时代公司都处于更好的位置。”“完全分拆时代公司能为时代华纳提供战略上的清晰度，使我们能完全集中致力于电视网络以及电影和电视制作业务，从而改善公司营收的增长前景。时代公司还将得益于成为一家独立上市公司所能带来的灵活度和集中度，将会吸引更加天然的股东。”①以上变化说明，西方不少传媒航母反向而行，收缩业务范围，同时对旗下各个业务部门之间进行纵向整合和产业链构建，放弃“大而全”的组织模式，进行拆分瘦身，其目的是根据市场、用户和传媒格局的新变化，构建既有一定自由度又能抵御风险的新航母。这种国际传媒集团发展的新趋势、新动向，应该给海外华文传媒构建传媒集团留下深刻的启示。

三是中国在海外华文传媒资源整合中发挥着不可替代的作用。

应该说，中国支持海外华文传媒的发展是一个双向互动的过程，也是一条合作共赢之路。现在海外华文传媒的情况，正如菲律宾《世界日报》总主笔侯培水所指出的：“除了少数或个别的媒体外，由于各种各样的原因，大多数的华文媒体都在惨淡经营，都在恶劣的环境中求生存、谋发展。在这样的情况下，海外华文媒体的生存和发展，有赖于中国政

① 瑞雪．时代华纳决定分拆时代公司 完全退出杂志业务［EB/OL］（2013-03-07）［2017-03-20］．http://tech.qq.com/a/20130307/000104.htm.

府和中国同行的协助与支援。”[①]从中国政府资助的方式来看，可以采取多种形式，主要包括资金支持、政策支持、人才支持等。

资金在海外华文传媒的生存和发展中具有至关重要的作用，但运用好资金支持华文传媒发展并不是一件容易的事。例如，美国《侨报》具有一定的中国背景，经过20多年的努力，《侨报》已成长为一家拥有日报、周报、网络新媒体和中国文化中心的多元化媒体集团。《侨报》引以为豪的是自1990年1月创刊伊始，就着力于向读者提供及时、客观、准确、公正的中国新闻，奠定了在报道中国新闻方面的领军地位。但世异时移，随着中国日益成为世界瞩目的焦点以及中国新移民的日益增多，华文传媒在争夺新移民受众和市场份额方面的竞争愈发激烈。

因此，中国各级政府在资金支持方面务必要抱着审慎的态度，一般不宜直接以注资的方式投入，可以以政策支持相关海外组织设立海外华媒扶助基金。在扶持对象上，也不能以“撒胡椒面”的方式进行——不能习惯平均用力，看似方方面面都考虑照顾，但又抓不住关键，实际可行的办法是选择一些已具一定规模、对华友好、在当地有影响力的海外华文传媒，整合资源，做大做强，有效提升海外华文传媒的传播力、影响力。在时间安排上，也不宜无条件地长期支持下去。必须考虑到资金支持的目的只是一定时间内的“输血”，由此缓解华文传媒遇到的资金缺口，而不是以“供养”的方式一劳永逸地解决华文传媒的后顾之忧。海外华文传媒的发展最终还得靠自身内强筋骨，变“输血”为“造血”，在传媒市场的搏击中站稳脚跟，做大做强。

政策支持主要包括以下方面：一是制定具体的扶持政策，鼓励国内中央和地方媒体与海外华文传媒合作，提高华文传媒从业水平及效益。在制定中国媒体和海外华文传媒合作的具体政策时，也得考虑到当地传媒生态的复杂性，防止媒体生态平衡被打破，不利于当地华文传媒的和谐发展。

二是制定海外华文传媒在国内采访与报道的具体政策、法规和条例，充分调动华文传媒的积极性、主动性和创造性。一般来说，只要没有违背中国相关的法律法规，中国政府就有必要通过制定相关的法律法规和条例，给予华文传媒在采访与报道方面相应的权利，并将责任和权利统一起来。就当前的实际情况来看，还不能完全适应和满足海外华文传媒在国内采访报道的实际需要。英国的华文传媒提出希望中国政府能够给海外华文传媒一个定位，从发生的几次事件可以看出，海外华文传媒的定位很尴尬。以上海世博会为例，“我们花费很大力气准备，雇用国内记者希望得到现场报道的第一手资料，后来在拿记者证的时候发现很大的问题。我们在海外属于境外媒体，有时华文（属于中文报道）表格来回填了好多遍，没有人能给一个明确的解释，证件也无法拿到。这些都是因为在国家政策中没有一个对海外华文传媒的具体定位的问题”[②]。瑞典《北欧华人报》社长宗金波指出：“随着

① 侯培水．华文媒体的功能与使命［G］//夏春平．中国梦：世界变局与华文媒体的新使命（第七届世界华文传媒论坛论文集）．香港：香港中国新闻出版社，2013：38.

② 丘进．华人、华侨研究报告（2011）［M］．北京：社会科学文献出版社，2011：338-339.

祖国的强盛、社会的文明、科技的进步，百姓安居乐业，海外华文传媒面对中国繁荣发展有写不完的新闻报道。

三是中国政府通过制定激励政策，采取一些具体有效的举措来帮助和支持海外华文传媒与中国的企业建立关系。“走出去”的问题，一直是中国企业发展面临的一大“痛点”。特别是在中国明确提出了“一带一路”倡议，如何“走出去”成为中国企业面临的紧迫课题。而对于在海外并购的中资企业来讲，还得“过五关”：第一要过当地的舆论关；第二要过对方企业专家、法律人士极其苛刻的审视关；第三要过当地政府的审查关；第四要过当地社会群体的观察关；第五要过媒体的刨根问底关。①相对来讲，海外华文传媒熟悉当地法律、风俗民情和民众心理，在当地具有广阔的人脉关系，对于中国企业走出去具有重要的推动作用。中国政府要鼓励中国企业到海外投资华文传媒，可以在税收上给予企业以优惠，对推动华文传媒发展的企业也可以予以表彰和奖励。政府机构还可以充当中国企业与华文传媒之间的中介和桥梁，通过举办培训班、开展咨询活动等方式向中国企业介绍和推荐华文传媒。在此过程中，中国各地政府机构可以向海外华文传媒介绍中国企业的基本情况、走出去面临的困难和亟须解决的问题；也可以将对应的华文传媒推荐给中国企业，达到彼此双向沟通、有效对接的目的，为双方的合作交流、互利共赢奠定良好的基础。

在人才支持方面，中国政府可以制定相关政策，扩大海外来华专修新闻传播学科留学生的招生规模；组织高校专家学者、业界人士每年对海外华文传媒从业者进行培训；鼓励国内高校与国外高校的新闻、中文等专业展开合作，培养高质量的华文新闻人才。各界政府可以协同新闻媒体，制定激励和保障政策，鼓励国内新闻从业人员、媒介经营管理人才赴海外华文传媒挂职；可以尝试建立新闻志愿者队伍，采取相应的补贴、就业、升学等优惠政策，鼓励在学或毕业的优秀新闻专业学子赴华文传媒实习、实训。上述措施的实施必须考虑到不同国家具体的教育政策、用工政策及签证制度等条件，在符合所在国相关法律法规的条件下酌情推进。

从媒体层面来看，中国媒体在进一步加强、深化与海外华文传媒的交流和合作，以改变后者实力较弱的现状。从当前情况来看，中国媒体与海外华文传媒的合作模式主要以“借船出海”为主。较长一段时间以来，中国媒体与海外华文传媒的合作模式主要还停留在内容提供、合办专版、随报发行等方面，还没有真正以资本和团队输出当地媒体的成功先例。至2013年，这种情况有所改观。2013年11月5日，泰国《星暹日报》与南方报业传媒集团在曼谷签订战略合作协议，这是泰国华文报纸首次与中国报业进行深度合作，也是南方报业传媒集团战略发展乃至中国媒体“走出去”进程中都具有开创意义的举措，可以看作是“借船出海”模式的升级版。南方报业传媒集团先期派遣6人团队进驻《星暹日报》，初期投资500万泰铢（约合100万元人民币）对报纸进行改版。②团队从版面形态、

① 刘志勤．中国企业走出去要过哪“五关”[EB/OL]．(2016-08-31)[2016-09-20]．http://www.21ccom.net/html/2016/zjds_0831/7299.html.

② 数据来源：笔者2014年2月12日与《星暹日报》副总编辑马嫣的访谈内容，访谈地点：泰国皇太后大学。

管理模式、经营运作等方面对报纸进行了全方位改造：新的《星暹日报》被定位为泰国第一华文主流媒体，以报纸为龙头，逐渐形成立足泰国、辐射东南亚乃至全球的华文全媒体集团。报纸秉持客观、公正、中立的立场，以时政经济、服务资讯为主要内容，以老华商为基础，更以新华商、新移民、华文学生、华语游客等为核心读者群。①

从总体来看，“借船出海”模式是中国媒体与海外华文传媒互通有无、合作共赢的重要方式。从中国媒体来看，与海外华文传媒通过多种形式的合作，延伸和扩大了中国声音，能够起到中继、转播中国对外宣传内容以及讲好中国故事的作用；通过合作办报等形式，省去了“造船出海”的大规模开支和费用，可以节约国家的财政支出。从华文传媒来看，减少了自身在人力、物力、财力等方面的投入，实现了与新闻信息资源的共享，提高了新闻报道质量，丰富了新闻报道内容，对吸引目标受众起到了一定的作用。但任何模式本身并不是尽善尽美的，“借船出海”在实际的运作过程及效果上需要我们在实践中不断从以下几方面加以完善。

一是中国媒体所提供的内容的针对性问题。我们一般都知道对外传播中的“内外有别”原则，但仅仅区分国内和国外受众还不够，还要意识到“外外有别”原则同样重要，这是因为国外受众并不是单一的实体，不同的国外群体之间也存在巨大差异。即便是同一国家和地区的民众，其阅读兴趣、价值观念和意识形态也存在着差异。忽视或淡化上述差异，往往会使传播的针对性大打折扣，传播的效果也可想而知。正如海外华文传媒从业者所指出的：“国家花大力气将这些外宣书籍翻译成英文和德文，印刷并发往海外，其用意是好的。遗憾的是一些书籍没有摸准当地人的思维和好恶，只管出口不计效果，只管印刷不顾读者，而这些资料往往和当地政党选举时的宣传材料一样被当成垃圾丢掉。作为报纸的经营者，我们曾试着将这些外文宣传材料免费夹带，送给我们的外籍客户，但他们根本不领情，甚至有些人还对报纸产生怀疑，不再上门了。”②为了避免出现上述情况，中国媒体与海外华文传媒应该协同起来，必须对当地的受众市场进行先期调查分析，在此基础上按照不同国家和地区的要求乃至同一国家不同人群的需求进行内容的定制与生产，否则只会造成“传而不通”甚至“传而不受”的负面效果。

二是中国媒体所提供的信息产品的意识形态属性问题。悉尼科技大学传播学系孙皖宁教授在《借船出海：中国媒体“走出去”战略背后的公共话语》一文中，提出了中国对外传播的一个理论难点问题：如何解释党在国际传播中的角色。文章指出：截至目前却并没有人指出，对外传播需要媒体彻底地从对外宣传的政治原则束缚中解放出来，并且需要按照国际体例进行新闻报道。正如迈克尔·舒德森在《发掘新闻：美国报业的社会史》一书文末所希冀的那样：“我只知道一点，即新闻从业者必须像其他真理探求者一样，学会

① 南方报业跨国办《星暹日报》[EB/OL].（2013-12-06）[2016-11-21]. http://www.nfmedia.com/jtdt/jtxw/201312/t20131206_362690.htm.

② 王敢. 无冕未必是王——从欧洲主流报业对中国的报道看媒体的两面性[G]//夏春平. 国际话语体系中的海外华文媒体（第六届世界华文传媒论坛论文集）. 香港：香港中国新闻出版社，2011：386-387.

相信自己、相信同事、相信世界，包容世界，但同时又要怀疑自己、怀疑同事、怀疑世界的表现，不迷失于世界。他们不会屈服于相对主义，也不会屈服于以客观之名行武断之实的传统，今天有一些新闻从业者就是这么做的。这需要在个人和机构两方面都包容不确定性，承受风险，小心求真。这一点做起来也许很难，然而却事关新闻业的生死存亡，它会体现在新闻从业者日复一日的劝服中，并最终成为我们共同的理念。”①

三是从中国媒体的合作对象来看，主要还是集中在报纸、期刊、广播、电视等传统媒体。而在媒体融合的传媒生态下，新媒体发展日新月异，传统媒体的影响正在式微已成为不争的事实。华文传统传媒受众群缩小、受众老龄化等现象日益明显。因此，中国媒体“借船出海”不能仅仅面向海外华文传统媒体，必须要考虑到如何借助华文新媒体实现资源整合与共享，以此实现海外华文传媒强大的传播力、影响力和公信力。

四是“借船出海”模式所涉及的跨国管理、经营与跨文化传播等问题。相对来说，中国媒体通过完全收购外国媒体公司、保持对外媒的绝对控股权以及持有部分外媒公司股权等方式“走出去”，在现实操作中存在着很多实施上的阻碍，比较可行的方案是中国媒体跨国经营、控股、收购海外华文传媒。前述南方报业传媒集团以资本和团队输出的方式与《星暹日报》合作，但在联合出版报纸的过程中也带来了跨国经营、管理和跨文化传播等问题。谭智良在谈及此问题时深有感触，“主要的困难当然是国外环境不一样，虽然是华文媒体，但报社里三分之二以上员工是泰国人，沟通首先就是很大的问题，加上文化不同，法律有异，思维方式、工作习惯也有很大的区别，往往半个小时能解决的事情，在这边需要花3个小时，简单的事情，付出的时间、精力是国内的两三倍。”“我们在南都非常有效的奖惩制度在这里很难建立起来，因为在泰国，员工做错事你罚他钱或者对他工作不满意给他降薪，是需要得到他签字认可的，否则他可以去法院告你。而且泰国人抗压能力较弱，往往周五还好好地上班，周一来发现他的办公室收拾得干干净净，电话从此停机。我晚上出去应酬，都尽量自己开车。因为司机在8小时工作之外加班是要付费的，而且他可以拒绝加班。”②跨国经营、管理与跨文化传播当然不仅仅局限于上述问题，随着中国媒体“走出去”步伐的加快，与海外华文传媒的资源整合会日益深入，双方不仅面临着相互协调、共商共建的问题，还得共同面向所在国的政治、经济、文化、社会与媒体环境，展开话语权的竞争和软实力的较量，这将是更大的机遇与挑战。

① 舒德森. 发掘新闻：美国报业的社会史［M］. 陈昌凤，常江，译. 北京：北京大学出版社，2009：177.

② 南方报业跨国办《星暹日报》［EB/OL］.（2013-12-06）［2016-11-21］. http://www.nfmedia.com/jtdt/jtxw/201312/t20131206_362690.htm.

第四节　推动海外华文传媒媒体融合建设，提升中国软实力

一、媒体融合时代的到来与海外华文传媒的处境

（一）新媒体对传播格局的影响与媒体融合时代的到来

在论述媒体融合之前，必须对新媒体一词的来源及其对传播格局的影响进行阐发。在很大程度上来说，没有新媒体的出现及其更替，媒体融合也就无从谈起。

“新媒体”一词最早见于1967年美国CBS技术研究所所长、NTSC电视制式的发明者戈尔德马克（P. Goldmark）的一份计划书中。1969年，美国传播政策总统特别委员会主席罗斯托（E. Rostow）在向时任总统尼克松提交的报告书中多处提到“新媒体”这一概念。当前，对于新媒体这一热门领域，无论业界还是学界都没有一个明确的概念。美国《连线》杂志曾这样定义新媒体：新媒体是所有人对所有人的传播。在《新闻学关键概念》一书中，作者认为新媒体是一个宽泛的传播概念，“它可以指下列这些互有联系的事物中的任何一个：新兴的数字技术和数字平台；在线新闻；电子和多媒体出版（尤其是在因特网和万维网上）”[①]。清华大学的熊澄宇教授认为，新媒体是一个相对的概念，“新”相对“旧”而言。“今天我们所说的新媒体通常是指在计算机信息处理技术基础之上出现和影响的媒体形态。这里有两个概念，一个是出现，是指以前没有出现的；一个是影响，是指受计算机信息技术影响而产生变化的，这两种媒体形态是我们现在所说的新媒体。”[②]中国人民大学的匡文波教授认为，新媒体也是一个相对的概念，是在报刊、广播、电视等传统媒体以后发展起来的新的媒体形态，包括网络媒体、手机媒体、数字电视等。严格地说，新媒体应该称为数字化新媒体。在目前的经济技术条件下，互联网是新媒体的主体。[③]无论哪种说法，可以肯定的是新媒体是相对于传统媒体而言的，是建立在数字技术和网络技术基础之上延伸出来的各种媒体形式。我们认为，新媒体是相对于传统意义上的报刊、广播、电视等大众传播媒体而言的，指随着传播技术的发展、传媒市场的进一步细分而产生的新型传播媒体，是利用数字技术、网络技术，通过互联网、宽带局域网、无线通信网、卫星等渠道，以及电脑、手机、iPad等终端提供信息和服务的媒体形态。

新媒体对传播格局的影响表现在以下方面：

一是新媒体彻底改变了大众传播时代话语权的分配格局，受众不再是被动的信息接收者，而是内容和信息的积极生产者、传播者，其话语权得到极大提升。在法国学者米歇尔·福柯看来，话语是权力争夺的对象，话语的秩序决定权力的秩序。“在我们这样的社

① 富兰克林，等．新闻学关键概念［M］．诸葛蔚东，等，译．北京：北京大学出版社，2008：210.

② 熊澄宇：新媒体与文化产业［EB/OL］．（2005-02-01）［2017-03-26］．http://media.people.com.cn/GB/35928/36353/3160168.html.

③ 匡文波．2006新媒体发展回顾［J］．中国记者，2007（1）：76.

会以及其他社会中，有多样的权力关系渗透到社会的肌体中去，构成社会肌体的特征，如果没有话语的生产、积累、流通和发挥功能的话，这些权力关系自身就不能建立起来和得到巩固。我们受权力对真理的生产的支配，如果不是通过对真理的生产，我们就不能实施权力。”①相比而言，大众传播在很大程度上都是单向式的，话语权只掌握在大众传播机构手里，受众很少能够提供直接的信息或是反馈。甚至是在读者来信栏目或是邀请受众参与的节目里，这种不平衡也依然存在着，大众传播机构有权选择纳入或是“剔除”某些参与者。②汤普森在《意识形态与现代文化》一书中提出了传媒化的准互动概念，认为大众传播的媒体扩展了象征形式在时间与空间上的有效性，而且容许生产者与接收者之间特殊形式的传媒化互动。因为大众传播在象征形式的生产与接收之间设定了基本的分离，它就能造成一种跨越时空的特殊种类的互动，我们可以称之为传媒化的准互动。“它之所以是‘互动’，因为它涉及个人与他人的传播交往，他人以某种方式回应个人，他人可以与个人形成友谊、感情或忠诚的联系，”汤普森也承认，“它是‘准互动’，这是因为传播的流动主要是单向的，而接收者可以同主要传播者传播交往的回应方式是受到严格限制的。”③曾经喧嚣一时的电视的吸引力已经不复当年。以美国人平均每人看电视的时间为例，1950年平均每人每天看4.5小时，1960年增加到5小时，1970年是6小时，1990年是7小时。随着一家多（电视）机现象的日益普遍，有线电视和卫星电视又提供了几十个频道，后来是几百个频道可供选择，每人平均看电视的时间进一步增多，21世纪初期超过了每天8小时。④进入21世纪后，美国大约1/3阅读在线电子新闻的用户对传统媒体失去了兴趣，电视收视率下降了35%，广播收听率下降了25%，报纸购买率下降了18%。26%的美国人通过手机了解新闻，半数美国网民通过社交网站获知新闻。⑤

新媒体的互动性特征对受众的赋权，致使传统的受众在新媒体传播时代已不再仅仅是信息的被动接收者和消费者，而是信息的再生产者和用户，所谓prosumer，即producer + consumer（可以翻译成消费生产者）。消费生产者是一种新型的消费者，与原来的消费者之间具有深刻的差异。美国媒体分析家亨利·詹金斯对此进行了比较，在他看来：“如果原来的消费者被认为是被动型的，那么新型的消费者则属于积极型的。如果原来的消费者是可预测的，待在你让他们停留的地方，那么新型的消费者则是流动性的，体现出他们对电视等媒体的忠诚度不断下降的趋势。如果原来的消费者是一个个孤立的个体，那么新型的消费者则倾向于通过社交联系起来。如果原来的消费者行为曾是默然无声和不显山露水的，那么新型的消费者则相对较为喧闹嘈杂和开放公开。”⑥表现在新闻场域，在“人人都

① 包亚明．权力的眼睛——福柯访谈录［M］．严锋，译．上海：上海人民出版社，1997：228.

② 富兰克林，等．新闻学关键概念［M］．诸葛蔚东，等，译．北京：北京大学出版社，2008：184.

③ 汤普森．意识形态与现代文化［M］．高铦，等，译．南京：译林出版社，2005：249.

④ 斯丹迪奇．从莎草纸到互联网：社交媒体2000年［M］．林华，译．北京：中信出版集团，2015：311.

⑤ 侯巧红．国外新媒体文化发展的现状及启示［EB/OL］．（2014-10-16）［2017-03-26］．http://www.cssn.cn/xwcbx/201410/t20141016_1365131.shtml.

⑥ 詹金斯．融合文化：新媒体和旧媒体的冲突地带［M］．杜永明，译．北京：商务印书馆，2012：50-51.

有麦克风”“人人都有摄像机”的时代，“公民新闻”颠覆了传统媒体在新闻传播中的垄断和特权，并影响了传统媒体对新闻信息的“议程设置”功能。“公民记者”利用信息传播技术和智能手机等终端设备将“公民新闻”第一时间发布，从而形成不可忽视的影响。“公民新闻”的出现改变了传统专业记者“独打天下”的报道方式，出现了专业记者与公民记者相结合的报道形态的转变。

二是新媒体时代的传播形态发生了深刻的改变，微传播日益成为一种主流传播方式。“微传播”是相对于大众传播而言的。所谓大众传播，是一个在技术和体制基础上大量生产与分配符号、图像及信息的过程，它面向各种不同类型的受众，且在很大程度上不存在受众互动的成分。换言之，这就是通过大众媒体所进行的传播。大众传播的实现必须“具备一定的技术手段，以及存在能够大量生产和分配信息的社会组织”①。在《大众传播理论：基础、争鸣与未来》一书中，作者也认为，当消息来源（通常是某个组织）使用一项技术作为媒介与大规模的受众进行沟通时，就被称为大众传播。②与“大众传播”不同的是，“微传播”这个概念的诞生是新媒体时代的产物。科技进步和互联网的普及，推动中国大众进入了新媒体时代。当前，以微博、微信、APP客户端等为代表的“微媒体”如雨后春笋般出现，微传播急剧改变着传播生态和舆论格局，也改变着人们的思维习惯和语言表达方式。微传播时代的到来，把我们带入了一个以普通大众日常活动及其感受满足来实现当下生活意义的“微时代”。处于“微时代”的“微传播”形“微”势却不“微”，这些以“微”为特色的媒介正在信息社会的信息传播中占据着举足轻重的地位，其影响力和渗透力已经超越了许多传统的媒体，正逐渐发展成一条公民个人获取信息，传递、交流、发表意见，甚至发挥舆论监督功能的重要通道。③

三是在新的媒介环境下，传统媒体的生存面临着新媒体强劲的挑战。报刊、广播、电视等传统媒体面临与新媒体互相融合的局面。英国社会学家、传媒研究专家约翰·B.汤普森曾经指出：“印刷的媒介已逐渐让位于大众传播的电子传媒形式，特别是电视；而且这些新的传媒已改变了现代社会中互动、交往和信息扩散的条件。”④在信息技术推动下的媒体融合时代，传统的新闻传播方式已变得面目全非，新的呈现技术、传播方式、表现手法层出不穷。例如，在大数据时代，新闻报道的生产方式在大数据技术的支持下已经发生了翻天覆地的变化。移动互联网带来的是一系列颠覆式的变革，它完全改变了传统的新闻产品形态，也催生了新的新闻生产方式。即，利用大数据的广泛嵌入性和自动化、规模化处理信息的能力，观测出不同平台、不同受众的特点，进而进行定制化的新闻生产。⑤

在新媒体迅猛发展及其对传统媒体强烈冲击的背景下，媒体融合的理念与实践自然而然地浮出水面。据学者考证，英语中convergence一词与大众传播真正意义上的联姻源

① 富兰克林，等．新闻学关键概念［M］．诸葛蔚东，等，译．北京：北京大学出版社，2008：183.
② 巴兰，戴维斯．大众传播理论：基础、争鸣与未来［M］．曹书乐，译．北京：清华大学出版社，2004：10.
③ 张韵．微传播环境下的全民阅读推广策略研究［D］．广州：暨南大学硕士学位论文，2014：12.
④ 汤普森．意识形态与现代文化［M］．高铦，等，译．南京：译林出版社，2005：132.
⑤ 高露歌，贯志甜：大数据背景下新闻生产方式的变革与趋势［J］．新闻知识，2015（5）：29.

于20世纪70年代中叶计算机和网络的发展。法悖（Farber）和巴冉（Baran）于1977年发表了《计算和通讯系统的聚合》（*The convergence of computing and telecommunication systems*）一文；麻省理工大学的尼古拉·尼葛洛庞蒂（Nicolas Negroponte）于1978年用一个图例演示了三个相互交叉的圆环趋于重叠的聚合过程，这三个圆环分别代表计算机工业、出版印刷工业和广播电影工业。随后，新闻传播界越来越多的思想家也开始意识到科技发展对于新闻媒体的影响。例如，哥伦比亚广播公司主席威廉·帕雷（William Paley）在1980年广播界年会上发表讲演，重点论述了新闻信息传播机制的融合（the convergence of delivery mechanisms for news and information）给业界所带来的新挑战。传播学者伊契尔·索勒·普尔（Ithiel De Sola Pool）对于该词的推广与普及功不可没。在其1983年的著作《自由的科技》（*The Technologies of Freedom*）中，普尔提出了“传播形态聚合”（the convergence of modes），他认为，数码电子科技的发展是导致历来泾渭分明的传播形态聚合的原因。[①]在时下“媒体融合”成为国内热门关键词之前，“媒介融合”这一术语也一度成为学界和业界使用的高频词之一。正如本书第二章中提到的，“媒介”一词主要涉及传播技术维度和传播中介定位，“媒体”一词主要指传播新闻信息的新闻组织和机构。从上述区别来看，“媒体融合”与“媒介融合”存在着一定的差异，但两者之间的联系也是显而易见的。美国密苏里新闻学院媒介融合项目创始人迈克·麦金教授认为，在媒介融合的定义中至少要有三个线索。第一个是经济和运营目的。传媒组织融合不同媒介平台来传播新闻，主要是试图赚取更多利润。第二个是新闻报道方式。媒介组织融合不同的报道方式制作新闻产品，是为了追求最佳传播效果。第三个是最重要的，公众（或受众）和媒介之间形成了新的社会关系。加强专业记者与公众的互动，使二者的报道相结合也是媒介融合的一个重要方面。[②]尽管迈克·麦金对“媒介融合”的解释只是对这一概念的众多诠释之一，不过也可以看出“媒介融合”与“媒体融合”之间紧密的联系。

当前，“媒体融合”在中国掀起一浪高过一浪的热潮，除了国内业界和学界针对媒体以及传媒教育发生的显著变化而采取应变之策外，显然党和政府为了顺应媒体格局、舆论生态、受众对象、传播技术，也在发生深刻变化，特别是互联网正在媒体领域催发一场前所未有的变革，对内加快构建舆论引导新格局，对外加强国际传播能力建设，增强国际话语权，集中讲好中国故事，同时优化战略布局，着力打造具有较强国际影响力的外宣旗舰媒体的需要。特别是党的“十八大”以来，以习近平同志为核心的党中央高度重视传统媒体和新兴媒体的融合发展，习近平总书记多次在不同场合强调要利用新技术、新应用，创新媒体传播方式。2013年11月15日，新华社播发了习近平关于《中共中央关于全面深化改革若干重大问题的决定》的说明，明确指出要整合新闻媒体资源，推动传统媒体和新兴媒体融合发展。2014年8月18日，习近平在中央全面深化改革领导小组第四次会议上

---

① 宋昭勋．新闻传播学中Convergence一词溯源及内涵［J］．现代传播，2006（1）：51.

② 付晓燕．媒介融合下的美国新闻业和新闻教育变革——访美国密苏里新闻学院媒介融合项目创始人迈克·麦金教授［J］．新闻与写作，2009（8）：26-27.

的讲话中强调，推动传统媒体和新兴媒体融合发展，要遵循新闻传播规律和新兴媒体发展规律，强化互联网思维，坚持传统媒体和新兴媒体优势互补、一体发展，坚持以先进技术为支撑、以内容建设为根本，推动传统媒体和新兴媒体在内容、渠道、平台、经营、管理等方面的深度融合，着力打造一批形态多样、手段先进、具有竞争力的新型主流媒体，建成几家拥有强大实力和传播力、公信力、影响力的新型媒体集团，形成立体多样、融合发展的现代传播体系。要一手抓融合，一手抓管理，确保融合发展沿着正确的方向推进。[①]2016年2月19日，习近平总书记在党的新闻舆论工作座谈会上又一次强调，随着形势发展，党的新闻舆论工作要推动融合发展，必须要主动借助新媒体的传播优势。[②]

按照中国官方对于“媒体融合”的界定，媒体融合涉及传统媒体与新兴媒体这两大主体，而这两大主体不是谁替代谁、谁淘汰谁的关系，而是要坚持“优势互补，一体发展”。南京大学的丁柏铨教授认同官方对“媒体融合”的界定（观点一），认为进行媒体融合并不是用新兴媒体解构传统媒体，也不是传统媒体以丢弃自己长处的方式去迎合新兴媒体。正确的做法是，“坚持传统媒体和新兴媒体优势互补”[③]。上海交通大学的张国良教授则持另外一种观点（观点二），他指出，“媒体融合”的实质是“媒体更替”，更明确地说，这是一次前所未有的“新媒体”取代“传统媒体”的革命性变动，而绝非“传统媒体”融合或包容“新媒体”的渐进式改良。[④]

在我们看来，观点二对媒体融合“技术性修补”的批评确实鞭辟入里，新媒体不是传统媒体内容直接或稍加修改的迁移地，而是必须符合新媒体本身的特点、传播规律以及用户需求，但新媒体是否必然取代传统媒体却是一个见仁见智的问题。创刊于1933年2月的美国《新闻周刊》于2012年12月宣布，从2013年开始停止出版传统印刷版，并全面转向电子杂志。2012年12月31日，《新闻周刊》出版了最后一期印刷版后，推出全球统一的数字版本《全球新闻周刊》，以付费的模式向全球发行。“不过这一切变故都只发生在北美，事实上在日本、墨西哥、巴基斯坦、波兰和韩国等地，《新闻周刊》从未停止印刷。拥有外国印刷版权和不同的国际版本对杂志来说十分平常，比如，《福布斯》就有30个地方特许版权协议，由当地的出版商负责出版与销售往往能为杂志带来些许额外的收益。因此，当2012年12月《新闻周刊》美国版封面上打出‘最后一期’的字样时，其他国家的那些版本只是换了一个封面而已。”[⑤]然而吊诡的是，在告别传统纸质杂志1年多以后，从2014年3月7日开始，《新闻周刊》又重归纸媒市场，印刷版本开始在美国和欧洲发行，首期发行了7万册。创办于1908年的《基督教科学箴言报》于2009年3月正式停止出版印刷

---

① 关于媒体融合，总书记这样说［EB/OL］.（2016-02-20）［2017-04-03］. http://news.xinhuanet.com/politics/2016-02/20/c_128736695.htm.

② 中共中央宣传部新闻局. 习近平总书记党的新闻舆论工作座谈会重要讲话精神学习辅助材料［M］. 北京：学习出版社，2016：7.

③ 丁柏铨. 试析媒体融合中的三个关键性话题［J］. 新闻与写作，2015（1）：55.

④ 张国良. 媒体融合需走出几个认识误区［J］. 中国党政干部论坛，2015（2）：11-12.

⑤ 美国版《新闻周刊》重返纸媒［EB/OL］.（2013-12-09）［2017-04-03］. http://book.ifeng.com/shuhua/detail_201312/09/31928478_0.shtml.

版，只保留其网站，成为美国首家以网络版替代纸质版的全国性日报。上述纸质媒体的转型并没有带来令人欢呼雀跃的成功，相反，在转向网络媒体后，其影响力反而削弱了，正如美国《侨报》总编辑郑衣德所言，美国的老牌报纸《基督教科学箴言报》在没有转为电子报之前，经常看到其文章被其他媒体引用，而转为电子报后，其他媒体似乎不再引用它的报道，感觉这份报纸已经销声匿迹了。美国最有影响力的杂志之一《新闻周刊》在纸质版停刊后，2013年全面转为电子版，其影响力大大下降。[①]还有论者通过对社交媒体时代中国国家与新闻业关系演进的分析，指出"传统媒体已经日益走向没落"的预设并不是不证自明的真理，传统媒体仅仅处于一种"去泡沫化"的阶段。如今传统媒体的危机，仅仅是由于处于过去畸形繁荣带来的痛苦的大调整时期。传统媒体的活力并未消失，对相当数量的传统媒体来说，日子甚至还过得很好。例如，中央人民广播电台中国之声频道就曾经进行了大幅度的新闻改革，以增强青年记者的话语权，提升新闻品质。作为改革的回报，其年利润率和网络转载率始终位居传统媒体前列，获得了相当好的效果，营业收入和影响力连续4年逆势增长。[②]在此，并不是为了证明传统媒体生存状况良好，《新闻周刊》和《基督教科学箴言报》之所以要转为网络出版，就是因为连年亏损，媒体的生存和发展出现了严重的问题。如1991年，《新闻周刊》的发行量最高时曾达到330万份，而2010年则一路下滑到了150万份，并背负了4,700万美元的债务。[③]因此，问题的关键不是证明传统媒体和新媒体孰优孰劣，而是要说明媒体融合并非只是简单的新媒体取代传统媒体的过程，传统媒体的转型与融合并非"一转就灵，一转就火"，这其中存在着主客观等各种复杂因素。至于像中央人民广播电台这样的国家级媒体，还能够从多种渠道获得国家的财政投入和支持。当然，"在国家指令和来自网络媒体的竞争压力下，传统媒体已经开始出现了自下而上的变革。这种自下而上的变革包括：在运营机制上，中国内地传统媒体强有力的国有产权管制开始出现政策调整空间；在商业模式上，传统媒体日益依靠广告之外的线下活动和网络广告；在管理方式上，日益扁平化和去行政化成为未来的大趋势"[④]。另外，"媒体融合"中的"融合"指的是几种不同的事物合成一体，而不是"更替"之意。观点一值得追问之处在于作者所恪守的传统媒体的优势——较高的公信力和权威性、相对优秀的人才密集的高地，以及传统媒体各有所长等是否具有永恒性与必然性？根据盖洛普民调机构的调查，美国报纸与电视媒体的可信度近年来一直呈下降趋势。1995年，认为报纸与电视媒体"非常可信"和"相当可信"的比例都超过30%，而2015年已降到20%左右。由美国国家民意研究中心实施的"综合社会调查"数据显示，认为报纸与电视相当可信的

① 阮煜琳，郑衣德：美国少数族裔报纸至少还有十年黄金期［EB/OL］.（2013-08-28）［2017-04-03］. http://www.chinanews.com/zgqj/2013/08-28/5215060.shtml.

② 周翼虎. 历史又将重演：社交媒体时代中国国家与新闻业关系的演进［M］// 罗世宏，童静蓉. 社交媒体与新闻业. 台北：台北优质新闻发展协会，2014：152.

③ 美国版《新闻周刊》重返纸媒［EB/OL］.（2013-12-09）［2017-04-10］. http://book.ifeng.com/shuhua/detail_201312/09/31928478_0.shtml.

④ 周翼虎. 历史又将重演：社交媒体时代中国国家与新闻业关系的演进［M］// 罗世宏，童静蓉. 社交媒体与新闻业. 台北：台北优质新闻发展协会，2014：152.

不足10%。[1]至于传统媒体集聚优秀人才也逐渐开始出现迁移的态势，大量传统媒体精英开始向其他领域转移，例如，央视有大量主持人离职转赴学校任教、经商，还有部分转职到新兴媒体，比如腾讯网常务副总编辑由原《中国青年报》记者李方担任，而他也同时是腾讯的另一个新媒体产品——《腾讯大家》的负责人；爱奇艺首席内容官由马东担任；凤凰台的刘春也转战到了网络视频。[2]离开传统媒体的新闻传播人还有：央视前新闻主持人张泉灵转型成为猎豹移动旗下的紫牛基金合伙人；央视前新闻主播郎永淳投身找钢网做了高级副总裁、首席战略官，并以合伙人身份加盟胖猫创投，负责战略合作、公共事务建设、制度、渠道、平台等诸多环节；而加盟“今日头条”的传统媒体人可以列一个清单：《新京报》深度报道副主任张寒，《人物》杂志副主编吴达，前《中国周刊》副主编，前壹读传媒主编林楚方，等等。这种传统媒体人才的分流和迁徙不仅仅局限在国内，国外也存在类似的现象。2007年，法国《世界报》时任社长让-马力·科隆巴尼（Jean-Marie Colombani）辞去社长职务，并于2009年与《华盛顿邮报》合作创办了新媒体综合咨询类网站Slate.fr。1996—2004任《世界报》主编的埃德维·普莱纳尔（Edwy Plenel）于2005年辞职离开《世界报》，并于2008年与人合伙创办了新闻网站Mediapart。从长期来看，一旦新媒体能够吸引越来越多的报纸、杂志、广播、电视等业界精英加盟，传统媒体引以为傲的人才高地的基础就开始动摇了。而就传统媒体各有优长来看，新媒体的集成性整合了报纸、杂志、广播、电视等所有传统媒体的优点，而且随着专业人才和精英人才的日益增加，内容制作也日益精良，传统媒体的优势也会随之逐渐失去。因此，我们面临的确实是一个非常棘手而重大的课题，当然，关注的对象不同，其处境也会有差异，这需要我们认真思考和应对。

（二）媒体融合时代下海外华文传媒的处境

就海外华文传媒来看，华文报刊无疑是其主体。近些年来，华文传媒日益感受到新媒体咄咄逼人的冲击，其生存危机感愈发显现出来。不少海外华文传媒从业者表达了他们的焦虑感、紧迫感和危机感。加拿大星星文化传媒董事长袁志强的话颇有代表性：

> 我们在大多伦多从事传统媒业有14年了。旗下的《星星生活》周刊开办时用了不到两年的时间，即从大8开10多个版增长到40多个版，基本上从2005年开始过上了难得的所谓“媒介小康”生活。这在海外华媒中也许让人惊羡，但我们没有不思进取，10来位同事愈加打拼，发展至2012年中周刊已有120个版，精美铜版纸的版面过半。我们虽然在初创期出现过经济较为拮据的状况，但创刊14年以来基本上完全自给自足，这主要仰赖于忠实读者与众多客户对我们原创内容、生活化风格的认可。可是近两三年来，随着微博、微信、微视频、APP等的风靡，微媒体也逐渐成为最为主流、最为有效的传播方式，微传播方式急剧地改变着全世界、全中国、全海外的传播生态和舆论格局。非常惨痛的是，我们旗下的传统媒体部分不到两年减版近半，经营业绩也大为下滑。前不久，我有同

① 章念生，高石．美国媒体公信力不断下滑［N］．人民日报，2016-8-18（21）．

② 周翼虎．历史又将重演：社交媒体时代中国国家与新闻业关系的演进［M］// 罗世宏，童静蓉．社交媒体与新闻业．台北：台北优质新闻发展协会，2014：146．

事禁不住还想写一篇文章，想责问马化腾还让不让海外华媒活命了。[①]

澳中传媒集团总编辑黄成威指出："在澳大利亚，截至2015年，经营中的澳大利亚华文传媒包括七家日报，十几家周报，几十种定期或不定期的刊物，十几家电台、电视台及网络电视，还有大大小小数十个新闻和社交网站，这是一个看起来相当繁荣的局面。不过，随着互联网在世界范围内的迅猛发展和网络媒体的蓬勃兴起，传统媒体尤其是纸质媒体近十余年来正受到巨大的冲击。回首过去十年，在澳大利亚创刊的华文报刊已经越来越少。最近两三年，更是见不到新的华文报刊出现，而涌现出来的华文新闻网站、社交网站和网络电视台等电子媒体却越来越多。"[②]西班牙《侨声报》社长戴华东坦言，这几年纸媒的广告明显下降，但是新媒体广告增长很快，为了拓展市场，纸媒与新媒体应融合发展。[③]国际新媒体合作组织执行主席张辉认为："在互联网时代，传统媒体的影响力和经营状况肯定会下滑；当iPad、智能手机等移动阅读工具兴起后，传统纸媒只会是雪上加霜。这是新媒体时代的大势所趋，处在风口浪尖的传统纸媒不进则退、不兴必亡。现在像《华尔街日报》《纽约时报》这样世界级的大报都在积极适应新媒体，我们海外华文传媒更没有道理坐以待毙。"[④]美国《侨报》前副总编李大玖认为，互联网的诞生为海外传统媒体提供了以前无法想象的、廉价和浩如烟海的信息资源，成为华文传媒的"图书馆"和"资料库"。很多海外华文传媒直接从网上下载信息，稍加编辑改写后就排版印刷，不用费时费力去翻译、打字、采编，报纸的运营成本下降，制作速度大幅提高。然而，从严格意义上来说，如果完全依赖网络资源，没有自身的独家新闻和特色，读者将逐渐转向能够提供权威的、高质量的独家新闻的媒体。因此，在互联网时代，海外华文传媒陷入两难困境：过分依赖互联网虽然降低了办报的成本，但结果是"千报一面"，各报之间同质化竞争激烈；而新闻资源的积累、专业化的采编都需要投入相当大的人力、物力，经营成本必然大幅上升。[⑤]美国圣路易新闻特约记者徐沛然认为，"相较于大型报业集团，我们较少听闻海外华文传媒的数字化对策。或许是因其小区报刊定位，使得大多数小规模的海外华文传媒无须直接面对数字化冲击"，然而，"随着更多社群媒体的应用，行动科技的日益普遍，华文报刊担任小区讯息传递的角色恐将受到更多挑战"[⑥]。印尼《国际日报》前主编李卓辉指出："2006年以后，有几百家公司从中国来印尼投资，在印尼卖中国的东西，很多人因此被派

① 袁志强．面对微媒体：海外华媒的出路在何方？——"互联网+"下如何做加法［EB/OL］.（2015-08-17）［2017-04-10］. http://www.chinanews.com/kong/2015/08-17/7472630.shtml.

② 夏春平．世界华文传媒年鉴（2015）［M］. 北京：中国新闻社，世界华文传媒年鉴社，2015：46.

③ 李红．第八届世界华文传媒论坛关注"互联网+"下的华文媒体融合发展［EB/OL］.（2015-08-23）［2017-04-10］. http://world.huanqiu.com/hot/2015-08/7341268.html.

④ 常晖．解读海外华文媒体抱团取暖新方式——访国际新媒体合作组织执行主席张辉［EB/OL］.（2015-05-07）［2016-11-18］. http://www.worldchinesemedia.com/ss/?action-viewnews-itemid-69.

⑤ 李大玖．互联网来袭 海外版从业者说：海外华文报业何去何从？［EB/OL］.（2014-05-09）［2017-04-10］. http://opinion.people.com.cn/n/2014/0509/c1003-24996409.html.

⑥ 徐沛然．数字化浪潮下的海外华文媒体［G］// 夏春平．"一带一路"与华文媒体新发展（第九届世界华文传媒论坛论文集）. 香港：香港中国新闻出版社，2017：218.

到印尼工作，比如说中石油、中石化，还有中国银行等，大多数是年轻人来这边工作。他们通过互联网和新媒体看新闻，也没有买报纸的习惯。如今新一代的华侨，或是移民到印尼，或是来印尼工作或做生意，加上从中国的台湾和香港来的华人可能有50万人左右，他们分布在印尼的各个角落。可是这50万人买中文报的非常少，他们通过新媒体接收信息，所以对华文报纸还是有很大影响的。”[①]

值得注意的是，并不是所有的华文传媒从业者和研究者都认为华文传统媒体特别是纸质媒体已经丧失了活力，失去了生存空间，相反，不同国家华文纸质媒体的生存环境、受众群体、传媒格局等因素的差异，使得纸质媒体还具有自身的优势和发展空间。作为美国少数族裔的报纸，《世界日报》《星岛日报》《侨报》几大华文报纸，虽然也有市场被网络媒体、社交媒体等分割和蚕食的情况，但发行量和经营状况还比较稳定，没有出现广告份额大幅减少、大量裁员、报纸大量减版和“瘦身”的情况。美国《侨报》总编辑郑衣德认为，华文传媒以及日文、西班牙文等少数族裔的报纸未来可能都会做新媒体，以报纸为主的平面媒体未来必须走这一步。但不同于美国主流媒体，美国华文报纸还有10年至20年的黄金期。他分析其中的原因时说，这与一些美国华裔受众从事的工作特点有关。与白领们全天候使用电脑，主要从网上获取信息不同，美国华文传媒的读者有相当一部分在餐馆、超市等工作，司机、厨师、收银员等职业特点决定了他们在工作的时候不能看电脑，但在工作休息的时候随时可以取一份报纸来看。同时，由于美国华人比较集中，主要居住在纽约、洛杉矶等几个大城市，华文传媒刊登大量与移民生活有关的实用信息，发挥了社会服务的功能，颇受新移民的欢迎。[②]马来西亚星报集团董事经理兼首席执行官黄振威在“纸媒2020年：挑战与契机”研讨会上表示，研究表明，有50%的印刷媒体的读者不会阅读网络媒体新闻，有49%的网络新闻读者不会阅读印刷媒体的新闻。所以他认为，马来西亚印刷媒体仍有一定的发展空间。不管网络和社交媒体发布的新闻多么哗众取宠，当读者想看真实的新闻，还是会回到纸质媒体或他们的官方网站。他更预测，未来5年，印刷媒体仍会有大笔广告收入。马来西亚报业公会主席卡迪巴拉尼米沙认为，只要印刷媒体不断探索新的内容、渠道和平台，肯定有存活下去的希望。之所以面对网络媒体的巨大冲击，马来西亚华文纸质媒体能够“置身事外”，其主要原因是：首先，马来西亚华人对中文电脑软件不熟悉，复杂的输入法让有一定年龄的华人心存顾虑。其次，马来西亚的网络供应商在技术上无法为使用者提供快速、便捷的服务，上网速度缓慢，技术落后，在一定时间内影响了网络媒体的发展。最后，长期保持的阅读习惯在特定的人群中还难以改变。[③]在智利，虽然网络早已十分发达，智利华人也拥有诸如“智利华人网”“智利华人在线”等华人网站，但是纸质媒体依然受到很多华人的欢迎。杂志内容的原创性使读者可以看到在其

① 刘新鑫，李婧，梁孙逸．印度尼西亚大众传媒研究［M］．北京：中国传媒大学出版社，2015：154.
② 阮煜琳．郑衣德：美国少数族裔报纸至少还有十年黄金期［EB/OL］．（2013-08-28）［2017-04-03］．http://www.chinanews.com/zgqj/2013/08-28/5215060.shtml.
③ 夏春平．世界华文传媒年鉴（2015）［M］．北京：中国新闻社，世界华文传媒年鉴社，2015：9.

他任何媒体上看不到的文章，看到侨界同胞自己的作品。这无疑是杂志能够继续生存、继续被读者接受的根本原因。[①]还有论者通过对五大洲31个国家的59家华文报纸进行的问卷调查，及对其中18家报纸进行的深度访谈，获知59家报社中有50家认为，新媒体对报纸的广告、内容、发行等冲击不大，原因有4个：受众、传播者、媒介和市场空间。首先，不少海外华人不熟悉当地语言，无法使用当地媒体，主要依靠华文报纸获取当地信息；其次，报纸不仅仅是他们获取信息的载体，还是他们与故乡联系的情感、文化纽带。而对于传播者而言，他们对华文报的执着与坚持也使得报纸超越了金钱而屹立不到。同时，与新媒体相比，报纸在媒体介质方面仍有优势，并在市场上有生存空间。[②]

上述纷然杂陈的情况表明，不同国家和地区华文传媒的市场环境、受众情况、传播者主体意志与情感等因素的差异造成媒体融合的总体形态以及新媒体发展状况的不同。一方面，我们承认不同国家和地区确实具有不同的媒体生态，存在受众差异，华文纸质媒体还有生存和发展的空间，盲目的悲观情绪反而不利于华文传媒的发展壮大；另一方面，我们也不得不承认，随着信息技术和互联网技术的快速发展与受众群体的日益年轻化，新媒体对传统媒体的冲击只会越来越大，传统媒体必须主动面对新媒体的挑战，制定适合自身发展的对策。我们既感佩华文传媒人创办报刊的艰辛与执守，认同“报刊无论大小，创办时间无论长短，都在海外皆尽心力传承中华文化，见证和书写了海外侨胞的奋斗史，都将铭刻在海外华文传媒的里程碑上”，同时又必须面对“在媒体革命的巨浪前，个人的能力和努力都无法改变其状况，一些传统华文媒体因此而消失”[③]的苦涩现实。我们既要看到年长的华人、华侨对报刊的习惯性依赖和情感依托，又要明了随着年长者的逝去，华文传媒必须面对互联网原住民的现实。我们既要明确报刊的情感文化纽带功能，又要承认新媒体在推进华人与故乡、华人与华人情感及文化交流方面能起到更大更强的作用。正如罗伯特·D.帕特南所指出的：“大多数社会变化同时涉及个体和代际的变化过程。新技术的运用，比如，电话和互联网，表明了两种变化的结合。当这种技术创新发生时，许多人会尝试使用新电话或新浏览器。当个体改变他们的行为时，实际上，最先使用者的增加并不会推动代际变化。不过，变化对年轻人来说更容易，所以，增长的直接动力为老一代人根深蒂固的习惯所阻滞……代际差异逐渐成为社会变化的主要特征。实际上，所有个人书信在过去几十年的减少不是因为个体喜好的变化，而是习惯于与远方亲朋好友书信交流的一代人被习惯于通电话的年青一代人所取代了。”[④]

实际情况是，不少在华文纸质媒体方面经营出色或者至少盈亏平衡的海外华文传媒，在推进新媒体传播以及媒体融合建设方面已经先行一步。以美国华文传媒为例，为了适应

① 包容. 智利华文媒体现状与21世纪海外华文媒体的使命和挑战［G］//夏春平. 中国梦：世界变局与华文媒体的新使命（第七届世界华文传媒论坛论文集）. 香港：香港中国新闻出版社，2013：291.

② 刘康杰，夏春平. 新媒体淘汰报纸？——五大洲31国59家海外华文报纸调查［J］. 新闻大学，2015（1）：25.

③ 于建一. 我们是海外华文传媒人［EB/OL］.（2015-08-19）［2017-04-12］. http://www.chinanews.com/kong/2015/08-19/7477371.shtml.

④ 帕特南. 独自打保龄：美国社区的衰落与复兴［M］. 刘波，等，译. 北京：北京大学出版社，2011：25.

新形势的需要，华文传统媒体正在向多元立体化方向发展，通过创办电子报、媒体网站，以及在中国的新浪微博、腾讯的微信，美国的推特、脸书等社交网站上发布即时新闻的方式，吸引更多受众。早在1999年，美国《世界日报》就创办了世界新闻网；2007年，首创《世界日报》电子报。《世界日报》还在全美首家采用“反应式设计”中文媒体网页，该网页能让台式电脑、手机、平板电脑显示不同的阅读界面，可依读者阅读习惯、地理位置自动调整屏幕大小与繁简体，以及不同都会区的新闻内容，从而适应读者的不同兴趣，方便其快速点阅，并可以立即转发到社群网站。[①]美国侨报网是以《侨报》平面媒体为基础的网站。2007年9月2日，改版后的侨报网在四川成都举行的第四届世界华文传媒论坛上宣布正式开通，新的侨报网以海外华文传媒领域目前技术最优、数据最新的电子报系统，提供与纸质媒体同样形式的电子版《侨报》《侨报周末》等系列产品；并同步推出功能更强大的侨报网，从传统报纸形态向电子传播形态延伸，走向多元化媒体集团。[②]作为美国《侨报》的环球网络新闻平台，侨报网的视频播报、仿真数字报纸和“天下华人”栏目技术先进、信息丰富、原创水平高，领先美国同业。侨报网的四大功能定位是：为全球中文读者提供原创的、独家的、分析后的新闻报道；为生活在美国的华人提供翔实的工作与生活资讯；为网络爱好者提供快乐的网络互动生活空间；为商务人士提供优质的网络广告与商务服务。[③]《侨报》不断拓展新媒体业务，目前,《侨报》在新浪微博、微信，以及美国的推特、脸书上的粉丝总数已达数百万。[④]

在马来西亚，早在1995年10月18日，星洲媒体集团就建立了“星洲日报”网站，为读者提供网络服务。“截至2013年12月底，网站的用户浏览量每月达到了300万人次，平均每天超过60万人次。既有马来西亚读者，也有来自中国内地、香港地区、台湾地区及世界其他地区的读者。”星洲媒体集团还与马来西亚电讯合作，不仅通过手机传递新闻，而且在3G手机客户端开播星洲媒体视频新闻等，进行全媒体、全时空信息传播。[⑤]《东方日报》也开始转向网络发展，东方数码媒体业务近年来发展迅速。除了电子报之外，其网页也在与脸书结合后迅速崛起，成为马来西亚主要的新闻网。《东方日报》在2013年6月推出电子报，目前有6万左右注册用户，每月下载量已经超过100万人次。而《东方日报》网页在2015年改革后，阅览人数也蒸蒸日上，根据谷歌分析统计，2015年4月，该网的读者浏览次数已经突破450万人次，阅读文章达1,500万条，其中有三分之一的读者分布在海外各地。《东方日报》的脸书粉丝人数也在短短一年内增加了300%，超过68万人。[⑥]

由此可见，在媒体融合时代，海外华文传媒面对新媒体的挑战，主动应变，借助新媒体优势发展壮大，这是时代赋予海外华文传媒的责任和使命，也是其自身“浴火重生”的

---

① 夏春平. 世界华文传媒年鉴（2015）[M]. 北京：中国新闻社，世界华文传媒年鉴社，2015：20-21.

② 李大玖. 海外华文网络媒体——跨文化语境 [M]. 北京：清华大学出版社，2009：139.

③ 侨报网简介 [EB/OL]. [2017-04-12]. http://www.uschinapress.com/about/aboutus.shtml.

④ 阮煜琳. 美国《侨报》庆祝创刊25周年 [EB/OL].（2015-01-03）[2017-04-12]. http://www.chinanews.com/hr/2015/01-03/6930970.shtml.

⑤⑥ 夏春平. 世界华文传媒年鉴（2015）[M]. 北京：中国新闻社，世界华文传媒年鉴社，2015：10.

必由之路。当然，这并不是说传统华文传媒的发展就不重要，或者可以放置一旁甚至弃之不顾，我们需要思考的是，如何在媒体融合时代，更好地将传统媒体与新媒体统筹起来、协同起来共同发展。在这方面，海外华文传媒还存在着这样或那样的问题，值得我们认真反思。

二、海外华文传媒在媒体融合中存在的问题

（一）一些海外华文传媒缺少推动媒体融合的主客观条件，驱动力明显不足

国务院侨务办公室主任裘援平在第八届世界华文传媒论坛上论及“现实中的机遇挑战”时指出：“海外华文传媒在这场变革中没有倒下，它们在媒体融合方面有了很多成功的尝试。在传统华文报纸、电视、电台市场及受众稳中下行的同时，新媒体发展突飞猛进，媒介传播形态进入深度融合阶段，出现众多华文传媒集团，呈现出新旧媒体形态交融、新闻报道与文化传播结合的多元化发展态势。尽管媒体融合的新版图远未成型，没有灯塔、没有捷径，也还看不到终极成功者的身影，但我们应该认识到，华文传媒要在‘互联网+’的社会形态下生存发展，必须走融合式发展的道路，强化互联网思维，坚持传统媒体和新兴媒体优势互补、一体发展，坚持以先进技术为支撑、内容建设为根本、中华文化为底蕴，推动传统媒体和新兴媒体在内容、渠道、平台、人才、经营、管理等方面的深度融合，在新闻传播规律和新媒体发展规律之间，找到‘新常态’下的可持续发展之路。显然，只有抓住机遇、直面挑战、奋发努力，全球华文传媒才能在新形势下站稳脚跟，继续前行。”①

确实，媒体融合对于海外华文传媒来说，是机遇，但更多的还是挑战。关键的问题是“媒体融合的新版图远未成型，没有灯塔、没有捷径，也还看不到终极成功者的身影”。应该说，媒体融合是个全新的课题，既无成功经验可鉴，也无成功模式可循。媒体融合不能一蹴而就，而是需要一个相当长的过程。即便对于媒体融合人才的培养来说，也是一个充满痛苦和探索的长期过程，“媒介融合课程需要完全扭转传统的教育模式，必须经历课程改革和师资培训整合的阵痛方能转型，这不仅要求高校和教育机构投入研究力量进行充分的实验论证，同时也需要资金和技术设备的大力支持”②。落实到本来就资金短缺、人才匮乏、技术条件较差的华文传媒来说，其艰难程度可想而知。在我们看来，还需要深入思考的是：将有限的资金投入到新媒体中，何时盈利都是未知数，况且持续的资金投入本身也是个“烧钱”的过程，面临着一系列的经营风险，投资成功当然皆大欢喜；如果投资失败，对于传统华文传媒来说，将是个沉重的乃至毁灭性的打击。就人才来说，不仅涉及人员少和工资支出的问题，还得考虑媒体融合需要的是多元复合型人才，不仅需要技术人才，还需要经营、管理、营销等各类人才，这对于大多数华文传媒来说，无疑是难以跨入

---

① 裘援平在第八届世界华文传媒论坛上的讲话（全文）［EB/OL］.（2015-08-22）［2017-04-16］. http://www.chinanews.com/hr/2015/08-22/7483190.shtml.

② 匡文波，孙燕清. 美国新媒体专业教育模式分析及对中国的借鉴［J］. 现代传播，2010（8）：113.

的门槛。除此之外，如何留住和发挥各类人才的潜力与效能，也是值得关注的问题。至于技术因素，不仅仅只是技术维护的问题，从总体来看，“今天传统媒体面对的危机，不仅仅是新技术的挑战，更多的是一种新的社会需求、新的商业模式、新的社会沟通传播方式对既有的一切的挑战。这实际上反映的是一种新的社会关系，以及在新的社会关系基础上结成的新的传播关系”①。

正是因为上述因素的存在，导致一些海外华文传媒在媒体融合方面的积极性不高，这直接影响了媒体融合战略的推进。

（二）海外华文传媒存在着“一哄而上”的乱象，对媒体融合的理解往往还停留在“+互联网”的阶段

时下，无论在学界、业界还是在政界，“媒体融合”都是炙手可热的词汇。媒体如果不进行融合，往往就会被宣布落后于时代，出局就是必然的命运。从大的方向来看，媒体融合确实是大势所趋。但对于不同国家和地区的华文传媒来说，也应该根据自己的实际情况以及所在国的市场、受众、媒体生态等现实状况进行顶层设计、合理布局。当前海外华文传媒在媒体融合实践中确实存在着“一哄而上”的乱象，致使媒体融合变异为传统媒体的互联网化。不是跟风建网站，就是迫不及待地奔向“两微一端”——微博、微信、APP客户端，而新闻客户端严重同质化的现象也比较严重。这是一种典型的“+互联网”思维取向的结果，其实，媒体融合不是简单的平台相加，而是系统性的深度相融。“真正的互联网思维是要从思想深处重新审视媒体的价值，实现组织架构和工作流程的深刻变革，使整个组织能够更好地传递‘用户至上’的互联网思维。”②当前，不少海外华文传媒在融合发展实践中，只是与互联网简单嫁接，只是进行了数字化“转场”，从而导致只有量变没有质变，只有物理反应没有化学反应，难以实现“1+1大于2”的协同效应。媒体融合是一项复杂的系统工程，是一个不断演进的动态过程，要取得实质性的进展，必须从新闻运作模式、生产方式、操作手法进行根本创新，必须从产品内容、表现形式、生产流程进行系统变革，必须从体制机制、组织结构、盈利模式进行综合转型。③

另外，一些海外华文传媒在媒体融合实践方面始终以传统媒体为主，新媒体仅被作为传统媒体延伸和圈地的平台，从人员管理、内容制作和整体运营上，并没有真正被作为独立媒体来管理和经营，始终处于从属地位，这样并不利于媒体融合的进一步深入拓展。而当前全媒体运作方式的主要特点可以总结为“一套人马N个媒体”的作战方式，在融合理念上，试图通过建立完善的多种媒体形态的组合，形成崭新的“全媒体框架”，实现从“营销报纸”到“营销内容”的转变。但由此带来的问题是：传统媒体采编人员难以适应新媒体要求，传统媒体采编人员以文字和图片为主，与新媒体在制作方式和表现形式上有很大不同；在内容安排上，优先机制也难以解决，媒体之间刊发的先后顺序的“度”很难

① 宋建武．媒体融合的三个层次和三个关键——我国媒体融合的战略与策略［D］．福州，2015-08-05.

② 程小萍，池薇．论基于互联网思维的媒体融合发展［J］．电视研究，2015（1）：58.

③ 李述永．当前媒体融合发展的实践与思考［J］．中国记者，2016（5）：20.

把握，如报道一条新闻信息，传统媒体还是新媒体优先？有限的人力应该优先用于新媒体还是传统媒体？什么才是优先机制的合理选择标准？这些问题在实践中尚未得到令人满意的回答。①一个可行的思路是在统筹谋划、协同作战的前提下，可以将新媒体从传统华文传媒中独立出来，根据其自身特点制定发展战略。国外一些知名传统媒体也在这方面进行着积极的探索并取得了初步成效。1999年，《纽约时报》将报纸和网站的采编队伍合二为一，要求所有记者既要给报纸供稿，也要会做视频报道，并能及时上网发布消息，让公司内部资源共享。但是，这种方式很快就遇到挫折，于是，决策者对网站的组织结构、财务和产品进行了改革，将其与传统媒体完全分开，成立了新的独立公司——“数字纽约时报”，建立了独立的采编队伍，扩大报道范围，同时开始实行独立核算、独立运营，两年后即扭亏为盈。②当然，新媒体与传统媒体在相对分离的基础上也有统合，强化跨部门合作对于华文传媒的媒体融合实践具有重要的意义。

《纽约时报》调研团队完成的《创新报告2014》中强调的跨部门合作对于进行中的华文传媒媒体融合不乏借鉴价值：

建议鼓励新闻编辑部与其他经营、技术部门之间加强合作，因为这些部门对读者和受众的了解往往胜过新闻编辑部，他们更多地着眼于构建、思考以及研究读者体验，更关心读者对于数字阅读、观看和互动体验的感受，他们的工作和记者本身一样重要。这些部门包括技术部、消费者分析部、研究与发展部以及产品部。《纽约时报》在这方面已经做了许多有益的尝试，新闻编辑部里增加了很多核心人员，他们有的曾是我们的竞争对手，有的是软件开发者，有的是营销经理，还有的是新媒体产品的设计者以及数据科学家。我们相信，让这些更了解读者的同事贴近并服务于新闻编辑部会激发巨大的创造力。新闻编辑部与其他经营和业务部门合作的方式可以是多种多样的，比如，让这些部门的同事到新闻编辑部任职，或考邀请他们参加新闻编辑部的选题会，这都可以打通交流通道。③

三、媒体融合背景下海外华文传媒与中国软实力提升

（一）制作适合不同媒体形态传播的优质产品，提升中国软实力

在传统媒体与新兴媒体融合发展的过程中，一直存在着“何者为王”的争论。到底是“内容为王”，还是“渠道为王”“平台为王”，抑或是“技术为王”。

《俄罗斯龙报》社长李双杰认为：“传统媒体和新媒体只是传播方式不同，新闻媒体“内容为王”的本质不会改变，新媒体只是为传统纸媒插上了翅膀，并没有阻碍其发展，

①② 石艳红. 媒体融合的冷思考［EB/OL］.（2014-04-15）［2017-04-16］. http://media.people.com.cn/n/2014/0415/c192362-24898798.html.

③ 新华社新闻研究所国际传播研究中心.《纽约时报》数字化困境与转型规划［EB/OL］.（2014-08-14）［2017-04-18］. http://news.xinh uanet.com/newmedia/2014-08/14/c_126871902.htm.

传统纸媒白纸黑字的严肃性、公信力和权威性不会被轻易取代。”[①]南非《华侨新闻报》行政总监王喜峰表示，新媒体平台有其优势，但好的采编队伍和一手的原创内容更加重要，所以他并不认同外界唱衰传统媒体的声音。他强调，无论什么时代，媒体发展都需要精良的内容，好的内容登载在哪个平台上都会有市场。[②]凤凰卫视董事局主席兼行政总裁刘长乐指出，卫星全球化，让地缘边界模糊了；互联网很多技术的兼容，让技术边界模糊了；电视、报纸、广播和互联网的融合，让专业边界模糊了。现在无论做哪个行业，面临的一个现实都是界限越来越模糊。因此，华文传媒不能简单地定位为“内容为王”，否则就要落伍了。[③]

在我们看来，“何者为王”不能脱离具体的语境，尤其在媒体融合时代，必须做具体分析。这就意味着“何者为王”的命题有其相对性，脱离了具体的条件和语境，媒体间的争论也就失去了价值和意义。正如有学者指出的：“将在一定话语环境中的正确命题推至一切话语环境中，将特称判断改成全称判断，这些做法都是不可取的。事实上，‘内容为王’‘渠道为王’和‘平台为王’都是有条件的。在内容同质的情况下，渠道畅通者胜，说‘渠道为王’似乎未尝不可；平台上空间广阔、气氛活跃、气象万千，这时，‘平台为王’的命题应当也是能够成立的。”[④]不仅如此，媒体的“内容”元素是不断发展变化的，从纸媒的文字、图片，到广播的声音，再到电视的视频画面，新媒体时代的内容有了更广泛的含义，不仅内容更加多元，而且其渠道性明显增强。正如有些媒体人意识到的：内容不等于新闻，更不等于原创新闻。在新媒体时代，单纯追求有价值的新闻报道、新闻评论已经是片面之举。而将深度报道搬上移动客户端，在移动客户端硬件没有得到进一步提升的情况下，长篇的深度报道并不符合手机用户碎片化和轻快的阅读习惯，这样的内容恐怕难以为王。[⑤]

因此，我们强调要制作适合不同媒体形态传播的优质产品，而不是像以前那样，同一产品可以在任何国家和地区或任何媒体平台上传播。正如澳大利亚镜报传媒集团总编李思超指出的，在对同一个新闻事件进行报道时，许多媒体都会利用不同的媒体形态为读者传播资讯信息。“新闻不仅要在每日或每周出版的报纸上刊载，同时要对其进行符合不同传播媒介下的读者的阅读口味的改写，并让其出现在旗下的官网在线、微博、微信等网络媒体中。”[⑥]

当然，媒体融合时代强调“内容为王”仍然是媒体机构在新时代生存发展的根本，且

① 海外华文媒体伦敦论道，看大家支了什么招［EB/OL］.（2016-07-27）［2017-04-18］. http://news.xinhuanet.com/zgjx/2016-07/27/c_135543266.htm.

② 海外华文媒体人热议新老媒体融合 精良内容不可妥协［EB/OL］.（2016-05-20）［2017-04-18］. http://mt.sohu.com/20160520/n450604839.shtml.

③ 徐倩. 凤凰总裁刘长乐：固守“内容为王”华文媒体会落伍［EB/OL］.（2013-09-08）［2017-04-18］. http://news.xinhuanet.com/world/2013-09/08/c_125342290.htm.

④ 丁柏铨. 试析媒体融合中的三个关键性话题［J］. 新闻与写作，2015（1）：57.

⑤ 崔光红. 媒体融合下，再说内容为王［EB/OL］（2014-09-12）［2017-04-22］. http://qnjz.dzwww.com/qybg/201409/t20140912_11010822.htm.

⑥ 李思超. 全媒体时代下海外华文媒体的创新与改革［G］//夏春平. 中国梦：世界变局与华文媒体的新使命（第七届世界华文传媒论坛论文集）. 香港：香港中国新闻出版社，2013：129.

将在未来媒体发展中起到关键作，这其中的重点是我们对“内容”要有新的理解和把握。正如美国宾夕法尼亚州立大学传播学院终身教授钟布指出的，内容就是产品，“像其他产品一样，媒体内容必须为受众提供最优的用户体验，否则用户就会弃之而去。因此，媒体人必须把内容当成产品来生产和经营，必须遵循产品生产的流程和规律，有意识、有目的地设计、开发、包装、营销，并运用数据分析等手段研究内容生产、营销和使用的各环节，以期建立并优化以数据分析为基准的媒体决策模型”①。

例如，2016年2月，由中国五洲传播中心与英国雄狮电视公司联合制作的纪录片《中国春节：全球最大的盛会》在BBC二台播出。此片分《回家》《团圆》《欢庆》3集，采用主持人直播形式，在主线故事的发展中穿插与其他地区连线的视频内容，讲述发生在中国广袤土地上的春节故事。该纪录片颠覆了BBC的《中国的秘密》《中国如何愚弄了世界》《中国人来了》等纪录片看似客观纪录，实则裹挟了偏见甚至歪曲事实的模式，“摒弃宏大叙事，瞄准鲜活的生命个体；通过生动的现场直播，接近零距离的观察，引发外国观众共鸣；通过普通人的情感共鸣，超越文化隔阂，获得了广泛的认同”②。这正是中国传媒着眼于提升中国文化传播辐射力及文化交流亲和力，有意识、有目的地设计、开发、包装、营销的结果。此前，中国五洲传播中心还推出了在纽约时代广场播放的《乐享中国春节篇》，以及与美国福克斯电视网联合制作的纪录片《春节回家》。以上三部作品围绕“欢乐”“祥和”“团圆”“共享”“祈福”等春节主题，奏响了中国春节文化走向国际的美妙和音，有助于引导西方民众更加全面客观地认识当代中国。

（二）运用大数据技术，提升中华文化的传播效果

随着互联网和信息技术的快速发展，全球迎来了大数据时代，大数据对经济、政治、文化等领域产生了深刻的影响。当今，人们对此越来越重视，因为大数据是一种不断扩张的数据能力，它在人类的决策活动中日益成为不可或缺的依据。一般来说，大数据是指“产生于多种来源的巨量电子数据”③。目前比较流行的大数据特性被归纳为4个V，即volume、variety、value、velocity，分别对应：数据体量巨大；数据类型繁多；数据本身有潜在的价值，但价值比较分散；数据高速产生，需高速处理。④与小数据相比，一方面，大数据强调全数据的观念，而非小数据的随机抽样；另一方面，小数据关注因和果，大数据则关注关联。

运用大数据技术可以实现中华文化传播的定向性和精准性。过去，我们对于中华文化传播受众的了解和把握主要依赖于问卷调查、深度访谈、电话调查及邮寄调查等形式。这些调查不但样本量小，而且调查结果有时并不客观。运用大数据技术，可以对受众进

① 钟布. 新媒体时代别再恪守“内容为王”[EB/OL].（2014-06-23）[2017-04-22]. http://tech.qq.com/a/20140623/008468.htm.

② BBC播出关于中国春节的纪录片 引发外国观众共鸣[EB/OL].（2016-03-02）[2017-04-22]. http://news.xinmin.cn/world/2016/03/02/29590878.html.

③ HOON G, HYONG S J.Big Data Applications in the Government Sector[J]. Communications of the ACM, 2014（3）: 78-85.

④ 吴晋娜. 大数据时代：从预言走向现实[N]. 光明日报，2013-11-12.

行全面和即时的分析，通过对各国不同年龄、性别、职业、收入的群体分类，能充分了解不同人群的基本素质、活动规律、信息接收习惯、相应的利益需求，可以有效地做到文化的定向传播，并能根据不同受众的不同需求提供服务，从而实现满足个体差异化需求的“精确传播”。阿里巴巴事业部—CNZZ高级技术专家张进长期从事大数据研究，他认为：“传统媒体大多依赖人工编辑，摘选一些话题，人力耗费巨大且千人一面，大数据则可以帮助媒体实现内容的自动选取。”①现在的技术可以实现针对不同的人，依其背景、性别、年龄、爱好、职业等完成分析，从而选取他们喜欢的内容进行展现，实现千人千面。例如，2012年年底，“美丽中国”的概念在全球的搜索量迅速提升，这个专有名词在短时间内迅速成为中外媒体和网友关注并搜索的焦点。但中国到底因何而美丽？当人们谈到“美丽中国”时，他们究竟谈论的是什么？有机构在全世界9个主要入境来源国选取20万网民做了在线调查，调查结果显示，中国最具吸引力的是文化、历史和风景，最能代表中国文化的是传统建筑、茶、书法和绘画。这样的大数据分析是必要的，它能把抽象的文化概念落实到具体的符号上，在此基础上对受众做更精准的传播，这是文化传播与“走出去”的重要技术支撑点。②

德国明斯特电视台中国部历时两年多，编撰出版了德文市场第一本关于中国城市童话故事的书籍——《黄鹤楼的童话故事》。在创作过程中，针对长期困扰中国文化对外传播的瓶颈，周俊及其团队做了新的尝试和突破。他们首次使用了大数据方法，通过科学的统计分析，找到问题的症结，随后组织传播学家、中德文化对比研究专家、汉学家、儿童教育专家、童话故事研究专家、城市形象和文化研究专家、小朋友等举办座谈会，倾听他们的意见和建议，最后在保留中国传统文化原味的基础上，用适合德国人喜爱且易接受的传播方式进行介绍，反响非常好。③

（三）海外华文传媒可以与中国对外传播部门、中国媒体合作，制作质量优良的文字、图片、音频、视频等材料，或在当地主流媒体刊登、播放，或推送到所在国流行的社交媒体脸书、推特、连我（Line）上，塑造中国良好的国家形象，提升中国国家软实力

在此，需要注意以下两个方面：一是文字、音频、视频等材料最好采用双语形式（汉语+当地主流语言），这既考虑到接受者的实际情况，也便于他们通过双语材料更好地了解和认识中国；二是在视觉文化时代，要充分考虑到用户的需求，在重视制作或传播中华优秀传统文化的同时，也要重视推送反映中国当代社会现实的文化以及各种深受民众喜闻乐见的大众文化。而就大众文化来说，“形象支配梦想，梦想支配行动”，大多数人“更多是以情感而不是理智来建构其世界观，决定其行动。人们相信某段故事，不是因为其思想

① 王越，熊凯旭．海外华文媒体路在何方［EB/OL］．（2015-05-29）［2017-04-28］．http://news.xinhuanet.com/newmedia/2015-05/29/c_134280429.htm.

② 赵婀娜．大数据时代：寻找新的文化传播路径［N］．人民日报，2014-8-21.

③ 周俊，周进．德文版“黄鹤楼童话故事”创新解析［G］//夏春平．华文媒体200年——薪火传承与时代担当（第八届世界华文传媒论坛论文集）．香港：香港中国新闻出版社，2015：86.

有多么重要，更重要的是其形象能够在多大程度上让人们感同身受”[①]。正如泰国《星暹日报》评论员岳汉针对中国电视剧《花千骨》和《武媚娘传奇》在脸书泰国朋友圈里被刷屏时发出的感叹：“当今好多中国的精美电视剧、‘国产大片’以及流行文化就挺好的，至少在东南亚的销路本就不错——有意识地对这些东西进行推广，才是文化宣传上真正‘四两拨千斤’的捷径。”[②]《花千骨》《武媚娘传奇》等是否可以被称为“精美的电视剧”姑且不论，但必须承认的是，我们对《大长今》《来自星星的你》等韩国大众文化的热衷和追捧在很大程度上重构了中国民众对韩国形象的认知与评价；同样，我们对以美国为代表的西方大众文化的消费也型塑了对西方国家形象的体认和构建。当然，积极利用新媒体的传播优势塑造中国形象并不是要否认人际传播、组织传播以及传统媒体大众传播的功效，从实际情况来看，在媒体融合时代，综合运用多种传播形式对于提升中国国家软实力更加有利。

① 嘉戴尔斯，麦德沃．全球媒体时代的软实力之争：伊拉克战争之后的美国形象［M］．何明智，译．北京：中信出版社，2010：20.

② 岳汉．中泰一家亲 要靠花千骨［N］．星暹日报，2015-09-14（A2）.

结　语

随着中国经济的快速发展和国际地位及影响力的日益提高，世界对中国的关注也越来越多，但中国国家软实力建设及其达到的高度与中国自身的国际地位还远不相称。在中国日益走向世界、融入世界的进程中，海外华文传媒的作用和影响日益广泛且引人注目，并且越来越成为提升中国国家软实力的一支重要的生力军。海外华文传媒是华人、华侨文化事业的重要组成部分，是支撑海外华人社会存在与延续的重要力量，是中华文化在海外传承与发展的象征。它与中国有着密不可分的联系，是中国与海外华人建立联系和交流的最重要渠道之一，在中国与世界的交流中起着重要的作用，是中国发挥国际影响力、塑造国家形象、增强民族凝聚力、提升中国国家软实力的重要途径。

之所以将海外华文传媒与中国国家软实力提升联结起来，主要出于两点考虑：一是遍布世界各地的6,000多万海外华人、华侨，他（她）们是中华民族重要的资源宝库，也是中国同世界各国、各地区进行友好交往与各种合作的纽带。海外华文传媒传递着千千万万华人、华侨的心声，它是我们向世界传播一个真实、客观的中国，塑造良好的国家形象的国际平台，是传播中华文化、展示中华民族形象，增进全球华人文化认同，凝聚全球华人力量的重要载体。二是关于中国国家软实力提升的论述往往只从本国出发，忽略了海外华文传媒的作用。

因为历史和现实的各种原因，海外华文传媒在全世界发展的水平参差不齐，这些都是值得我们注意的问题。美国星岛中文电台主持孙晓光认为："中国在海外的华文传媒是否可以承担起塑造中国形象的功能呢？海外华文传媒的对象是华人、华侨，是自己人，与美国主流社会很少有互动，做得好的影响力也十分有限。由于华人、华侨较分散，资源整合起来相当困难，不仅广告来源有限，并且在平面媒体和多媒体之间竞争十分激烈，而且人才极度匮乏，优秀的记者和编辑很难不向经济现实低头，无论报纸、电台、电视台和网络新闻平台，基本局限在华人的圈子里。在各自为战、捉襟见肘的条件下，任何单独一家媒体都很难承担起中国形象塑造的重任。中国政府在这方面只能依托海外华文传媒助其一臂之力，却不可能将战略发展重心完全地放在海外华人传媒。至少在目前阶段，中国在海外的传媒机构还未能形成影响主流思潮的领军人物和机构。”[①]上述观点具有一定的代表性，孙晓光所说的问题在海外华文传媒界也有不同程度的存在，但并不全面，悲观色彩也比较浓重。同时，这也说明无论是观念的更新还是实力的加强，海外华文传媒都需要有一个逐步转变和累积的过程。

我们认为，海外华文传媒应该正视各种挑战，同时也要抓住时代赋予它的难得的发展机遇。在当下“一带一路”倡议深入开展的进程中，在中国人民正在为实现“两个一百年”奋斗目标、实现中华民族伟大复兴的中国梦而奋斗的伟大征程中，海外华文传媒应该找准自身的定位，通过多种形式的资源整合做大做强，在与所在国主流媒体、主流人群交往合作的基础上融入并影响主流社会，主动适应和面对媒体融合时代的挑战，在推动自身可持续发展的同时，讲好中国故事，传播好中国声音，提升中国国家软实力。

① 孙晓光．谁来为中国说话［EB/OL］．（2007-08-21）［2017-05-06］．http://www.chinanews.com.cn/hr/kong/news/2007/08-21/1006785.shtml.

参考文献

一、中文论著部分

1. 中共中央宣传部新闻局. 习近平总书记党的新闻舆论工作座谈会重要讲话精神学习辅助材料[M]. 北京：学习出版社，2016.
2. 中共中央宣传部. 习近平总书记系列重要讲话读本（2016年版）[M]. 北京：学习出版社，人民出版社，2016.
3. 夏春平. 世界华文传媒年鉴（2015）[M]. 北京：中国新闻社、世界华文传媒年鉴社，2015.
4. 国务院侨办侨务干部学校. 华侨华人概述[M]. 北京：九州出版社，2005.
5. 程正民. 巴赫金的文化诗学[M]. 北京：北京师范大学出版社，200.
6. 郑永年. 中国模式：经验与困局[M]. 杭州：浙江人民出版社，2010.
7. 韩震. 全球化时代的文化认同与国家认同[M]. 北京：北京师范大学出版社，2013.
8. 庄国土，等. 二战以后东南亚华族社会地位的变化[M]. 厦门：厦门大学出版社2003年版。
9. 贾益民. 华侨华人研究报告（2015）[M]. 北京：社会科学文献出版社，2015.
10. 丘进. 华侨华人研究报告（2011）[M]. 北京：社会科学文献出版社，2011.
11. 程曼丽. 海外华文传媒研究[M]. 北京：新华出版社，2001.
12. 彭伟步. 海外华文传媒概论[M]. 广州：暨南大学出版社，2007.
13. 李大玖. 海外华文网络媒体——跨文化语境[M]. 北京：清华大学出版社，2009.
14. 肖航，纪秀生，韩愈. 软传播：华文媒体海外传播研究[M]. 北京：中国传媒大学出版社，2013.
15. 郭彦，陈宏昌，彭伟步. 传承与超越——海外华文传媒历史与现状分析[M]. 北京：中国国际广播出版社，2012.
16. 黄海珠，等. 泰国华文纸媒研究[M]. 北京：中国社会科学出版社，2013.
17. 叶新田. 2014年世界华文教育论坛论文集[M]. 加影：新纪元学院，2014.
18. 蔡昌卓. 东盟华文教育[M]. 桂林：广西师范大学出版社，2010.
19. 萧依钊. 星洲日报：历史写在大马的土地上[M]. 吉隆坡：星洲日报社，2008.
20. 夏春平. 华文媒体与和谐社会（第四届世界华文传媒论坛论文集）[M]. 香港：香港

中国新闻出版社，2007.
21. 夏春平. 全球金融危机下的华文媒体（第五届世界华文传媒论坛论文集）[M]. 香港：中国新闻出版社，2009.
22. 夏春平. 国际话语体系中的海外华文媒体（第六届世界华文传媒论坛论文集）[M]. 香港：中国新闻出版社，2011.
23. 夏春平. 中国梦：世界变局与华文媒体的新使命（第七届世界华文传媒论坛论文集）[M]. 香港：中国新闻出版社，2013.
24. 夏春平. 华文媒体200年——薪火传承与时代担当（第八届世界华文传媒论坛论文集）[M]. 香港：香港中国新闻出版社，2015.
25. 夏春平. "一带一路"与华文媒体新发展（第九届世界华文传媒论坛论文集）[M]. 香港:香港中国新闻出版，2017年版.
26. 吴英成. 汉语国际传播：新加坡视角[M]. 北京：商务印书馆，2010.
27. 刘建明. 宣传舆论学大辞典[M]. 北京：经济日报出版社，1993.
28. 罗世宏，童静蓉. 社交媒体与新闻业[M]. 台北：优质新闻发展协会，2014.
29. 张邦卫. 媒介诗学：传媒视野下的文学与文学理论[M]. 北京：社会科学文献出版社，2006.
30. 陈恒汉. 文化与软实力漫谈：从大中华到地球村[M]. 北京：线装书局，2013.
31. 秦启文，周永康. 角色学导论[M]. 北京：中国社会科学出版社，2011.
32. 刘海龙. 宣传：观念、话语及其正当化[M]. 北京：中国大百科全书出版社，2013.
33. 李智. 文化外交——一种传播学的解读[M]. 北京：北京大学出版社，2005.
34. 王辉耀. 中国国际移民报告（2015）[M]. 北京：社会科学文献出版社，2015.
35. 任贵祥. 海外华侨华人与中国改革开放[M]. 北京：中共党史出版社，2009.
36. 王士谷. 海外华文新闻史研究[M]. 北京：新华出版社，1998.
37. 论语. 张燕婴，译注[M]. 北京：中华书局，2006.
38. 吴建民. 我的中国梦：吴建民口述实录[M]. 北京：北京大学出版社，2013.
39. 曾林. 古代汉语词典（双色版）[M]. 成都：四川辞书出版社，2012.
40. 于盈，奈. 从"软实力"到"巧实力"[J]. 南风窗，2009(13).
41. 奈，张哲馨. 自由主义化的现实主义者——对约瑟夫·奈的访谈[J]. 世界经济与政治，2007(8).
42. 张春燕. 中华文化海外传播的路径和内容选择[J]. 云南师范大学学报（对外汉语教学与研究版），2014(1).
43. 周璐铭. 孔子学院十年发展统计、成果分析与战略建议[J]. 西南交通大学学报（社会科学版），2015(1).
44. 王沪宁. 作为国家实力的文化：软权力[J]. 复旦学报（社会科学版），1993(3).
45. 辛斌. 批评话语分析：批评与反思[J]. 外语学刊，2008(6).

46. 李路路，钟智锋．“分化的后权威主义”——转型期中国社会的政治价值观及其变迁分析[J]．开放时代，2015(1)．
47. 阎学通，徐进．中美软实力比较[J]．现代国际关系，2008（1）．
48. 丁柏铨．试析媒体融合中的三个关键性话题[J]．新闻与写作，2015(1)．
49. 张国良．媒体融合需走出几个认识误区[J]．中国党政干部论坛，2015(1)．
50. 侯东阳．在国际舆论中有效地传播中华的声音——对海外华文媒体访谈的思考[J]．东南亚研究，2011(1)．
51. 程曼丽．以中国的全球战略思维重新审视海外华文传媒[J]．对外传播，2015(10)．
52. 程曼丽．华文媒体：面对“中国热”的冷思考[J]．新闻记者，2005(11)．
53. 李宇．我国国际传播能力建设的反思与展望[J]．对外传播，2015(1)．
54. 卓南生．东南亚华文报的过去、现在与未来——“华文传媒与海外华人社会”研讨会（马尼拉·2011）主题发言[J]．国际新闻界，2012(1)．
55. 张涛甫．推动新闻话语的语法变革[J]．青年记者，2013(1)上．
56. 申宏磊，崔斌箴．聆听历史的回声——访国务院新闻办公室原主任曾建徽[J]．对外大传播，2006(8)．
57. 刘延东．携手促进孔子学院事业发展 共同谱写中外人文交流的新篇章——在第八届孔子学院大会开幕式上的主旨演讲[R]．北京，2013-12-07．
58. 刘延东．适应需求 融合发展 为促进世界文明多元多彩贡献力量——在第十届孔子学院大会开幕式上的主旨演讲[R]．上海，2015-12-06．
59. 郭洁敏．当前我国软力量研究中若干难点问题及其思考[J]．社会科学，2009(2)．
60. 叶青春．从现代性困境看当代中国文化软实力的超越性[J]．延边大学学报，2010(1)．
61. 刘佳．中国视角下软实力理论的重构——基于对软实力理论西方话语权的反思[J]．河南大学学报（社会科学版），2014(1)．
62. 毛夫国．软实力概念的泛化及其原因[J]．国际关系学院学报，2012(3)．
63. 胡键．争论中的中国模式：内涵、特点和意义[J]．社会科学，2010(6)．
64. 刘康杰，夏春平．新媒体淘汰报纸？——五大洲31国59家海外华文报纸调查[J]．新闻大学，2015(1)．
65. 衣远．越南华文教育发展现状与思考[J]．东南亚纵横，2014(7)．
66. 甘藏春，方正辉，胡必亮．约瑟夫·奈谈“巧实力”[J]．对外传播，2009(3)．
67. 蒋英州．约瑟夫·奈“软实力”思想及其国内研究评析[J]．重庆理工大学学报（社会科学版），2014（11）．
68. 陈雪飞．非洲人眼中的中国形象：基于非洲本地媒体视角的考察[J]．国外理论动态，2014(3)．
69. 任志峰．角色理论及其对集体行为者的可行性分析[J]．华中科技大学学报（社会科学版），2016(4)．

70. 宋建武. 媒体融合的三个层次和三个关键——我国媒体融合的战略与策略专题讲座[R/OL]. 2015-08-05.
71. 刘北宪. 国际话语体系中的海外华文媒体——第六届世界华文传媒论坛主题报告[R]. 2011-09-17.
72. 程小萍，池薇. 论基于互联网思维的媒体融合发展[J]. 电视研究，2015(1).
73. 李述永. 当前媒体融合发展的实践与思考[J]. 中国记者，2016(5).
74. 刘佳，常绍舜. "软实力"理论的创新及其对中国发展的思考——基于对"软实力"之父约瑟夫·奈访谈的研究[J]. 辽宁大学学报（哲学社会科学版），2015(1).
75. 宋昭勋. 新闻传播学中Convergence一词溯源及内涵[J]. 现代传播，2006(1).
76. 付晓燕. 媒介融合下的美国新闻业和新闻教育变革——访美国密苏里新闻学院媒介融合项目创始人迈克·麦金教授[J]. 新闻与写作，2009(8).
77. 彭真. 全国人民代表大会常务委员会工作报告[J]. 人民日报，1980-09-14.
78. 世界日报感恩及请益之旅[N]. 世界日报，2015-02-05.
79. 岳汉. 中泰一家亲 要靠花千骨[N]. 星暹日报，2015-09-14.
80. 赵婀娜. 大数据时代：寻找新的文化传播路径[N]. 人民日报，2014-08-27.
81. 吴晋娜. 大数据时代：从预言走向现实[N]. 光明日报，2013-11-12.
82. 章念生，高石. 美国媒体公信力不断下滑[N]. 人民日报，2016-08-18.
83. 林旭娜. "一带一路"上文化交流先行 东南亚华文教育热潮不退：越来越多友族走进"华文圈"[N]. 南方日报，2015-05-07.
84. 杨子岩. 海外华社侨领把脉"走出去"中华文化如何扬帆海外[N]. 人民日报（海外版），2012-04-11.
85. 王丕屹. 华文媒体要走三个台阶[N]. 人民日报海外版，2012年-02-17.
86. 游江. 美国《侨报》跨区域发展项目发展规划研究[D]. 泉州：华侨大学，2014-07-11.
87. 张韵. 微传播环境下的全民阅读推广策略研究[D]. 广州：暨南大学，2014-07-09.
88. 吴晶，吕诺. 孔子学院成为中国"软实力"的最亮品牌[EB/OL]. [2007-01-02]. http://news.cnwest.com/content/2007-01/02/content_391638.htm.
89. 增加中外文化交流 孔子学院与软实力无关[EB/OL]. (2010-01-08)[2016-08-06]. http://finance.sina.com.cn/roll/20100108/14367215332.shtml.
90. 许琳笑解"己所不欲 勿施于人"中国再强大也不欺负人[EB/OL]. (2009-01-02)[2016-08-06]. http://phtv.ifeng.com/hotspot/huarenshengdian2009/movingnews/201003/0327_9864_1588538.shtml.
91. 中华文化的"忍让"还是很厉害[EB/OL]. (2011-11-05)[2017-01-02]. http://culture.ifeng.com/huodong/special/zhonghuawenhua/content-3/detail_2011_11/05/10439208_0.shtml.
92. 国家汉办主任许琳到所在党支部为党员讲专题党课[EB/OL]. (2016-04-16)[2017-05-

06]. http://www.moe.edu.cn/jyb_xwfb/xw_zt/moe_357/jyzt_2016nztzl/2016_zt04/16zt04_jcdt/16zt04_jcdt_gjhb/201607/t20160714_271840.html.
93. 砥砺奋进的五年：数据看孔院（2012–2017）[EB/OL]. (2017–10–23)[2017–05–06]. http://www.hanban.edu.cn/article/2017–10/23/content_702594.htm.
94. 奈. 信息时代，比谁讲的故事更动听[EB/OL]. (2013–12–19)[2017–05–09]. http://www.guancha.cn/yue–se–fu–nai/ 2013_12_19_193825.shtml.
95. 张国祚与约瑟夫·奈关于“软实力”的对话[EB/OL]. (2012–07–06)[2017–07–09]. http://theory.people.com.cn/n/2012/0706/c49157–18461775.html.
96. 张襦心. “软实力之父”约瑟夫·奈：中国如何赢得软实力竞赛？[EB/OL]. (2011–11–05)[2017–11–12]. http://www.xinminweekly.com.cn/News/Content/3116.
97. 张国祚. 强软实力实现中国梦——在第四届中国文化软实力研究高层论坛上的讲话[EB/OL]. (2013–07–01)[2017–05–09]. http://theory.people.com.cn/n/2013/0701/c40531–22027382.html.
98. 丁学良. 中国“软实力”也要硬起来[EB/OL]. (2011–11–05)[2017–11–12]. http://research.kdnet.net/library/content.php?id=4150.
99. 金筱萍. 论约瑟夫·奈软实力理论的思想渊源[EB/OL]. (2013–11–21)[2017–10–12]. http://www.cssn.cn/gj/gj_gwshkx/gj_zz/201311/t20131121_857408.shtml.
100. 庞中英. 怀柔理论更适合中国外交软实力不靠谱[EB/OL]. (2016–04–16)[2017–05–06]. http://news. ife ng. com/mainland/detail_2014_02/24/34112843_0.shtml.
101. 明永昌. 盘点2014年中国网络流行语[EB/OL]. (2014–12–16)[2017–10–12]. http://www.zaobao.com/special/ zbo/others/story 20141216–424871.
102. 林方伟. 中国2015年十大网络流行语 幽默传达网民心态[EB/OL]. (2016–06–22)[2017–10–12]. http://www.zaobao.com/social/mix/story20160622–632027.
103. 华媒生存现状：创办容易生存难存在恶性竞争[EB/OL]. (2013–10–11)[2017–10–12]. http://huaren.haiwainet.cn/n/2013/1011/c232657–19787943.html.
104. 梁乔玲. 卢瑷珊：中泰“民间大使”华教是毕生事业[EB/OL]. (2013–07–01)[2017–05–09]. http://news.xmu.edu.cn/7c/7e/c1575a97406/page.htm.
105. 2013年度我国留学人员情况[EB/OL]. (2013–07–01)[2017–05–09]. http://www.moe.edu.cn/publicfiles/busine ss/ htmlfiles/moe/s5987/201402/164235.html.
106. 2014年全国来华留学生数据统计[EB/OL]. (2015–03–01)[2017–08–09]. http://www.moe.gov.cn/publicfiles/business/htmlfiles/moe/s5987/201503/184959.html.
107. 教育部发布2015年全国来华留学生数据人数递增[EB/OL]. (2013–07–01)[2017–05–09]. http://mt.sohu.com/20160415/n444287217.shtml.
108. 王丕屹. 海外华文媒体积极引领中国文化出国[EB/OL]. (2013–07–01)[2017–05–09]. http://huaren.haiwainet.cn/n/2014/1031/c232657–21313548.html.

109．邬宁宁．约瑟夫·奈：中国软实力增长应源自“公民社会”而非政府行为[EB/OL]．(2015-02-01)[2017-05-09]．http://world.huanqiu.com/exclusive/2015-02/5742695.html．
110．刘东平．向世界发出华人之声——从“论坛”看海外华文传媒的新发展[EB/OL]．(2003-11-17)[2017-05-09]．http://www.chinatoday.com.cn/china/z200311/17.htm．
111．屠新时．在海外华文报纸上创办“孔子学堂”[EB/OL]．(2007-08-21)[2017-09-09]．http://www.chinanews.com.cn/hr/kong/news/2007/08-21/1006615.shtml．
112．郭史光庆．刘鉴铨指张晓卿没“垄断”评论人：鸟笼竞争非真正竞争[EB/OL]．(2013-07-01)[2017-05-19]．http://www.malaysiakini.com/news/59017．
113．王德齐．反垄断是你的表面信念——回应刘鉴铨《反垄断是我们的信念》[EB/OL]．(2013-11-01)[2017-12-09]．http://www.malaysiakini.com/letters/59018。
114．丁磊，刘皓然．美国调查：新闻媒体公信力倒数第二 国会倒数第一[EB/OL]．(2016-05-01)[2017-10-07]．http://world.huanqiu.com/exclusive/2016-05/8862923.html．
115．日本应直面中国世纪[EB/OL]．(2009-08-02)[2018-01-09]．http://www.ribenxinwen.com/html/g/200908/25-3954.html．
116．钟布．新媒体时代别再恪守“内容为王”[EB/OL]．(2014-06-02)[2017-09-15]．http://tech qq.com/a/2014062 3/008468.htm．
117．BBC播出关于中国春节的纪录片 引发外国观众共鸣[EB/OL]．(2016-03-02)[2017-05-09]．http://news.xinmin.cn/world/2016/03/02/29590878.html．
118．崔光红．媒体融合下，再说内容为王[EB/OL]．(2014-09-01)[2017-02-09]．http://qnjz.dzwww.com/q ybg/201409 /t20140912_11010822.htm．
119．石艳红．媒体融合的冷思考[EB/OL]．(2014-04-15)[2017-05-09]．http://me dia.people.com.cn/n/2014/0415/c192362-24898798.html．
120．新华社新闻研究所国际传播研究中心．《纽约时报》数字化困境与转型规划[EB/OL]．(2014-08-14)[2017-06-08]．http://news.xinhuanet.com/newmedia/2014-08/14/c_126871902.htm．
121．海外华文媒体伦敦论道，看大家支了什么招[EB/OL]．(2016-07-27)[2017-06-08]．http://news.xinhuanet.com/zgjx/2016-07/27/c_1 35543266.htm．
122．徐倩．凤凰总裁刘长乐：固守“内容为王”华文媒体会落伍[EB/OL]．(2013-09-08)[2017-06-08]．http://news.xinhuanet.com/world/2013-09/08/c_125342290.htm．
123．海外华文媒体人热议新老媒体融合 精良内容不可妥协[EB/OL]．(2016-05-20)[2017-06-08]．http://mt.sohu.com/20160520/n450604839.shtml．
124．刘志勤．中国企业走出去要过哪“五关”？[EB/OL]．(2014-08-14)[2017-06-08]．http://www.21ccom.net/html/2016/zjds_0831/7299.html．
125．南方报业跨国办《星暹日报》[EB/OL]．(2013-12-12)[2017-06-08]．http://www.nfmedia.com/jtdt/jtxw/201312/t20131206_362690.htm．

126. 李克强举行仪式欢迎昂山素季访华[EB/OL]．(2016-06-08)[2017-06-08]．http://www.china.com.cn/v/news/2016-08/19/content_39122480.htm.
127. 昂山素季与中国总理在北京谈的事情还真不少[EB/OL]．(2014-08-14)[2017-06-08]．http://www.md-zw.com/thread-232664-1-1.html.
128. 王眉．当代世界：中国在非洲话语的构建与传播[EB/OL]．（2014-09-15）[2017-06-08]．http://world.people.com.cn/n/2014/0915/c187656-25663344.html.
129. 马文生，魏柳南．有效的传播对中国公共外交的重要性[EB/OL]．(2016-09-20)[2017-06-08]．http://www.21ccom.net/html/2016/qqgc_0920/ 8322_all.html.
130. 邓聿文：中国如何打破“新殖民主义”魔咒[EB/OL]．(2013-04-14)[2017-07-07]．http://opinion.huanqiu.com/opinion_world/2013-04/3784660.html.
131. 非洲办报的“苦”与“乐”——访非洲华文传媒集团董事长南庚戌[EB/OL]．(2013-07-14)[2017-06-08]．http://www.donews.com/media/201307/1541215.shtm.
132. 崔守军．中国在非洲的错位形象[EB/OL]．(2014-08-14)[2017-06-08]．https://www.chinadialogue.net/article/show/single/ch/6005-Special-report-China-s-image-crisis-in-Ghana.
133. 做一份有“灵魂”的报纸——《日中商报》社长程显齐谈办报[EB/OL]．(2014-08-14)[2017-06-08]．http://www.worldchinesemedia.com/ss/?action-viewnews-itemid-228.
134. 张梅，宋怡明．唐人街是排华的结果，并非华人移民热衷聚居[EB/OL]．(2014-08-14)[2017-06-08]．http://www.thepaper.cn/newsDetail_forward_1502565.
135. 阿克曼：孔子学院需要停止扩张去抓质量[EB/OL]．(2014-08-14)[2017-06-08]．http://cul.qq.com/a/201 41204/014701.htm.
136. 孟威．构建全球视野下中国话语体系[EB/OL]．(2014-09-24)[2017-06-08]．http://news.gmw.cn/2014-09/24/content_13350155.htm.
137. 裘援平在第八届世界华文传媒论坛上的讲话（全文）[EB/OL]．(2015-08-22)[2017-09-08]．http://www.chinanews.com/hr/2015/08-22/7483190.shtml.

二、译著部分

138. 奈．美国定能领导世界吗[M]．何小东，盖玉云，译．北京：军事译文出版社，1992.
139. 奈．美国霸权的困惑——为什么美国不能独断专行[M]．郑志国，等，译．北京：世界知识出版社，2002.
140. 奈．软力量——世界政坛成功之道[M]．吴晓辉，等，译．北京：东方出版社，2005.
141. 奈．巧实力：权力，个人，企业和国家[M]．李达飞，译．北京：中信出版社，2013.
142. 奈．权力大未来[M]．王吉美，译．北京：中信出版社，2012.
143. 奈．软实力：权力，从硬实力到软实力[M]．马娟娟，译．北京：中信出版社，2013.
144. 艾尔林格．生活中的道德怪圈：什么让我们活得更好，什么让我们过得更糟？[M].

刘菲菲，译. 北京：中信出版集团，2015.
145. 奈. 硬权力与软权力[M]. 门洪华，译. 北京：北京大学出版社，2005.
146. 肯尼迪. 大国的兴衰[M]. 王保存，等，译. 北京：求实出版社，1988.
147. 嘉戴尔斯，麦德沃. 全球媒体时代的软实力之争：伊拉克战争之后的美国形象[M]. 何明智，译. 北京：中信出版社，2010.
148. 默顿. 社会理论和社会结构[M]. 唐少杰，齐心，等，译. 南京：译林出版社，2006.
149. 库珀. 和平箴言：21世纪的秩序与混乱[M]. 吴云，庞中英，等，译. 北京：北京大学出版社，2007.
150. 费斯克. 关键概念：传播与文化研究辞典[M]. 2版. 李彬，译. 北京：新华出版社，2004.
151. 渡边靖. 美国文化中心：美国的国际文化战略[M]. 金琮轩，译. 北京：商务印书馆，2013.

152. 马特拉. 全球传播的起源[M]. 朱振明，译. 北京：清华大学出版社，2015.
153. 史密斯. 民族主义：理论，意识形态，历史[M]. 2版. 叶江，译. 上海：上海人民出版社，2011.
154. 英国培生教育出版集团编. 朗文高阶英汉双解词典[M]. 何维银，等，译. 上海：外语教学与研究出版社，2006.
155. 霍恩比. 牛津高阶英汉双解词典[M]. 4版. 北京：商务印书馆，2002年版，李北达编译。
156. 威廉斯. 关键词——文化与社会的词汇[M]. 刘建基，译. 北京：三联书店，2005.
157. 施拉姆，波特. 传播学概论[M]. 2版. 何道宽，译. 北京：中国人民大学出版社，2010.
158. 富兰克林. 新闻学关键概念[M]. 诸葛蔚东，等，译. 北京：北京大学出版社，2008.
159. 吴尔敦. 信息不等于传播[M]. 宋嘉宁，译. 北京：中国传媒大学出版社，2012.
160. 艾萨克. 政治学：范围与方法[M]. 郑永年，胡谆，唐亮，译. 杭州：浙江人民出版社，1987.
161. 吴尔敦. 拯救传播[M]. 刘昶，盖莲香，译. 北京：中国传媒大学出版社，2012.
162. 帕克. 移民报刊及其控制[M]. 陈静静，展江，译. 北京：中国人民大学出版社，2011.
163. 田广. 中国人非规则移民北美历程揭秘[M]. 王天津，古丽布斯坦，译. 北京：商务印书馆，2013.
164. 雷默. 中国形象：外国学者眼里的中国[M]. 沈晓雷，等，译. 北京：社会科学文献出版社，2006.
165. 雅克. 当中国统治世界：中国的崛起和西方世界的衰落[M]. 张莉，刘曲，译. 北京：中信出版社，2010.
166. 邓肯. 龙与鹰——中美政治的文化比较[M]. 胡宗锋，译. 西安：陕西师范大学出版社，2014.

167. 奥斯特勒．语言帝国——世界语言史[M]．章璐，等，译．上海：上海人民出版社，2011.
168. 尼葛洛庞帝．数字化生存[M]．胡泳，范海燕，译．海口：海南出版社，1996.
169. 库尔德利．媒介，社会与世界：社会理论与数字媒介实践[M]．何道宽，译．上海：复旦大学出版社，2014.
170. 米切尔．新社会学词典[M]．蔡振扬，等，译．上海：上海译文出版社，1987.
171. LARRAIN．意识形态与文化身份：现代性和第三世界的在场[M]．戴从容，译．上海：上海教育出版社，2005.
172. 波特．竞争战略[M]．陈小悦，译．北京：华夏出版社，2005.
173. 贝戈蒂克安．媒体垄断[M]．吴靖，译．石家庄：河北教育出版社，2004.
174. 帕特南．独自打保龄：美国社区的衰落与复兴[M]．刘波，等，译．北京：北京大学出版社，2011.
175. 舒德森．发掘新闻：美国报业的社会史[M]．陈昌凤，常江，译．北京：北京大学出版社，2009.
176. 詹金斯．融合文化：新媒体和旧媒体的冲突地带[M]．杜永明，译．北京：商务印书馆，2012.
177. 令狐萍．芝加哥的华人：1870年以来的种族，跨国移民和社区[M]．何家伟，令狐萍，顾玉芳，译．广州：广东世界图书出版公司，2015.
178. 罗尔．媒介，传播，文化——一个全球性的途径[M]．北京：商务印书馆，2005.
179. 戈夫曼．污名——受损身份管理札记[M]．宋立宏，译．北京：商务印书馆，2009.
180. 哈林，曼奇尼．比较媒介体制：媒介与政治的三种模式[M]．陈娟，展江，等，译．北京：中国人民大学出版社，2012.
181. 包亚明．权力的眼睛——福柯访谈录[M]．严锋，译．上海：上海人民出版社，1997.
182. 汤普森．意识形态与现代文化[M]．高铦，等，译．南京：译林出版社，2005.
183. 斯丹迪奇．从莎草纸到互联网：社交媒体2000年[M]．林华，译．北京：中信出版集团，2015.
184. 巴兰，戴维斯．大众传播理论：基础，争鸣与未来[M]．曹书乐，译．北京：清华大学出版社，2004.
185. 吕森．怎样克服种族中心主义——21世纪历史学对承认的文化的探讨[J]．张旭鹏，译．山东社会科学．2007(11).
186. 孙皖宁．借船出海：中国媒体“走出去”战略背后的公共话语[J]．赵文，译．全球传媒学刊，2016（2）.
187. 哈尼．中国人英语太好 致美国学生犹豫来华学中文[EB/OL]．乔恒，译．（2015-03-10）http://oversea.huanqiu.com/article/2015-03/5904466.html.

图书在版编目（CIP）数据

海外华文传媒与中国软实力建设 / 叶虎著. -- 北京：中国传媒大学出版社，2018.5
（传媒与文化书系）
ISBN 978-7-5657-2341-4

Ⅰ. ①海…　Ⅱ. ①叶…　Ⅲ. ①中文—传播媒介—研究—世界 ②综合国力–研究–中国　Ⅳ. ① G219.1 ② D6

中国版本图书馆 CIP 数据核字（2018）第 108281 号

传媒与文化书系
海外华文传媒与中国软实力建设
HAIWAI HUAWEN CHUANMEI YU ZHONGGUO RUANSHILI JIANSHE

著　　者　叶　虎
责任编辑　姜颖昳　曾婧娴
特约编辑　魏　征
封面设计　运平文化
责任印制　阳金洲

出版发行　中国传媒大学出版社
社　　址　北京市朝阳区定福庄东街 1 号　　邮编：100024
电　　话　86-10-65450532 或 65450528　　传真：010-65779405
网　　址　http://www.cucp.com.cn
经　　销　全国新华书店

印　　刷　北京玺诚印务有限公司
开　　本　787mm × 1092mm　1/16
印　　张　11.25
字　　数　252 千字
版　　次　2018 年 5 月第 1 版　　2018 年 5 月第 1 次印刷

书　　号　ISBN 978-7-5657-2341-4/G · 2341　　**定　价**　48.00 元